Über die Natur der Dinge

Titus Lucretius Carus

Writat

Diese Ausgabe erschien im Jahr 2023

ISBN: 9789359255729

Herausgegeben von
Writat
E-Mail: info@writat.com

Inhalt

Buch I

EINLEITUNG

Mutter Roms, Freude der Götter und Menschen,

Liebe Venus, die unter den gleitenden Sternen

Machen Sie es sich zur Aufgabe, die viel befahrene Hauptstraße zu bevölkern

Und fruchtbare Länder – für alles Lebendige

Durch dich allein werden immer mehr Kinder empfangen,

Durch dich sind sie auferstanden, um die große Sonne zu besuchen –

Vor dir, Göttin, und deinem Kommen,

Fliehe vor stürmischem Wind und großen Wolken,

Für dich trägt die daedale Erde duftende Blumen,

Für dich Wasser der ungestörten Tiefe

Lächeln und die Mulden des ruhigen Himmels

Leuchten Sie mit diffusem Glanz für Sie!

Denn sobald das Frühlingsgesicht des Tages kommt,

Und zeugende Stürme wehen ungehindert aus dem Westen,

Die ersten Vögel der Luft, von dir ins Herz geschlagen,

Sag deine Annäherung voraus, oh du Göttlicher,

Und die wilden Herden umkreisen die glücklichen Felder

Oder schwimmen Sie in den angrenzenden Wildbächen. Also amain,

Von dem Zauber erfasst, folgen dir alle Kreaturen

Wohin auch immer du gehst, um zu führen,

Und von dort durch Meere und Berge und schnelle Bäche,

Durch grüne Vogelheime und grüne Ebenen,

Den Reiz der Liebe in jeder Brust entfachen,

Du bringst die ewigen Generationen hervor,

Art für Art. Und da bist du allein

Leite den Kosmos und ohne dich nichts

Ist auferstanden, um die leuchtenden Ufer des Lichts zu erreichen,

Nichts von freudiger oder lieblicher Geburt,

Dich sehne ich nach Mitpartner in diesem Vers

Ich gehe davon aus, dass die Natur sie komponiert

Für Memmius mein, der du sein wolltest

Unvergleichlich in jeder Gnade zu jeder Stunde —

Darum wahrlich, Göttlicher, gib meine Worte

Unsterblicher Charme. Gönnen Sie sich rechtzeitig eine Pause

Über Meer und Land die grausamen Kriegswerke,

Denn du allein hast die Macht mit dem öffentlichen Frieden

Um die Sterblichkeit zu unterstützen; seit dem, der regiert

Die wilden Werke der Schlacht, mächtiger Mars,

Wie oft strömt seine Kraft in deine Brust

Überwältigt von der ewigen Wunde der Liebe —

Und dort, mit nach hinten geworfenen Augen und voller Kehle,

Ich schaue dich mit offenem Mund an, meine Göttin,

Weiden lieben seinen gierigen Anblick, seinen Atem

An deinen Lippen hängen. Er lehnte sich also zurück

Fülle dich mit deinem heiligen Körper, rund, oben!

Gießen Sie aus diesen Lippen sanfte Silben, um zu gewinnen

Frieden für die Römer, glorreiche Frau, Frieden!

Denn in einer für den Staat schwierigen Jahreszeit

Ich darf meiner Aufgabe auch nicht nachkommen

Mit ungestörten Gedanken, auch nicht mitten in solchen Ereignissen

Der berühmte Spross des Memmian-Hauses

Vernachlässigen Sie die bürgerliche Sache.

Während die Menschheit

Überall lagen die Länder erbärmlich zerstört

Vor allen Augen unter der Religion — wer

Würde ihren Kopf über den Himmel der Region zeigen,

Mit ihrem abscheulichen Gesicht blickt sie die Sterblichen finster an —

Ein Grieche war es, der als erster den Widerstand wagte

Erhebe sterbliche Augen, denen der Schrecken standhalten muss,

Wem weder der Ruhm der Götter noch der Blitzschlag

Auch kein drohender Donner des unheilvollen Himmels

Beschämt; aber eher zu wütender Begeisterung aufgerieben

Sein unerschrockenes Herz, der Erste zu sein, der es zerreißt

Die Querlatten vor den Toren der Natur alt.

Und so siegten sein Wille und seine zähe Weisheit;

Und so ging er vorwärts, in die Ferne, jenseits

Die brennenden Wälle der Welt, bis

Er durchwanderte das unermessliche All.

Von dort berichtet er uns als Eroberer

Welche Dinge können zum Sein werden, was nicht,

Und durch welches Gesetz ist jedem sein Geltungsbereich vorgeschrieben?

Sein Grenzstein, der so tief in der Zeit haftet.

Darum ist die Religion jetzt unterdrückt,

Und sein Sieg erhebt uns nun in den Himmel.

Ich weiß, wie schwer es in lateinischen Versen ist

Um die dunklen Entdeckungen der Griechen zu erzählen,

Vor allem, weil unsere Armensprache finden muss

Seltsame Begriffe, die zur Seltsamkeit der Sache passen;

Doch es lohnt sich und die erwartete Freude

Überzeuge mich von Deiner süßen Freundschaft

Um alle Mühen zu ertragen und die klaren Nächte durchzuwecken,

Ich suche nach Worten und nach Liedern

Ich kann mich endlich auf herrlichste Weise entwölken

Für dich das Licht dahinter, mit dem du sehen kannst

Der Kern des Seins im Zentrum verbarg sich.

Und im Übrigen rufe ich zu wahren Urteilen auf,

Unbeschäftigte Ohren und ein klarer Geist

Den Sorgen entzogen; Damit das nicht meine Gaben sind, arrangiert

Für dich mit eifrigem Dienst, du Verachtung

Bevor du es begreifst: denn für dich

Ich beweise das höchste Gesetz der Götter und des Himmels,

Und die Urkeime der Dinge entfalten sich,

Daher erschafft und vermehrt die Natur alles

Und pflegt alles und wohin sie sich entschließt

Jeder am Ende, wenn jeder gestürzt wird.

Diesem ultimativen Schaft haben wir einen Namen gegeben

Prokreierende Atome, Materie, Samen der Dinge,

Oder Urkörper, als Urkörper der Welt.

Ich fürchte, vielleicht glaubst du, dass es uns gut geht

Ein gottloser Weg zu profanen Gedankenbereichen;

Aber es ist die gleiche Religion, die weitaus häufiger vorkommt

Hat die üble Gottlosigkeit der Menschen hervorgebracht:

Wie einst in Aulis, die gewählten Häuptlinge,

Erster aller Helden, Ratgeber von Danaan,

Befleckter Diana-Altar, jungfräuliche Königin,

Mit Agamemnons Tochter, schändlich ermordet.

Sie fühlte den Kranz um ihre jungfräulichen Locken

Und Filets, die auf beiden Wangen herabflattern,

Und am Altar zeichnete ihr trauernder Vater,

Die Priester neben ihm, die das Messer versteckten,

Und alle Leute weinten bei ihrem Anblick.

Mit stummer Angst und sinkendem Knie

Sie fiel; Auch das würde ihr jetzt nicht nützen

Sie war es, die dem König den Namen eines Vaters gab.

Sie zogen sie auf, sie gebar das zitternde Mädchen

Auf zum Altar – hierher führt nicht jetzt

Mit feierlichen Riten und Hymeneal-Chor,

Aber sündlose Frau, sündhaft verschuldet,

Ein Elternteil hat sie an ihrem Hochzeitstag gefällt,

Sein Kind zu einem Opfertier machen

Um den Schiffen günstige Winde für Troja zu geben:

Das sind die Verbrechen, zu denen die Religion führt.

Und es wird die Zeit kommen, in der auch du,

Gezwungen durch die Schreckensmärchen des Wahrsagers, sollst du suchen

Um von uns zu brechen. Ach, so mancher Traum ist auch jetzt noch da

Können sie sich zusammenbrauen, um deine Lebenspläne zu vereiteln?

Und gefährde dein ganzes Vermögen mit niederträchtigen Ängsten.

Ich gebe es mit gutem Grund zu, denn wenn die Menschen es wüssten

Etwas, das den Übeln ein Ende setzt, sie wären stark

Durch ein Gerät, dem man nicht widerstehen kann

Religionen und die Bedrohungen der Seher.

Aber jetzt gehören ihnen weder Geschick noch Instrument,

Denn die Menschen müssen ewige Schmerzen im Tod fürchten.

Denn was die Seele sein mag, wissen sie nicht,

Ob es geboren ist oder bei der Geburt eintritt,

Und ob es, vom Tode ergriffen, mit uns sterben wird,

Oder besuchen Sie die Schatten und die riesigen Höhlen

Von Orcus oder durch einen göttlichen Beschluss

Betreten Sie die rohen Herden, wie unser Ennius sang:

Der zuerst vom schönen Helicon gestürzt wurde

Ein Lorbeerkranz aus leuchtenden mehrjährigen Blättern,

Bei den italienischen Clans für immer berühmt.

Doch auch Ennius in ewigen Versen

Verkündet diese Gewölbe von Acheron,

Obwohl von dort, sagte er, weder Seelen noch Körper fortkommen,

Aber nur Phantomgestalten, seltsam blass,

Und erzählt, wie diese Regionen einst aus ihnen hervorgingen

Der Geist des alten Homer kam zu ihm und vergoss salzige Tränen

Und mit seinen Worten entfaltete sich die Quelle der Natur.

Dann sei es unser fester Geist, den wir ergreifen können

Der Sinn des Himmels – das Gesetz dahinter

Die wandernden Bahnen von Sonne und Mond;

Um die Kräfte zu scannen, die alles Leben unten beschleunigen;

Aber das meiste ist mit vernünftigen Augen zu sehen

Woraus der Geist, woraus die Seele besteht,

Und was ist so schrecklich, dass es kaputt geht

Auf uns schlafend oder erwachend in Krankheit,

Bis wir es zu markieren und zu hören scheinen

Tote Männer, deren Knochen vor langer Zeit von der Erde erfüllt waren.

Die Substanz ist ewig

Dieser Schrecken also, diese Dunkelheit des Geistes,

Nicht der Sonnenaufgang mit seinen flackernden Lichtspeichen,

Auch die glitzernden Pfeile des Morgens können sich nicht zerstreuen,

Aber nur der Aspekt der Natur und ihr Gesetz,

Was uns lehrt, ist dieses Exordium:

Es wurde noch nie etwas aus dem Nichts geboren.

Angst beherrscht die Sterblichkeit

Nur weil ich in Land und Himmel sehe

So sehr ist die Ursache, von der sie keinen klugen Rat haben,

Männer glauben, dass dort Gottheiten am Werk sind.

In der Zwischenzeit wissen wir es immer noch aus dem Nichts

Nichts kann erschaffen werden, wir werden es erraten

Genauer gesagt, was wir suchen: diese Elemente

Aus dem allein sind alle Dinge entstanden,

Und wie konnte es durch kein Werkzeug Gottes erreicht werden.

Angenommen, alles entspringt allen Dingen: jeder Art

Könnte seinen Ursprung in irgendetwas haben,

Kein festes Saatgut erforderlich. Männer aus dem Meer

Könnte auferstehen und aus dem Land die schuppige Brut,

Und vollflügge Vögel platzen aus dem Himmel;

Das Hornvieh, die Herden und alles Wild

Würde mit unterschiedlicher Nachkommenschaft und Verschwendung heimgesucht werden;

Auch würden die gleichen Früchte ihre alten Bäume nicht behalten,

Aber jeder könnte aus jedem Stamm oder Zweig wachsen

Durch Zufall und Veränderung. In der Tat, und gab es nicht

Für jedes seiner erzeugten Atome könnten Dinge vorhanden sein

Jeder ist seine unveränderliche Mutter alt?

Aber da alle aus festen Samen hergestellt werden,

Jede Geburt geht an die Ufer des Lichts

Aus seinem eigenen Stoff, aus seinen eigenen Urkörpern.

Und alles aus allem kann nicht werden, weil

In jedem steckt eine eigene geheime Kraft.

Noch einmal, warum sehen wir, wie wir das Land verschwendet haben?

Im Frühling die Rose, in der Sommerhitze der Mais,

Die Reben, die milder werden, wenn der Herbst lockt,

Wenn nicht, weil die festen Samen der Dinge

Zu ihrer eigenen Jahreszeit müssen sie zusammen strömen,

Und neue Kreationen werden erst enthüllt

Wenn die fälligen Zeiten kommen und schwangere Erde

Kann sicher den Ufern des Lichts übergeben

Ihre zarten Nachkommen? Aber wenn aus dem Nichts

Wären sie in Ordnung, würden sie ins Ausland springen

Plötzlich, unvorhergesehen, in fremden Monaten,

Ohne Urkeime, um konserviert zu werden

Von prokreierenden Gewerkschaften zu einer ungünstigen Stunde.

Auch nicht auf die Vermischung der lebenden Samen

Wäre Platz für das Wachstum der Dinge nötig?

Wäre das Leben ein Zuwachs von Nichts: dann

Das kleine Baby würde sofort einen Mann begleiten,

Und aus dem Rasen würde ein verzweigter Baum springen –

Unerhörte Wunder; denn von Natur aus jeder

Langsam wächst es von seinem rechtmäßigen Samen,

Und durch diese Steigerung wird seine Art erhalten bleiben.

Daher der Beweis dafür, dass sich die Dinge vergrößern und ernähren

Aus ihrer eigenen Sache heraus. So kommt es

Diese Erde, ohne ihre Jahreszeiten fester Regenfälle,

Konnte keine Produkte ertragen, die uns glücklich machen,

Und was auch immer lebt, wenn es von Nahrung ausgeschlossen ist,

Verlängert seine Art und schützt sein Leben nicht mehr.

So ist es einfacher, so viele Dinge festzuhalten

Gemeinsame Urkörper haben (wie wir sehen).

Die einzelnen Buchstaben, die vielen Wörtern gemeinsam sind)

Denn alles existiert ohne seinen Ursprung.

Und warum sollte sich die Natur nicht darauf vorbereiten?

Männer von großer Masse, die zu Fuß die Meere durchqueren,

Oder die mächtigen Berge mit ihren Händen zerreißen,

Oder erobern Sie die Zeit mit der Länge der Tage, wenn nicht

Denn alles Gezeugte bleibt bestehen

Das unveränderliche Zeug und was daraus entstehen kann

Ist das für immer behoben? Endlich sehen wir

Wie weit übertreffen die bestellten Felder die bestellten Felder?

Und zur Arbeit unserer Hände kehren wir zurück

Ihre reichlicheren Ernten; gibt es tatsächlich

In der Erde Urkeime der Dinge,

Was, wie die Pflugschar die fruchtbaren Erdklumpen umdreht

Und knetet die Form, wir beschleunigen die Geburt.

Sonst würdet ihr ohne all unsere Mühen merken,

Spontane Generationen, gerechtere Formen.

Dann gestehe, aus nichts kann nichts werden,

Da alle ihre Samen haben müssen, aus denen sie wachsen können,

Von wo aus man die sanften Felder der Luft erreichen kann.

Daher kommt es auch, dass sich die Natur ganz auflöst

Wieder in ihre Urkörper und nichts

Vergeht für immer der Vernichtung.

Denn wäre irgendetwas Sterbliches in jedem seiner Teile,

Vor unseren Augen könnte es uns entrissen werden

Zur Zerstörung; da keine Kraft nötig war

Um seine Mitglieder zu spalten und seine Bande zu lösen.

In Wahrheit aber, weil alle Dinge existieren,

Mit unvergänglichem Saatgut lässt die Natur es zu

Zerstörung oder Zusammenbruch von irgendetwas, bis

Eine äußere Kraft kann durch einen Schlag zerbrechen,

Oder ein inneres Fahrzeug, das in seine hohlen Zellen eindringt,

Lösen Sie es auf. Und mehr als das, wenn die Zeit,

Das verschwendet mit Feld die Werke entlang der Welt,

Zerstöre die gesamte, verzehrende Materie,

Von dort aus möge Venus dann wieder ins Licht des Lebens zurückkehren

Die Generationen Art für Art wiederherstellen?

Oder wie kann die Erde zerstört werden, wenn sie auf diese Weise wiederhergestellt ist?

Nähren und sättigen Sie mit ihrer alten Nahrung,

Welche Art bietet sie jedem an, Art für Art?

Woher mögen die Wasserquellen unter dem Meer?

Oder Binnenflüsse weit und breit,

Den unergründlichen Ozean voll halten?

Und womit ernährt Äther die Sterne?

Für vergangene Jahre und unendliches Alter muss es anders sein

Habe alle Formen sterblicher Bestände weggefressen:

Aber sei es, dass vor langer Zeit diese Keime enthalten waren,

Durch die diese Summe von Dingen Leben rekrutierte,

Dieselben können unfehlbar niemals sterben,

Und nichts wird jemals wieder zu nichts zurückkehren.

Und auch die gleiche Macht könnte gleich enden

Alle Dinge, wenn sie nicht noch zusammengehalten würden

Durch die ewige Materie, gefesselt durch ihre Teile,

Mal mehr, mal weniger. Eine Berührung könnte ausreichen

Zerstörung verursachen. Für die geringste Kraft

Würde den Faden der Dinge verlieren, in denen kein Teil enthalten wäre

Waren aus unvergänglichem Bestand. Aber jetzt

Weil die Befestigungen ursprünglicher Teile

Sind vielfältig zusammengestellt und so

Ist ewig, die Dinge bleiben gleich

Unverletzt und sicher, bis etwas Strom ankommt

Stark, um die Kette und den Schuss eines jeden zu zerstören:

Nichts kehrt ins Nichts zurück; aber alle kehren zurück

Bei ihrem Zusammenbruch zu Urformen der Dinge.

Siehe, der Regen vergeht, den der Äthervater wirft

Bis zum Schoß der Erdenmutter; aber dann

Das leuchtende Korn sprießt, und die Zweige sind grün

Inmitten der Bäume wachsen die Bäume selbst groß

Und beladen sich mit Früchten; und daher wiederum

Die Menschheit und die ganze Wildnis werden ernährt;

Daher gedeihen fröhliche Städte mit Jungen und Mädchen;

Und in den grünen Wäldern tummeln sich neue Vögel;

Daher legt das Vieh, fett und schläfrig, seine Masse ab

Entlang der fröhlichen Weiden, während die Tropfen fallen

Von weißem Schlamm, der aus aufgeblähten Beuteln rinnt;

Daher huschen die jungen Leute auf ihren Schwächlingsgelenken herum

Entlang der zarten Kräuter, frische Herzen afrisk

Mit warmer frischer Milch. Also nichts von dem, was so scheint

Geht völlig zugrunde, seit jeher in der Natur

Baut das Eine vom Anderen auf und leidet nichts

Zur Geburt kommen, aber durch den Tod eines anderen.

Und jetzt, da ich gelehrt habe, dass die Dinge es nicht können

Werde aus dem Nichts geboren, noch aus dem Gleichen, wenn du geboren wirst,

Damit nichts in Erinnerung bleibt, zweifle nicht an meinen Worten,

Denn unsere Augen nehmen keine Urkeime wahr;

Denn kennzeichnen Sie die Körper, von denen bekannt ist, dass sie vorhanden sind

In dieser unserer Welt sind noch unsichtbar:

Der Wind peitscht unser Gesicht und unseren Körper wütend,

Unsichtbar und riesige Schiffe überschwemmen und die Wolken zerreißen,

Oder sie wirbelten wild herab und übersäten die Ebenen

Mit mächtigen Bäumen oder die Berggipfel abstreifen

Mit waldknisterndem Knall. So schwärmen sie weiter

Mit Aufruhr, schrillem und unheilvollem Stöhnen. Die Winde,

Es ist klar, dass blinde Körper durch die Gegend fegen

Das Meer, die Länder, die Wolken am Himmel,

Ärgerlich und wirbelnd und alles ergreifend;

Und weiter strömen sie und häufen Zerstörung an,

Auch wenn das Wasser weich und geschmeidig ist

Ein Fluss voller Überschwemmungen werdend,

Was für ein heftiger Regenguss von den hohen Hügeln

Schwillt mit heftigen Schauern an und stürzt kopfüber nach unten

Waldfragmente und ganze verzweigte Bäume;

Auch die soliden Brücken können dem Schock nicht standhalten

Wie auf dem Wasser wüten: der turbulente Strom,

Stark mit hundert Regenfällen, schlägt um die Piers,

Kracht verheerend zusammen und rollt unter seinen Wellen

Umgestürztes Mauerwerk und schwerer Stein,

Wegschleudern, was sich widersetzen würde.

Trotzdem müssen die Windstöße aller Winde bewegt werden,

Und wenn sie sich wie eine gewaltige Flut ausbreiten,

Hin oder her, fahren Sie vorher weiter

Und mit noch neuem Angriff zu Boden schleudern,

Oder manchmal greifen sie in ihren kreisenden Wirbel

Und trage in Wirbelstürmen die Welt hinab:

Die Winde sind blinde Körper und sonst nichts –

Denn sowohl in der Arbeit als auch in der Art konkurrieren sie gut

Die mächtigen Flüsse, das Sichtbare in der Form.

Dann kennen wir auch die vielfältigen Gerüche der Dinge

Doch nie sehen wir sie in unsere Nase kommen;

Mit den Augen sehen wir weder brennende Hitze noch Kälte,

Wir sind es auch nicht gewohnt, Männerstimmen zu hören.

Doch diese müssen an der Basis körperlich sein,

Denn so treffen sie die Sinne: Nichts ist da

Körper retten, Tastfähigkeit besitzen.

Und Kleidung, die an der brandungsgeschwängerten Küste aufgehängt ist, wird feucht,

Dasselbe wird, vor der Sonne ausgebreitet, trocknen;

Doch niemand sah, wie die Feuchtigkeit eindrang,

Auch nicht wie durch Hitze angetrieben. Somit wissen wir,

Diese Feuchtigkeit wird in Stücken verteilt

Zu klein, als dass die Augen es sehen könnten. Ein anderer Fall:

Ein Ring am Finger wird dünner

An der Unterseite mit Jahreszahlen und Sonnen;

Die Tropfen von der Dachtraufe werden den Stein aufschaufeln;

Die Hakenpflugschar ist zwar aus Eisen, aber sie ist verschwenderisch

Inmitten der Felder heimtückisch. Wir schauen

Die steingepflasterten Straßen, die von vielen Füßen getragen wurden;

Und an den Toren sind die ehernen Statuen zu sehen

Ihre rechten Hände werden durch die häufige Berührung schlanker

Von unzähligen Wanderern, die grüßen.

Wir sehen, wie die Abnutzung diese verringert hat,

Aber welche Partikel verschwinden zu jeder Zeit,

Die neidische Natur des Sehens versperrt uns die Sicht.

Zu guter Letzt, was auch immer die Tage und die Natur hinzufügen

Nach und nach die Dinge dazu zwingen, zu wachsen

Im richtigen Verhältnis, kein Blick, wie scharf er auch sein mag

Davon haben unsere Augen gewacht und es erkannt. Nicht mehr

Können wir jederzeit beobachten, was verloren geht?

Wenn die Dinge durch Alterung und üblen Verfall veralten,

Oder wenn Salzmeere unter Käferfelsen fressen.

So wirkt die Natur immer durch unsichtbare Körper.

DAS NICHTS

Aber dennoch ist die Schöpfung weder überfüllt noch blockiert

Über den Körper: In den Dingen ist eine Leere —

Dass du es gewusst hast, wird dir viele Vorteile bringen,

Ich werde dich auch nicht im Zweifel schweifen lassen,

Immer auf der Suche nach der Summe von allem,

Und ich verliere den Glauben an diese Aussagen.

Es gibt einen immateriellen Ort, eine Leere und einen Raum.

Denn wenn es nicht so wäre, könnten sich die Dinge überhaupt nicht bewegen;

Da es körpereigenes Eigentum ist, zu sperren und zu prüfen

Würde bei allen und zur gleichen Zeit gleich funktionieren.

So konnte nichts mehr vorwärts drängen und gehen,

Denn anderswo gäbe es keinen Startplatz.

Aber jetzt durch Ozeane, Länder und Höhen des Himmels,

Aus verschiedenen Gründen und auf verschiedene Arten,

Vor unseren Augen markieren wir, wie viel sich bewegen kann,

Was, wenn es keine Leere gibt, scheitern würde

Von Aufregung und Bewegung; nein, das wäre dann der Fall gewesen

Niemals gezeugt, da die Materie also

War in Ruhe geblieben, seine Teile zusammengepfercht.

Dann auch, wie solide Gegenstände auch scheinen mögen,

Sie bestehen dennoch aus Materie, vermischt mit Leere:

In Felsen und Höhlen sickert die wässrige Feuchtigkeit,

Und Perlentropfen stechen hervor wie reichlich Tränen;

Und Nahrung findet ihren Weg durch jeden Körper, der lebt;

Die Bäume wachsen und bringen die Früchte der Saison hervor

Weil ihr Essen im ganzen Land vergossen ist,

Sogar von den tiefsten Wurzeln, durch Stämme und Äste;

Und Stimmen passieren die festen Wände und fliegen

Hallt durch geschlossene Türen eines Hauses;

Und harter Frost dringt bis in unsere Knochen.

Wobei es keine Hohlräume gibt, durch die Körper hindurchgehen können

Es ist klar, dass das überhaupt nicht passieren kann.

Noch einmal: Warum sehen wir unter den Objekten einige?

Von höherem Gewicht, aber nicht von größerer Größe?

In der Tat, wenn es in einem Wollknäuel gäbe

So viel Körper wie ein Bleiklumpen,

Die beiden sollten gleich wiegen, da der Körper tendiert

Dinge nach unten laden, während die Leere bleibt,

Von Natur aus das Unwägbare.

Daher ein ebenso großes, aber leichteres Objekt

Erklärt unfehlbar, dass es eher nichtig sei;

Sogar wie das schwerere mehr der Materie zeigt,

Und wie viel weniger leerer Raum drinnen.

Das, was wir mit kluger Suche suchen

Existiert unfehlbar, vermischt mit Dingen —

Die Leere, das Unsichtbare, Unsinnige.

Genau hier

Ich bin gezwungen, eine Frage zu erläutern,

Um etwas zu verhindern, was manche Leute vermuten,

Damit es nicht nützt, dich von der Wahrheit abzubringen:

Wasser (sagen sie) vor der leuchtenden Brut

Von den schnellen schuppigen Kreaturen geben sie irgendwie,

Und plötzlich öffnen sich plötzlich flüssige Wege,

Weil die Fische Platz lassen

Zu dem sofort die nachgebenden Wogen strömen.

So können die Dinge untereinander noch bewegt werden,

Und ändern Sie ihren Platz, wie hoch die Summe auch sein mag —

Erhaltene Meinung, in der Tat völlig falsch.

Denn wo können schuppige Kreaturen vorwärts huschen,

Speichern, wo das Wasser ihnen Platz gibt? Wieder,

Wo können die Wogen so lange nachgeben?

Wie immer sind die Fische machtlos?

Somit sind entweder alle Bewegungskörper beraubt,

Oder Dinge enthalten eine Beimischung einer Leere

Wo jedes Ding seinen Anfang hat und weitergeht.

Schließlich, wo nach dem Aufprall zwei breite Körper aufprallen

Plötzlich auseinander springen, die Luft muss sich verdichten

Es entstand eine völlig neue Leere zwischen diesen Körpern;

Aber Luft, wie immer sie auch mit eiligen Böen strömt,

Kann die Lücke noch nicht sofort schließen — zunächst einmal

Es sorgt für einen Ort, bevor es sich durch alle verbreitet.

Und wenn dann vielleicht irgendjemand denkt, dass das kommt,

Wenn Körper auseinanderspringen, weil die Luft

Irgendwie verdichtet sie sich, sie weichen von der Wahrheit ab:

Denn dann entsteht eine Leere, wo vorher keine war;

Und auch eine Lücke wird gefüllt, die vorher war.

Auch Luft kann auf diese Weise nicht kondensiert werden;

Ich halte es auch nicht für möglich, ohne eine Lücke,

Es konnte sich immer noch nicht zusammenziehen

Und füge seine Teile zu einem zusammen.

Deshalb, trotz Einwänden und Gegenreden,

Du musst bekennen, dass es in den Dingen eine Leere gibt.

Und dennoch könnte ich viele Argumente vertreten

Hier kratzen Sie die Glaubwürdigkeit für meine Worte zusammen.

Aber für das scharfe Auge dienen diese bloßen Fußabdrücke,

Wodurch du den Rest selbst erfahren kannst.

Wie Hunde voller Nasen auf dem Boden,

Finden Sie die stillen Verstecke heraus, obwohl sie im Gebüsch versteckt sind.

Von Tieren, den Bergwächtern, wenn auch nur einmal

Sie riechen die bestimmten Schritte des Weges,

So geht es dir allein bei Themen wie diesen

Kann von Gedanke zu Gedanke jagen und scharf winden

Entlang sogar weiter zu den geheimen Orten

Und die Wahrheit herausziehen. Aber wenn du herumlungerst

Oder, wie wenig auch immer, vom Punkt abweichen,

Das kann ich mit Sicherheit versprechen, Memmius:

Meine singende Zunge wird so reichliche Tropfen ausgießen

Aus den großen Quellen meiner gefüllten Brust

So sehr fürchte ich, dass das langsame Alter stehlen und sich zusammenrollen wird

Entlang unserer Mitglieder und öffne die Tore

Vom Leben in uns, bevor für dich mein Vers

Hat den Vorrat an Beweisen in deine Ohren gelegt

Zur Hand für eine beliebige Frage.

An sich existiert nichts, außer den Atomen und der Leere

Aber nun noch einmal, um die begonnene Geschichte zu verweben,

Die gesamte Natur besteht also als sich selbst erhaltend

Von zwei Dingen: von Körpern und von Leere

Wo sie platziert sind und wohin sie verschoben werden.

Für den gemeinsamen Instinkt unserer Rasse erklärt

Dieser Körper aus sich selbst existiert: es sei denn

Dieser Urglaube, tief verwurzelt, lässt uns nicht im Stich,

Es wird nichts geben, wogegen man Berufung einlegen könnte

Über okkulte Dinge, wenn man etwas beweisen will

Durch geistige Überlegungen. Wieder ohne

Dieser Ort und Raum, den wir den Irrsinn nennen,

Nirgendwo konnten dann Leichen aufgestellt werden, noch konnten sie hingehen

Hierhin oder dorthin – wie zuvor gezeigt.

Außerdem gibt es nichts, was du verkünden könntest

Es lebt losgelöst vom Körper, verschlossen von der Leere –

Eine Art Dritte in der Natur. Für was auch immer

Existiert muss etwas sein; und das gleiche,

Wenn es greifbar ist, wie kämpferisch und gering es auch sein mag,

Wird die Zahl der Körpersummen noch erhöhen,

Mit eigener Vergrößerung, ob groß oder klein;

Aber wenn es jemals immateriell und machtlos ist

Um zu verhindern, dass etwas durch sich selbst hindurchgeht

Auf jeder Seite wird es nichts anderes sein als das

Was wir das Leere, das Unsinnige nennen.

Noch einmal, was auch immer existiert, als von selbst,

Muss entweder handeln oder eine Aktion erleiden,

Oder es sei das, worin sich die Dinge bewegen und sind:

Nichts, der rettende Körper, handelt, es wird darauf eingewirkt;

Nichts als das Verrückte kann Raum schaffen. Und somit,

Außer dem Wahnsinn und den Körpern gibt es keinen Dritten

Natur inmitten der Zahl aller Dinge –

Der Rest kann zu keinem Zeitpunkt fallen

Unter unseren Sinnen können wir sie noch nicht erfassen und sehen

Von jedem Menschen durch geistige Überlegungen.

Benenne die Schöpfung mit welchen Namen du willst,

Du wirst nur Eigenschaften dieser ersten beiden finden,

Oder seht nur die Unfälle, die diese beiden hervorrufen.

Eine Eigenschaft ist das, was überhaupt nicht vorhanden ist

Kann von einer Sache getrennt und getrennt werden

Ohne eine fatale Auflösung: so,

Gewicht auf die Felsen, Hitze auf das Feuer und Fließen

Zu den weiten Wassern, zu körperlichen Dingen berühren,

Unfassbarkeit gegenüber der blicklosen Leere.

Aber Zustand der Sklaverei, Armut und Reichtum,

Freiheit und Krieg und Eintracht und alles andere

Die kommen und gehen, während die Natur gleich bleibt,

Wir sprechen normalerweise und zu Recht von Unfällen.

Auch die Zeit existiert nicht aus sich selbst; aber Sinn

Liest aus Dingen heraus, was vor langer Zeit passiert ist,

Was jetzt drängt und was danach kommt:

Wir müssen zugeben, dass kein Mensch die Zeit selbst spürt,

Losgelöst von Bewegung und Ruhe der Dinge.

Wenn sie also sagen, es „gibt“ die Vergewaltigung

Von Prinzessin Helen „ist“ die Belagerung und Plünderung

Vorsicht vor der Trojanischen Stadt, sie zwingen uns nicht

Um zuzugeben, dass diese Handlungen für sich allein existieren,

Nur weil diese Rassen der Menschheit

(Von wem diese Taten Unfälle waren) längst

Das unwiderrufliche Alter hat weggetragen:

Man kann sagen, dass alle vergangenen Handlungen so sind

Aber in gewisser Weise sind Unfälle der Menschheit –

In einer anderen Region der Welt.

Hinzu kam auch, dass es egal war und kein Platz war

Wo alles weitergeht, das Feuer der Liebe

Aufgeblasen von dieser schönen Gestalt, der glühenden Kohle

Unter der Brust des phrygischen Alexander,

Hatte diesen berühmten Streit noch nie entfacht

Auch das Holzpferd hatte keinen grausamen Krieg

In Flammen verwickelt, altes Pergama, durch eine Geburt

Um Mitternacht einer Brut der Hellenen.

Und so kannst du jede Tat bemerken

Im Grunde existiert es nicht aus sich selbst und ist auch nicht

Wie der Körper ist, hat auch der Name nichts mit der Leere zu tun;

Aber irgendwie passender, um genannt zu werden

Ein Zufall des Körpers und des Ortes

Wobei alles weitergeht.

CHARAKTER DER ATOME

Körper, wieder,

Sind teils Urkeime der Dinge, teils

Von den Urkeimen ausgehende Verbindungen.

Und diejenigen, die die Urkeime der Dinge sind

Keine Macht kann löschen; denn am Ende siegen sie

Durch ihre eigene Solidität; Auch wenn es schwer ist

Zu denken, dass irgendetwas in den Dingen einen festen Rahmen hat;

Denn Blitze ziehen vorbei, nicht weniger als Stimme und Schrei,

Durch Heckenwände von Häusern und das Eisen

Weiß blendet im Feuer, und Steine werden brennen

Mit heftigen und auseinanderbrechenden Ausatmungen.

Wackelt das starre Gold, das sich in der Hitze auflöst;

Das Eis aus Bronze schmilzt besiegt in der Flamme;

Wärme und die durchdringende Kälte sickern durch Silber,

Denn mit den Tassen richtig in der Hand gehalten,

Wir spüren oft beides, wie von oben herab gegossen wird

Der Tau des Wassers zwischen ihren leuchtenden Seiten:

Es ist also wahr, dass keine feste Form gefunden wird.

Aber dennoch, weil wahre Vernunft und Natur der Dinge

Bezwinge uns, komm, während in wenigen Versen jetzt

Ich entwirre, wie es noch existiert

Körper von festem, ewigem Rahmen –

Die Samen der Dinge, die Urkeime, die wir lehren,

Woher die ganze Schöpfung um uns herum entstand.

Erstens, da wir wissen, dass es eine zweifache Natur gibt,

Von Dingen, sowohl zwei als auch völlig ungleiche –

Körper und Ort, an dem sich etwas abspielt –

Dann muss jedes sowohl für sich als auch durch sich selbst sein,

Und alles unvermischt: Wo ist leerer Raum,

Es gibt keinen Körper; und wo der Körper wartet,

Es gibt überhaupt keine leere Leere.

Somit sind Urkörper fest, ohne Leere.

Aber da in allen gezeugten Dingen Leere ist,

Alle Feststoffe müssen gleich rund sein;

Auch mit wahrer Vernunft kannst du nichts Verborgenes beweisen

Und hält eine Leere in seinem Körper, es sei denn

Du gewährst, dass das, was es hält, solide ist. Wissen,

Das, was eine Leere an Dingen in sich bergen kann

Kann nichts anderes sein als Materie in Verbundstrick.

So besteht Materie, bestehend aus einem festen Rahmen,

Hat die Kraft, trotz allem anderen ewig zu sein,

Auch wenn die ganze Schöpfung aufgelöst werde.

Auch hier war nichts leer und sinnlos,

Die Welt war damals ein Festkörper; als, ohne

Einige bestimmte Körperschaften, um die besetzten Plätze zu besetzen,

Die Welt, die ist, wäre nur eine leere Leere.

Und so, unfehlbar, abwechselnd

Körper und Leere sind immer noch unterschieden,

Denn die Natur kennt kein Voll und Nichts.

Es gibt also bestimmte Körper, die über Macht verfügen

Das Leere und das Volle für immer variieren;

Und diese können nicht von außen getrennt werden

Durch Schläge und Schläge, noch von innen zerrissen werden

Durch Eindringen noch gestürzt werden

Bei jedem Angriff auf der ganzen Welt —

Denn ohne Leere kann nichts zerstört werden, so scheint es.

Weder gebrochen noch durch einen Schnitt in zwei Teile getrennt,

Auch Feuchtigkeit oder Sickerkälte hält es nicht aus

Oder durchdringendes Feuer, diese alten Zerstörer drei;

Aber je mehr Leere in einem Ding ist, desto mehr

Völlig ins Wanken geraten bei ihrem sicheren Angriff.

Wenn also die ersten Körper, wie ich es gelehrt habe,

Fest und ohne Leere müssen sie dann sein

Ewig; und wenn es nie etwas gegeben hätte

Ewig, lange bevor alles vorbei war

Zurück ins Nichts, ganz und gar

Wir sehen uns um, als wäre nichts geboren worden —

Aber da ich oben gelehrt habe, kann das nichts sein

Aus dem Nichts Geschaffenes, noch aus dem Einst Gezeugten

Um nichts mehr zurückzuholen, diese Urkeime

Muss eine Unsterblichkeit des Rahmens haben.

Und in diesen muss jedes Ding gelöst werden,

Wenn seine höchste Stunde kommt, dass es so sein wird

Das Zeug zur Fülle der Welt zur Hand.

Urkeime haben also eine solide Einzigartigkeit

Auch sonst hätten sie nicht konserviert werden können

Durch Äonen und die Unendlichkeit der Zeit

Zur Wiederauffüllung verschwendeter Welten.

Noch einmal, wenn die Natur den Dingen Raum gegeben hätte

Für immer mehr und mehr gebrochen zu sein,

Inzwischen wären die Körper der Materie vorhanden gewesen

Bisher reduziert durch Brüche in alten Zeiten

Dass von ihnen nichts konnte, zur festgesetzten Jahreszeit,

Werde geboren und erreiche die Blüte und den Höhepunkt des Lebens.

Denn siehe, jedes Ding wird schneller beschädigt als hergestellt;

Und was auch immer die lange Unendlichkeit ist

Von Tagen und allem wäre jetzt die vergangene Zeit vergangen

Dadurch sind sie zerbrochen und zerstört und aufgelöst worden,

Das Gleiche könnte in der verbleibenden Zeit nie mehr passieren

Sei aufgebaut, um die Welt zu bereichern.

Aber beachten Sie: unfehlbar eine feste Grenze

Remaineth bekämpfte ihren Zusammenbruch;

Da wir jedes Ding so erneuert sehen,

Und an alle, ihre Jahreszeiten, nach ihrer Art,

Darin erreichen sie die Blüte ihres Alters.

Auch hier gilt, wenn keine Grenzen gesetzt wurden

Der Zusammenbruch dieser körperlichen Welt,

Doch müssen alle Körper von irgendwelchen Dingen

Habe immer noch von ewiger Zeit ausgehalten

Bis heute, da noch nicht angegriffen

Durch Erschütterungen der Gefahr. Aber weil das Gleiche

Sind Sie Ihrer Meinung nach von Natur aus gebrechlich?

Es stimmt nicht, dass sie so bleiben könnten

(Wie sie es tun) durch die ewige Zeit,

Verärgert durch die Jahrhunderte (was sie tatsächlich sind)

Durch die unzähligen Schicksalsschläge.

Markieren Sie also unser Schöpfungsprogramm

Wie ist das denn, trotz aller Körper?

Sind bis ins Mark solide, erklären wir es dennoch

Die Art und Weise, wie manche Dinge weich gestaltet werden —

Luft, Wasser, Erde und feurige Ausdünstungen —

Und mit welcher Kraft sie funktionieren und weitermachen:

Die Tatsache liegt in der Leere der Dinge begründet.

Aber wenn die Urkeime selbst weich sind,

Die Vernunft kann nicht zur Schau gestellt werden

Die Art und Weise, wie diese erstellt werden können

Große Felsen aus Basalt und Eisen;

Denn ihre ganze Natur wird zutiefst mangelhaft sein

Die ersten Fundamente eines soliden Rahmens.

Aber kraftvoll in alter Einfachheit,

Bleibe am Festen, den Urkeimen;

Und durch ihre Kombinationen verdichteter,

Alle Gegenstände können eng gestrickt und gebunden werden

Und geschaffen, um unüberwindliche Stärke zu zeigen.

Auch hier gilt, dass alle Dinge von Art zu Art erhalten bleiben

Feste Grenzen für das Wachstum und die Erhaltung des Lebens;

Denn die Natur hat unantastbar beschlossen

Was jeder tun kann, was jeder niemals tun kann;

Denn nichts ändert sich, aber alle Dinge bleiben so

Das verraten jemals die bunten Vögel

Die für ihre Art typischen Flecken oder Streifen,

Frühling für Frühling: So ist das wohl alles

Muss aus unveränderlicher Materie bestehen.

Denn wenn die Urkeime in irgendeiner Weise vorhanden sind

Wir wären offen für Eroberungen und Veränderungen

Unsicher auch, was zur Welt kommen könnte

Und was konnte nicht und nach welchem Gesetz jedem

Sein Umfang ist vorgegeben, sein Grenzstein, der anhaftet

So tief in der Zeit. Auch die Generationen konnten es nicht

Eine Art nach der anderen vermehrt sich so oft

Die Natur, Gewohnheiten, Bewegungen, Lebensweisen,
Von ihren Vorfahren.

Und dann noch einmal,
Da es immer einen extremen Grenzpunkt gibt

Von diesem ersten Körper, den unsere Sinne jetzt wahrnehmen
Kann nicht wahrnehmen: Dieser Grenzpunkt tatsächlich
Existiert zumindest ohne alle Teile
Von der Natur, noch war es jemals etwas anderes,
Von selbst – und wird auch im Jenseits nicht sein,
Da es selbst noch Teil eines anderen ist,
Ein erster und einzelner Teil, woher andere Teile
Und andere liegen in ähnlicher Reihenfolge
In einer gepackten Phalanx, die sich bis zum Anschlag füllt
Die Natur des ersten Körpers: so sein
Da sie nicht aus sich selbst heraus existieren, müssen sie daran festhalten
Davon können sie in keiner Weise getrennt werden.
Urkeime haben also eine solide Einzigartigkeit,
Die dicht gepackt und eng miteinander verbunden sind
Aufgrund ihrer minimalen Teilchen –
Keine Verbindung durch bloße Vereinigung desselben;
Aber stark in ihrer ewigen Einzigartigkeit,
Die Natur reserviert sie als Samen für Dinge,
Lässt keinen Bruch oder Rückgang zu.

Gäbe es darüber hinaus nicht ein Minimum,
Die kleinsten Körper hätten Unendlichkeiten,

Seitdem könnte die Hälfte noch halbiert werden,

Mit grenzenloser Teilung immer weniger.

Was ist dann der Unterschied zwischen der Summe und dem Kleinsten?

Keine: denn wie unendlich die Summe auch sein mag,

Doch selbst die Kleinsten würden gleich bestehen

Aus unendlichen Teilen. Aber da ist hier der wahre Grund

Proteste, die leugnen, dass der Geist es denken kann,

Überzeugt, dass du solche Dinge gestehen musst

Da es keine Teile, das Minimum der Natur gibt.

Und da dies der Fall ist, musst du auch beichten

Diese Urkörper sind fest und ewig.

Noch einmal: Wenn die Natur, die Schöpferin aller Dinge,

Wir sind es gewohnt, die Lösung aller Dinge zu erzwingen

Dann würde sie zumindest nichts nützen

Von ihnen irgendetwas reproduzieren;

Weil alles nicht mit Teilen ausgestattet ist

Kann die erforderlichen Eigenschaften nicht besitzen

Von generativem Zeug – vielfältige Verbindungen,

Gewichte, Schläge, Begegnungen, Bewegungen, wodurch Dinge

Für immer bestehen und weitermachen.

Widerlegung anderer Philosophen

Und aus solchen Gründen ist es so, dass diejenigen, die hielten

Der Stoff der Dinge ist Feuer und aus Feuer

Allein die kosmische Summe entsteht, wird gesehen

Mächtig aus wahrer Vernunft verfallen.

Von wem kommt der oberste Anführer, der den Kampf führt

Dieser Heraklit, berühmt für seine dunkle Sprache

Unter den dummen, nicht den ernsthaften Griechen

Die nach der Wahrheit suchen. Denn Dummköpfe sind immer anfällig

Das zum Staunen und Anbeten, das sich verbirgt

Unter verzerrten Worten, die das für wahr halten

Was süß in ihren dummen Ohren kitzelt,

Oder was in einer fein ausgearbeiteten Phrase geschminkt ist.

Denn wie, frage ich, können die Dinge so vielfältig sein,

Wenn aus Feuer geformt, einzeln und rein? Kein bisschen

„Zwei würden helfen, das Feuer zu verdichten oder zu verdünnen,

Wenn alle Teile des Feuers noch erhalten wären

Aber die eigene Natur des Feuers, schon zuvor grob gesehen.

Die Hitze war stärker, je komprimierter die Teile waren,

Milder wiederum, wenn es abgetrennt oder zerstreut wird —

Und mehr als das kannst du dir nicht vorstellen

Das könnte aus solchen Gründen werden; viel weniger

Möge die Vielfalt der Dinge auf der Erde geboren werden

Von Bränden jeglicher Art, ob dicht oder selten.

Auch dies: Wenn sie eine Leere in den Dingen vermuten,

Dann können Brände kondensiert werden und dennoch selten bleiben;

Aber da sehen sie solche Gegensätze des Denkens

Sie erheben sich gegen sie und wollen nicht gehen

Eine völlige Leere in den Dingen, sie fürchten das Steile

Und den Weg der Wahrheit verlieren. Sie sehen es auch nicht,

Wenn wir den Dingen die Leere nehmen,

Dann sind alle Dinge verdichtet, und zwar aus allem

Ein Körper geschaffen, der nicht die Kraft hat zu schießen

Schnell aus sich heraus nichts —

Wie das Feuer sein Licht und seine Wärme verbreitet,

Ich gebe dir den Beweis, dass seine Teile nicht kompakt sind.

Aber wenn sie vielleicht anders denken,

Durch ihre Kombination können Brände gelöscht werden

Und ihre Substanz ändern, sehr gut: siehe,

Wenn das Feuer dazu keinen Teil verschont,

Dann wird die Hitze völlig verschwinden und alles,

Und aus dem Nichts würde die Welt entstehen.

Für die Veränderung in allem, was außerhalb seiner Grenzen liegt

Bedeutet den sofortigen Tod dessen, was vorher war;

Und so muss ein bisschen unversehrt bleiben

Inmitten der Welt, damit nicht alles zunichte wird,

Und aus dem Nichts geboren, gedeiht der Überfluss neu.

Nun, da es tatsächlich diese sichersten Körper gibt

Die ihre Natur immer gleich halten,

Auf dessen Ausgehen und Eintreten

Und die Ordnung der Dinge ändert sich, ihre Natur ändert sich,

Und alle körperlichen Substanzen verwandelten sich,

Dann liegt es an dir, diese Urkörper zu kennen,

Sind nicht aus Feuer. Denn es nützte nichts

Sollten einige gehen und gehen, und einige

Es werden neue hinzugefügt und einige werden der Reihe nach geändert,

Wenn noch alle ihre Natur der alten Hitze behalten würden:

Für alles, was sie damals geschaffen haben

Wäre auf jeden Fall immer noch nur Feuer.

Die Wahrheit, glaube ich, ist diese: Es gibt Körper

Wessen Zusammenstöße, Bewegungen, Ordnung, Haltung, Formen

Erzeugen Sie das Feuer und die, auf Anordnung geändert,

Verändere die Natur der erzeugten Sache,

Und danach gibt es nichts Besseres als zu feuern

Auch sonst hat niemand die Macht, seine Körper zu senden

Mit einer Wirkung, die die Berührung der Sinne berührt.

Nochmals, um zu sagen, dass alle Dinge nur Feuer sind

Und nichts Wahres an der Zahl aller Dinge

Existiert nur aus Feuer, wie derselbe Kerl sagt:

Scheint verrückte Torheit zu sein. Für den Mann selbst

Gegen die Sinne durch die Sinne kämpft,

Und zerschlägt das, was allen Glauben ausmacht,

Dadurch wird er tatsächlich selbst erkannt

Das Ding, das er das Feuer nennt. Denn obwohl er denkt

Die Sinne können das Feuer wirklich wahrnehmen,

Er denkt, dass sie es in Bezug auf alles andere nicht können,

Die immer noch so deutlich spürbar sind –

Für mich auch ein unpassender und verrückter Gedanke.

Wohin sollen wir appellieren? wofür

Sicherer als unsere Sinne können es sein

Wodurch soll man Irrtum und Wahrheit auseinanderhalten?

Außerdem, warum lieber alles abschaffen,

Und möchte nur Hitze zulassen und dann leugnen

Das Feuer und trotzdem alles andere zulassen?

So oder so scheint es ein Wahnsinn zu sein.

Also wer auch immer den Stoff der Dinge gehalten hat

Nur Feuer sein und aus Feuer die Summe,

Und wer auch immer die Luft geschaffen hat

Als erster Anfang der gezeugten Dinge,

Und alle, die das für sich gehalten haben

Das Wasser allein erschafft die Dinge, oder die Erde

Erschafft alles und verändert die Dinge neu

Für verschiedene Naturen scheinen sie mächtig zu sein

Es war ein langer Weg, von der Wahrheit abgewichen zu sein.

Fügen Sie auch denjenigen hinzu, der das ursprüngliche Zeug herstellt

Zweifach, indem Luft mit Feuer und Erde verbunden wird

Gießen; Fügen Sie diejenigen hinzu, die glauben, dass Dinge wachsen können

Von den vier – Feuer, Erde und Atem und Regen;

Als erster Empedokles von Akragas,

Wer ist die dreieckige Insel aller Länder?

Bohren Sie an ihren Küsten, um die herum fließt und fließt

In mächtiger Biegung und Bucht die Ionischen Meere,

Die Sole spritzt von ihren graugrünen Wellen.

Hier, wogend durch die enge Meerenge,

Der schnelle Ozean schneidet seine Grenzen von den Ufern ab

Vom kursiven Festland. Hier der Abfall

Charybdis; und hier poltert Aetna mit Drohungen

Um die Wut seiner Flammen erneut zu sammeln

Wie mit seiner Kraft, Feuer aufs Neue zu spucken,

Aus seiner Kehle rülpsen und erneut himmelwärts tragen

Es sind Blitze. Und obwohl sie für vieles so aussieht

Die mächtige und wundersame Insel den Menschen,

Am reichsten an allen guten Dingen und gestärkt

Mit der großzügigen Kraft ihrer Helden hat sie es nie geschafft

Besitzte in sich etwas mehr Ansehen,

Es gibt auch nichts Heiligeres, Wundervolleres und Lieberes

Als dieser wahre Mann. Nein, immer so weit und rein

Die erhabene Musik seiner Brust göttlich

Erhebt seine Stimme und erzählt von gefundenen Herrlichkeiten,

Diesen Mangel an menschlichem Bestand scheint er zu schaffen.

Doch er und die oben genannten (bekanntermaßen

So weit unter ihm, weniger als er insgesamt),

Als Entdecker vieler schöner Wahrheiten

Sie gaben, als kämen sie aus dem Schrein des Herzens,

Die Antworten sind heiliger und fundierter

Als je zuvor wurde die Pythia für Männer ausgesprochen

Aus dem dreifachen und dem delphischen Lorbeer,

Habe noch was Erstteile angeht

Sie haben sich selbst ruiniert, und, große Männer, großartig

Wahrlich und schwer ist für sie der Fall:

Erstens, weil durch die Verbannung der Leere aus den Dingen

Sie weisen ihnen dennoch Bewegung zu und lassen zu

Dinge, die weich und locker strukturiert sind, um zu existieren,

Als Luft, Tau, Feuer, Erde, Tiere und Körner,

Ohne Beimischung von Leere in ihrem Rahmen.

Als nächstes, weil ich denke, dass es kein Ende geben kann

Indem wir Körper auf immer weniger reduzieren

Es wurde auch keine Pause bis zu ihrem Auseinanderbrechen eingelegt,

Sie sind der Meinung, dass es in den Dingen kein Minimum gibt;

Obwohl wir den Grenzpunkt von irgendetwas sehen

Ist das, was unseren Sinnen als das Geringste erscheint,

Wobei du vermuten kannst, dass, weil

Die Dinge, die du nicht markieren kannst, haben Grenzpunkte,

Sie haben sicherlich ihre Mindestanforderungen. Dann auch,

Da diese Philosophen Dinge zuschreiben

Weiche Urkeime, die wir wahrnehmen

Von Geburt und Körper sterblich, also durchgehend,

Die Summe der Dinge muss zunichte gemacht werden,

Und aus dem Nichts geboren, gedeiht der Überfluss neu –

Du siehst, wie weit jede Lehre von der Wahrheit entfernt ist.

Und dann sind diese Körper untereinander

In vielerlei Hinsicht Gifte und Feinde für jeden,

Deshalb wird ihr Kongress sie völlig zerstören

Oder auseinanderfahren, wie wir es bei Stürmen sehen

Regen, Wind und Blitze fliegen alle auseinander.

Auch wenn alle Dinge aus vieren bestehen,

Und alles löste sich wieder in die Vier auf,

Wie kann man die vier Urkeime nennen?

Von den Dingen kann mehr gedacht werden als von allen Dingen selbst,

Durch Retroversion, Urkeime von ihnen?

Für immer abwechselnd werden beide gezeugt,

Mit Austausch von Natur und Aspekt

Seit jeher. Aber wenn ja

Du denkst, der Rahmen aus Feuer und Erde, die Luft,

Der Tau des Wassers kann sich auf diese Weise treffen

Da sie sich nicht vermischen, um ihre Natur aufzugeben,

Aus ihnen kann für dich keine Welt erschaffen werden –

Kein Ding von Atem, kein Stamm oder Stamm eines Baumes:

Im wilden Kongress dieses abwechslungsreichen Haufens

Jedes Ding wird seine eigentliche Natur zeigen,

Und die Luft wird spürbar durcheinander sein

Mit Erde zusammen, ungelöschte Hitze mit Wasser.

Aber Urkeime, die Dinge zur Welt bringen

Muss eine latente, unsichtbare Qualität haben,

Damit es nicht zu einem herausragenden außerirdischen Element kommt

Verwirren und minimieren Sie die Sache, die Sie schaffen

Es ist sein wahres Wesen.

Aber diese Männer fangen an

Vom Himmel und von seinen Feuern; und zuerst täuschen sie vor

Dieses Feuer wird sich in die Winde der Luft verwandeln,

Als nächstes, dass der Regen aus der Luft entsteht,

Und die Erde entstand aus Regen, und dann

Dass alle umgekehrt von der Erde zurückgegeben werden —

Zuerst die Feuchtigkeit, dann die Luft, dann die Wärme —

Und dass diese niemals im Austausch aufhören,

Um ihre Wege vom Himmel zur Erde zu gehen, von der Erde

Zu den Sternen der ätherischen Welt —

Was die Keime auf keinen Fall tun können.

Da ein unveränderliches Etwas immer noch sein muss,

Damit nicht alles völlig zunichte gemacht wird;

Für die Veränderung in allem, was außerhalb seiner Grenzen liegt

Bedeutet den sofortigen Tod dessen, was vorher war.

Deshalb, da die oben erwähnten Dinge

Erleiden sie einen veränderten Zustand, müssen sie abgeleitet werden

Von anderen, die immer unwandelbar sind,

Damit die Dinge nicht völlig zunichte werden.

Warum dann nicht lieber davon ausgehen, dass es sie gibt?

Körper mit einer solchen Natur ausgestattet

Dass sie, wenn sie vielleicht Feuer gemacht haben,

Kann immer noch (aufgrund einiger zurückgezogener,

Oder einige hinzugefügt und Bewegung und Reihenfolge geändert)

Gestalte die Winde der Luft und damit alle Dinge

Für immer mit allen ausgetauscht werden?

„Aber bewiesene Tatsachen sind offensichtlich“, sagst du,

„Dass alle Dinge in den Winden der Luft wachsen

Und von der Erde her werden sie genährt, und es sei denn

Der Jahreszeiten-Gunst zur günstigen Stunde

Es regnete genug, um die Bäume ins Wanken zu bringen

Unter dem Einfluss gewaltiger Gewitterwolken,

Und die Sonne ihrerseits nährt und spendet Wärme,

Weder Körner noch Bäume noch atmende Dinge können wachsen.

Stimmt — und es sei denn, harte Nahrung und Feuchtigkeit sind weich

Rekrutierter Mann, sein Körper würde verkümmern,

Und das Leben löst sich aus seinen Knochen und Knochen auf;

Denn ohne Zweifel sind wir rekrutiert und ernährt

Durch bestimmte Dinge, wie andere Dinge durch andere.

Denn in vielerlei Hinsicht sind die vielen Keime

Gemeinsam sind viele Dinge, die in Dingen vermischt sind,

Kein Wunder also, dass die Dinge unterschiedlich sind

Von verschiedenen Dingen wird genährt. Und wieder,

Oft ist es von großer Bedeutung, was andere tun,

In welchen Positionen die Urkeime

Sind miteinander verbunden, und welche Bewegungen auch,

Sie geben und nehmen untereinander; für diese

Dieselben Keime setzen Himmel, Meer, Länder zusammen,

Flüsse und Sonne, Körner, Bäume und atmende Dinge,

Dennoch sind sie in verschiedenen Modi gemischt

Mit verschiedenen Dingen, für immer, während sie sich bewegen.

Nein, du siehst hier in unseren Versen

Viele Elemente, die vielen Welten gemeinsam sind,

Allerdings musst du jeden Vers, jedes Wort bekennen

Beide unterscheiden sich voneinander im Sinn

Und ein Klangklang – so sehr die Elemente

Kann allein durch Auftragsänderung herbeigeführt werden.

Sondern diejenigen, die die Urkeime der Dinge sind

Haben Sie die Kraft, noch mehr Kombinationen zu schaffen,

Daher können nacheinander verschiedene Dinge hergestellt werden.

Lassen Sie uns nun auch unter die Lupe nehmen

Die Homeomeria von Anaxagoras,

Von den Griechen so genannt, wofür unsere Armensprache steht

Gibt keinen Namen in der italienischen Sprache hervor,

Obwohl das Ding selbst nicht übertrieben ist

Zur Erklärung. Erst dann, wenn er spricht

An diese Homöomerie der Dinge, denkt er

Knochen, die aus den kleinsten Knochen einer Minute hervorgehen,

Und vom kleinsten und kleinsten Fleisch alles Fleisch,

Und Blut entstand aus Blutstropfen,

Einen Goldkompakt aus Goldkörnern empfangend,

Und aus Erdstücken betonierte Erde,

Feuer aus Feuern und Wasser aus Wassern,

Das Gleiche mit all dem anderen Zeug vortäuschen.

Dennoch gibt er keine Lücke in den Dingen zu,

Es gibt auch keine Grenzen für das Abholzen von Körpern.

Deshalb scheint er mir beides zu sein

Nicht weniger zu irren als diejenigen, die wir zuvor genannt haben.

Fügen Sie außerdem hinzu: Diese Keime, die er vortäuscht, seien viel zu schwach —

Bei ihnen handelt es sich um Urkeime, die hervorgerufen werden

Mit derselben Natur wie die Dinge selbst,

Und ebenso mit denen kämpfen und zugrunde gehen,

Und kein Zügel hält sie vor der Vernichtung zurück.

Hält dem Griff und Quetschen stand

Unter den Zähnen des Todes? das Feuer? die feuchte?

Oder doch die Luft? welche dann? das Blut? die Knochen?

Niemand denkt, wann alles sein wird

Im Grunde so sterblich wie alles, was wir markieren

Mit Gewalt vor unseren Augen zugrunde gehen.

Aber ich verweise auf die obigen Beweise

Dass die Dinge nicht ins Nichts zurückfallen können, noch nicht

Von Null an zunehmen. Und jetzt nochmal, seit dem Essen

Stärkt und nährt den menschlichen Körper,

Es liegt an dir, unsere Adern, unser Blut und unsere Knochen zu kennen

Und sie bestehen aus unterschiedlichen Partikeln

Für sie in Form von Sachleistungen; oder wenn sie alle Lebensmittel sagen

Sind aus gemischter Substanz, die in sich selbst enthalten ist

Kleine Körper aus Knochen und Venen

Und Blutpartikel, dann jedes Essen,

Fest oder flüssig muss selbst gedacht werden

Wie aus Dingen gemacht und vermischt, die ihrer Art nach ungleich sind —

Aus Knochen, aus Wunden, aus Sekret und aus Blut.

Nochmals, wenn alle Körper nachwachsen

Von der Erde kommen wir zuerst in die Erde, dann in die Erde

Muss eine Verbindung aus fremden Substanzen sein.

Die aus der Erde entspringen und blühen.

Übertragen Sie das Argument, und Sie können es verwenden

Die gleichen Worte: Wenn Flamme und Rauch und Asche

Lauert immer noch unsichtbar im Wald, dem Wald

Muss eine Verbindung aus fremden Substanzen sein

Die aus dem Wald entspringen.

Genau hier bleibt

Ein gewisses dürftiges Mittel, um der Wahrheit auszuweichen,

Was Anaxagoras zu sich nimmt,

Wer glaubt, dass alle Dinge mit allem vermischt lauern?

Während das nur zu sehen ist, davon

Die Körper übertreffen an Zahl alle anderen,

Und näher an der Hand und im Vordergrund liegen –

Eine Vorstellung, die weit von der wahren Vernunft entfernt ist.

Denn dann trafen sich die Körner der Körner

Sollte oft, wenn zwischen der Macht der Steine zermalmt,

Geben Sie ein Zeichen von Blut oder etwas anderem ab

Was in unserem menschlichen Körper gefüttert wird; und das

Stein auf Stein gerieben sollte einen blutigen Schlamm ergeben.

Ebenso sollten die Kräuter oft Tropfen abgeben

Aus süßer Milch, gewürzt wie Schafeuter;

In der Tat sollten wir es finden, wenn wir zusammenbrechen

Die Erdklumpen, dort Kräuter und Körner und Blätter,

Alle Arten sind fein im Boden verteilt;

Schließlich sollten wir in gespaltenem Holz fündig werden

Dort versteckten sich Asche, Rauch und Feuerstückchen.

Aber da die Tatsachen lehren, dass dies nicht der Fall ist,

Es liegt an dir, zu wissen, dass die Dinge nicht mit den Dingen vermischt sind

So; sondern Samen, die vielen Dingen gemeinsam sind,

Vielfach vermischt, muss in den Dingen lauern.

„Aber oft passiert es auf himmelhohen Hügeln", sagst du,

„Dass benachbarte Wipfel hoher Bäume gerieben werden

Einer gegen den anderen, geschlagen vom tosenden Süden,

Bis alles in Flammen steht mit einer platzenden Flammenblume.

Guter Trost – doch das Feuer pflanzt sich nicht ins Holz ein,

Aber viele sind die Samen der Hitze, und wann

Wenn sie aneinander reiben, fließen sie zusammen,

Sie lösen Brände in den Wäldern aus.

Wenn dagegen bereits geformte Flammen lägen

In den Wäldern gespeichert, dann die Brände

Konnte für keine Zeit ungesehen bleiben,

Aber ich würde den gesamten Wildholzabfall weglegen

Und das ganze Waldgebiet niederbrennen. Jetzt siehst du es

(Auch wie wir oben gesagt haben, ein wenig Platz)

Wie wichtig es für das ist, was andere tun,

In welchen Positionen diese gleichen Urkeime

Sind sie miteinander verbunden? Und welche Bewegungen auch,

Sie geben und bekommen untereinander? wie also,

Dasselbe kann, wenn es untereinander verändert wird, zum Körper werden

Sowohl magmatische als auch holzige Objekte hervor –

Genau so, wie diese Worte selbst gemacht sind

Indem sie ihre Elemente etwas verändern,

Obwohl wir mit Namen ja deutlich kennzeichnen

Das Eruptiv aus dem Holz. Noch einmal,

Wenn du denkst, was auch immer du siehst,

Unter allen sichtbaren Objekten kann es nicht sein,

Es sei denn, du täuschst vor, mit Materie ausgestattete Körper zu haben

Mit einer ähnlichen Natur – durch deinen eitlen Plan

Denn du wirst alle Keime der Dinge vernichten:

Es wird passieren, dass sie laut lachen werden, wie Männer,

Von einem Krampf der Heiterkeit auseinandergeschüttelt,

Oder befeuchten Sie Wangen und Kinn mit salzigen Tränentropfen.

DIE UNENDLICHKEIT DES UNIVERSUMS

Erfahren Sie jetzt, was bleibt! Hören Sie aufmerksamer!

Und was mich betrifft, mein Verstand lässt sich nicht täuschen

Wie düster es ist: Aber die große Hoffnung auf Lob

Hath mit spitzem Thyrsus durch mein Herz gestrichen;

In derselben Stunde ist es in meine Brust gestrichen

Süße Liebe zu den Musen, womit jetzt Instinkt,

Ich wandere umher und gedeihe in festen Gedanken,

Durch unberührte Orte der Pieriden,

Auf Schritten von niemandem zuvor getreten. Ich freue mich

Dorthin zu unbefleckten Quellen zu kommen,

Um sie tief zu entleeren; Es macht mir Freude, neue Blumen zu pflücken,

Dafür suche mein Haupt eine Signalkrone

Aus Regionen, wo die Musen noch nie waren

Habe die Schläfen eines Mannes mit Girlanden geschmückt:

Erstens, da ich über mächtige Dinge lehre,

Und los geht's direkt um den Verstand herum

Die gespannten Windungen der Angstreligion;

Als nächstes rahme ich Themen ein, die so düster sind

Die Lieder sind so durchsichtig, durch und durch berührend

Sogar mit dem Charme der Musen — der, wie es scheint,

Nicht ohne triftigen Grund:

Aber als Ärzte, wenn sie geben wollen

Junge Jungs berühren zuerst den ekelerregenden Wermut

Den Rand rund um die Tasse mit dem süßen Saft füllen

Und Gelb des Honigs, damit das so ist

Das gedankenlose Alter der Knabenzeit soll beschwichtigt werden

Bis zu den Lippen, und währenddessen herunterschlucken

Der bittere Trank des Wermuts, und obwohl getäuscht,

Lassen Sie sich jedoch nicht nur täuschen, sondern auch so

Mit wiederhergestellter Gesundheit wieder stark werden:

So, jetzt auch ich (da dies meine Lehre scheint

Im Allgemeinen etwas traurig für diejenigen

Wer hatte es nicht in der Hand und da die Menge

Fängt entsetzt davon zurück) gewünscht habe

Dir unsere Lehre in Liedern darzulegen

Leise sprechend und Pierianisch, und wie 'twere'

Um es mit dem süßen Honig der Muse zu berühren —

Wenn es mit dieser Methode möglich wäre, könnte ich halten

Der Geist von dir auf diesen Zeilen von uns,

Bis du die Natur aller Dinge durchschaust,

Und wie entsteht der verwobene Rahmen?

Aber seit ich gelehrt habe, dass Körper aus Materie bestehen

Völlig solide, hin und her fliegen

Für immer unbesiegt durch alle Zeiten,

Nun kommen Sie, und ob zur Summe von ihnen

Für dich gibt es eine Grenze oder keine

Lasst uns entfalten; ebenso was gefunden wurde

Das Weite, der Raum oder der Raum sein

Wo alles so weitergeht,

Lassen Sie uns untersuchen, ob es endlich ist

Ganz und gar, oder ungemessen rund

Und nach unten eine grenzenlose Tiefe.

Somit ist das Alles, was ist, begrenzt

In keinem Bereich seiner weiteren Wege,

Denn dann muss es für immer sein Jenseits haben.

Und ein Jenseits kann nie gesehen werden

Umsonst, es sei denn, es gibt noch mehr

Etwas irgendwo, das dasselbe bedeuten könnte —

Damit das Ding immer noch da ist, wo man es sieht

Die Art der Empfindung dieses Dings

Kann dem nicht mehr folgen. Jetzt weil

Gestehen wir, dass es außer der Summe nichts gibt,

Es gibt kein Jenseits, und daher fehlt ihm jedes Ende.

Es spielt keine Rolle, wo du dich postest,

In welchen Regionen auch immer;

Sogar an jedem Ort, an dem ein Mann ihn abgesetzt hat

Er hinterlässt immer noch das grenzenlose Alles um ihn herum

Nach außen in alle Richtungen; oder, angenommen

Ein Moment, in dem der gesamte Raum endlich ist,

Wenn einer der am weitesten entfernten Reisenden hinausläuft

Bis zu den äußersten Küsten und Würfen voraus

Ein fliegender Speer, ist denn nicht dein Wunsch zu denken?

Es geht, weggeschleudert, dorthin, wohin es geschickt wurde

Und schießt in die Ferne, oder dass irgendein Gegenstand dort ist

Kann es vereitelt und gestoppt werden? Für den einen oder anderen

Du musst zugeben und akzeptieren. Beides

Verschließt dir den Ausweg und drängt dich

Dass du alles gibst, breitet sich überall aus,

Keine Grenzen besitzen. Da ob es welche gibt

Aught, das kann es blockieren und überprüfen, damit es kommt

Nicht wohin es geschickt wurde, noch bleibt es in seinem Ziel,

Oder ob mitgetragen, in welcher Hinsicht auch immer

„Das hat nicht von irgendeinem Ende aus begonnen.“ Und so

Ich werde weitermachen, und wohin auch immer du gehst

An den äußersten Küsten werde ich fragen: „Was wird?"

Danach von deinem Speer?" Es wird geschehen

Dass es nirgendwo einen Weltuntergang geben kann, und das

Die Chance auf einen weiteren Flug verlängert sich ewig

Der Flug selbst. Außerdem waren alle Platz

Von der Gesamtheit und Summe eingeschlossen

Mit festen Küsten und überall begrenzt,

Dann würde die Fülle der Weltmaterie fließen

Zusammen durch festes Gewicht von überall her

Immer noch bis zum Ende der Welt,

Auch unter der Decke des Himmels konnte nichts passieren,

Es konnte auch überhaupt keinen Himmel oder Sonne geben —

In der Tat, wo ein Haufen Materie liegen würde,

Indem wir uns in unendlicher Zeit niedergelassen haben.

Aber in Wirklichkeit ist Ruhe gegeben

Bis keine Körper unter den Elementen sind,

Weil es dafür keinen Boden gibt

Sie könnten, als ob sie zusammenfließen würden, und wo

Sie könnten ihre ungestörten Behausungen beziehen.

In endloser Bewegung geht alles weiter

Für immer; sogar aus allen Regionen

Aus der Grube unten, aus der Weite,

Werden geschleuderte Körper immer mehr versorgt.

Die Natur des Raumes, der Raum des Abgrunds

Ist so, dass sogar die zuckenden Blitze

Sie können ihre Kurse nicht beschleunigen,

Durch ewige Zeitspannen gleiten,

Auch nicht weiter zustande bringen, während sie rennen,

Damit sie ihre Reise ein wenig verkürzen können:

Solch ein riesiger Überfluss breitet sich für die Dinge in der Umgebung aus –

Raum ab in alle Viertel, ohne Ende.

Schließlich wird es vor unseren Augen gesehen

Ding an gebundenes Ding: Luft schirmt Hügel um Hügel ab,

Und Bergwände schützen die Luft; Land endet am Meer,

Und das Meer wiederum alle Länder; aber für das Ganze

Wahrlich, es gibt nichts, was das Äußere binden könnte.

Auch das mag die Summe der Dinge nicht sein

Die Macht haben, ein eigenes Maß festzulegen,

Große Naturwächter, sie, die die Leere zwingt

Um den ganzen Körper zu binden, als Körper die ganze Leere,

Auf diese Weise wird durch diese Abwechslung das Ganze wiedergegeben

Ein Unendliches; oder auch das eine oder andere,

Vom anderen ungebunden zu sein, breitet sich aus,

Nichtsdestotrotz schon aufgrund seiner Einzigartigkeit

Unermesslich weiter....

Weder Meer, noch Erde, noch leuchtende Himmelsgewölbe,

Keine Rasse von Sterblichen, keine heiligen Glieder von Göttern

Konnten ihren Platz mindestens eine Stunde lang behalten:

Denn von seinen Versammlungen getrennt vertrieben,

Der aufgelöste Stoffvorrat würde getragen werden

Entlang der grenzenlosen sinnlosen Ferne,

Oder besser gesagt, sie hätten sich noch nie zusammengetan

Und irgendetwas geboren, denn weit verstreut,

Es konnte nicht vereint werden. Für die Wahrheit

Auch die Urkeime taten es nicht

„Stabilisieren Sie sich wie durch eine scharfe Geisteshaltung,

Jeder an seinem richtigen Platz; noch machten sie es,

Fürwahr, eine kompakte Art und Weise, wie sich jeder Keim bewegen sollte;

Aber seitdem ist es in vielerlei Hinsicht zahlreich und verändert

Entlang des Alls werden sie ins Ausland getrieben und verärgert

Von Schlag auf Schlag, sogar seit jeher,

Sie also endlich, nachdem sie alles versucht hatten

Es kommen die Arten von Bewegung und Verbindung

In diese großartigen Arrangements, aus denen

Diese Summe der etablierten Dinge wird geschaffen,

Dadurch, im Laufe der mächtigen Jahre,

Es bleibt erhalten, wenn es einmal geworfen wurde

In die richtigen Bewegungen bringen, in die Tat umsetzen

Dass immer die Streams die gierige Hauptleitung erfrischen

Mit Flusswellen im Überfluss und dieser Erde,

Umhüllt von warmen Ausdünstungen der Sonne,

Erneuert ihre Brut und damit die lustvolle Rasse

Von atmenden Kreaturen, Bären und Blüten und so weiter

Die gleitenden Feuer des Äthers leben –

Was die Urkeime noch nicht konnten,

Es sei denn aus der Unendlichkeit des Weltraums

Könnte je nach Jahreszeit von dort kommen, woher die Materie kommt

Sie sind nicht verpflichtet, Verluste zu reparieren.

Denn so wie die Natur atmender Geschöpfe vergeht,

Verlust des Körpers bei Nahrungsentzug:

Also müssen alle Dinge so schnell wie möglich aufgelöst werden

Als Materie, abgelenkt mit welchen Mitteln auch immer

Von seinem Kurs abgekommen, wird nicht zur Hand sein.

Auch die Schläge von außen können nicht noch retten,

Auf jeder Seite, wie groß auch immer die Welt sein mag

Wurde zu einem Ganzen vereint. Sie können

Überprüfen Sie tatsächlich durch häufiges Schlagen ein Teil,

Bis andere ankommen, die Summe erfüllen können;

Mittlerweile werden sie aber oft zum Springen gezwungen

Zurückprallen und, während sie springen, nachgeben,

Zu den Elementen, aus denen eine Welt entsteht,

Raum und Zeit zum Fliegen, wenn es ihnen erlaubt ist

Aus der Massenunion stammen

Frei und fern. Deshalb noch einmal:

Die Bedürfnisse müssen zahlreich sein, um versorgt zu werden.

Und auch, dass die Schläge selbst sein werden

Unfehlbar, muss es jemals geben

Eine unendliche Kraft der Materie rundherum.

Und in diesen Problemen, schrumpfe, mein Memmius, weit

Vom nachgebenden Glauben bis zu diesem berüchtigten Gerede:

Dass alles nach innen zum Zentrum drängt;

Und so bleibt die Natur der Welt bestehen

Mit niemals Schlägen von außen, noch kann es sein

Nirgendwo getrennt – da alle Höhe und Tiefe

Habe immer nach innen zur Mitte gedrückt

(Wenn du bereit bist, das zu glauben

Sich selbst kann auf sich selbst ruhen); oder das

Die schwerfälligen Körper, die unter der Erde sind

Drücken Sie alle nach oben und kommen Sie zur Ruhe

Auf der Erde, irgendwie auf dem Kopf,

Wie diese Bilder von Dingen, die wir sehen

Derzeit durch das Wasser. Sie behaupten,

Mit einem ähnlichen Verfahren, dass alle atmenden Dinge

Kopf nach unten, umherwandern und es doch nicht schaffen

Stürze von der Erde in die Bereiche des Himmels unten,

Nicht mehr als diese fliegen unsere Körper weg

Spontan zu den Himmelsgewölben oben;

Dass, wenn diese Kreaturen in die Sonne schauen,

Wir betrachten die Sternbilder der Nacht;

Und das sind bei uns die Jahreszeiten des Himmels

Sie teilen sich also abwechselnd und so

Verbringen Sie die Nacht gleich unseren Tagen,

Aber ein eitler Irrtum hat diese Träume zu Narren gemacht,

Was sie mit perverser Argumentation angenommen haben

Denn dort, wo die Welt noch ist, kann kein Zentrum sein

Grenzenlos, noch nicht, wenn jetzt ein Zentrum wäre,

Könnte da noch etwas eine feste Position einnehmen?

Als dass es aus einem anderen Grund verdrängt werden könnte.

Für den gesamten Raum und Raum nennen wir die Leere

Muss sowohl durch die Mitte als auch außerhalb der Mitte nachgeben

Gleiches gilt für Gewichte, wohin ihre Bewegungen tendieren.

Es gibt auch keinen Ort, an dem sie, wenn sie angekommen wären,

Körper können im Nichts stillstehen,

Ohne Gewichtskraft; noch kann es ungültig sein

Jedem Unterstützung leisten – nein, es muss,

Getreu seiner Natur, immer noch nachgeben.

So können die Dinge also überhaupt nicht sein

Seien Sie vereint, als wären Sie überwältigt

Durch die Sehnsucht nach einer Mitte.

Aber außerdem,

Da sie so tun, als ob nicht alle Körper drücken

Sich nach innen zentrieren, lieber nur diese

Von Erde und Wasser (Flüssigkeit des Meeres,

Und die großen Wellen von den Berghängen,

Und was auch immer als „Twere" umhüllt ist,

Im irdenen Körper dagegen lehren sie

Wie die dünne Luft und mit ihr das heiße Feuer,

Wird vom Zentrum getrennt und wie,

Dafür zittert der ganze Äther mit hellen Sternen,

Und die Flamme der Sonne entlang des Blaus wird gefüttert

(Weil die Hitze, die aus der Mitte fliegt,

Alle versammeln sich dort) und wie wiederum die Äste

Auf den Baumwipfeln konnten ihre Blätter nicht sprießen,

Es sei denn, nach und nach aus der Erde

Für jeden gab es Nährstoffe...

Damit nicht, wie die geflügelten Flammen,

Die Wälle der Welt sollten fliehen,

Aufgelöst in der mächtigen Leere,

Und damit nicht alles andere ebenfalls folgt,

Ja, damit die donnernden Gewölbe des Himmels nicht platzen

Und zersplittern nach oben und die Erde alsbald

Ziehen Sie sich unter unseren Füßen und all ihrer Masse zurück,

Unter seinen vermischten Wracks und denen des Himmels,

Mit dem Auseinanderfallen der Ursamen,

Sollte entlang des unermesslichen Wahnsinns vergehen,

Für immer weg und in diesem Moment nichts

Von Trümmern und Resten würden daneben übrig bleiben

Der trostlose Raum und die unsichtbaren Keime.

Denn auf welcher Seite auch immer du zuerst denkst

Den Urkörpern fehlt, siehe da, diese Seite

Wird für die Dinge die Tür zum Tod sein:
Durch die Masse der Materie werden alle rennen,
Im In- und Ausland.

Diese Punkte, wenn du darüber nachdenken willst,
Dann, mit nur dürftigen Schwierigkeiten, die vorangingen ...

Denn eins nach dem anderen wird klar werden,
Auch die blinde Nacht wird dich nicht des Weges berauben,
Um deinen Blick auf das Weiteste der Natur zu behindern.
So werden Dinge für Dinge neue Fackeln entzünden.

BUCH II

EINLEITUNG

Es ist süß, wenn auf der mächtigen Hauptstraße die Winde wehen

Rollen Sie seine Wasserverschwendung vom Land auf

Um den mühsamen Kummer eines anderen aus der Ferne zu beobachten,

Nicht, dass wir diesen Mann freudig erfreuen würden

Sollte so geschlagen werden, aber weil es süß ist

Um zu markieren, welche Übel uns selbst erspart bleiben;

Es ist wieder süß, den gewaltigen Streit zu sehen

Von Armeen, die dort drüben in der Ebene gekämpft haben,

Wir selbst sind nicht an der Gefahr beteiligt; aber nichts

Es gibt Schöneres, als die Höhe zu halten

Ruhige Hochebenen, gut befestigt von den Weisen,

Von hier aus kannst du auf andere Männer blicken

Und sieh sie überall herumwandern, alle verstreut

Auf ihrer einsamen Suche nach dem Weg des Lebens;

Rivalen im Genie oder Eiferer im Rang,

Tage und Nächte mit größter Mühe durchstehen

Für Gipfel der Macht und Beherrschung der Welt.

O elender Menschengeist! O verblendete Herzen!

In wie großen Gefahren, in welchen Düstern des Lebens

Die menschlichen Jahre sind vergangen, so kurz sie auch sein mögen!—

O, diese Natur nicht selbst zu sehen

Bellt nach nichts, bis auf den Schmerz, bleib weg,

Vom Körper getrennt und der Geist genießt

Ein angenehmes Gefühl, weit weg von Sorge und Angst!

Deshalb sehen wir, dass unser körperliches Leben

Braucht insgesamt wenig und nur so viel

Es lindert den Schmerz und kann es auch

Streuen Sie einige Köstlichkeiten darunter.

Manchmal ist es dankbarer (für die Sehnsüchte der Natur).

Keine Künstlichkeit und kein Luxus), zumindest nicht

Es gibt keine goldenen Bilder von Jungen

Entlang der Hallen, mit ausgestreckten rechten Händen

Die Lampen brennen, die Lichter für Abendfeste,

Und wenn das Haus nicht von Gold glänzt

Auch nicht mit Silber glänzen und die Leier erklingen lassen

Keine verzierten und vergoldeten Decken an der Decke,

Und trotzdem mit Freunden im weichen Gras faulenzen

Neben einem Wasserfluss, darunter

Die Äste eines großen Baumes und fröhlich zum Erfrischen

Unsere Rahmen, ohne großen Aufwand – vor allem

Wenn das Wetter lacht und die Jahreszeiten

Bestreuen Sie das Grün des Grases mit Blumen.

Noch schneller werden die Hitzefieber nicht verschwinden,

Wenn du auf einen abgebildeten Wandteppich wirfst,

Oder ein lila Gewand, als ob es dir gehört, zu lügen

Auf dem Bettzeug des armen Mannes. Deshalb, seitdem

Schatz, weder Rang noch Ruhm einer Herrschaft

Unser Körper nützt uns also nichts

Halte sie auch für nichts für den Geist:

Rette es dann vielleicht, wenn du es erblickst

Deine Legionen schwärmen um das Marsfeld,

Einen Scheinkrieg entfachen – auf beiden Seiten

Mit großen Hilfstruppen und Pferden gestärkt,

Gleichermaßen mit Waffen ausgestattet, gleich inspiriert;

Oder rette, wenn auch du es erblickst

Deine Flotten schwärmen aus und marschieren das Meer hinab:

Denn dann, durch solch einen hellen Umstand beschämt,

Die Religion verblasst und verschwindet aus deinem Geist; Ach dann

Die Angst vor dem Tod macht das Herz so sorglos.

Aber wenn wir bemerken, wie all dieser Pomp endlich ist

Ist nur ein Scherz und ein Spottspiel,

Und vor der Angst eines Wahrheitsmenschen, dem die Sorgen auf den Fersen sind,

Fürchtet sich nicht vor diesen Waffengeräuschen, diesen wilden Schwertern

Sondern unter Königen und Herren der ganzen Welt

Mischt sich unerschrocken und ist auch nicht eingeschüchtert

Durch den Glanz von Gold, noch durch die strahlende Pracht

Kannst du dann daran zweifeln, dass du ein lila Gewand bist?

Gibt es etwas anderes als die Kraft des Denkens? – wann übrigens

Das ganze Leben läuft im Dunkeln.

Denn so wie Kinder zittern und sich vor allem fürchten

Im aussichtslosen Dunkel, so auch wir zeitweise

Fürchte dich im Licht vor so vielen Dingen

Nichts ist furchteinflößender als das, was Kinder vortäuschen,

Schaudernd wird sie im Dunkeln sein.

Dieser Schrecken dann, diese Dunkelheit des Geistes,

Nicht der Sonnenaufgang mit seinen flackernden Lichtspeichen,

Auch die glitzernden Pfeile des Morgens können sich nicht zerstreuen,

Aber nur der Aspekt der Natur und ihr Gesetz.

Atombewegungen

Nun komm: Ich werde deine Schritte entwirren

Nun, durch welche Bewegungen die zeugenden Körper

Aus dem Weltzeug entsteht die vielfältige Welt,

Und es dann für immer lösen, wenn es gezeugt wird,

Und durch welche Kraft werden sie dazu gezwungen,

Und was ihnen die Geschwindigkeit bescherte

Womit man den weiten Irrsinn hinunterreisen kann:

Denke daran, meinen Worten nachzugeben.

Denn wahrlich, die Materie hält nicht zusammen, die Massen sind nicht eng,

Da wir sehen, wie alles vergeht,

Und wir beobachten, wie alles an- und abfließt,

Wie aus uralten Zeiten und aus unseren Augen

Wie Feld jedes Objekt am Ende zurückzieht,

Auch wenn die Summe gleich bleibt,

Unversehrt, weil diese Partikel jedes Ding verlassen

Verringern Sie, wovon sie sich trennen, aber spenden Sie

Mit der Zunahme derjenigen, zu denen sie wiederum kommen,

Diese im Alter verkümmern zu lassen,

Und diejenigen, die in der Blütezeit blühen (und doch

Ich werde nicht lange unter ihnen warten). Also die Summe

Die Ewigkeit wird wieder aufgefüllt, und wir leben

Als Sterbliche durch ewiges Geben und Nehmen.

Die Nationen nehmen zu, die Nationen nehmen ab;

In kurzer Zeit vergehen die Generationen,

Und Läufer reichen gern die Lampe des Lebens

Eins zum anderen.

Aber wenn du glaubst

Dass die Urkeime der Dinge aufhören können,

Und indem sie aufhören, gebären sie neue Bewegungen,

Weit entfernt bist du vom Weg der Wahrheit.

Denn da sie wahnsinnig durch die Leere wandern,

Alle Urkeime der Dinge müssen Bedürfnisse haben

Mitgetragen werden, entweder durch ihr eigenes Gewicht,

Oder glücklicherweise durch den Schlag eines anderen von außen.

Denn wenn, in ihrer Unaufhörlichkeit so oft

Sie treffen aufeinander und prallen aufeinander, es kommt zum Ende

Sie springen auseinander, von Angesicht zu Angesicht: nicht seltsam —

Da sie am härtesten und solide in ihren Gewichten sind,

Und keine Gegenbewegung von hinten.

Und dass du klarer wahrnimmst, wie alles

Diese Stoffmilben werden umhergeschleudert,

Denken Sie daran, wie nirgendwo in der Summe

Von allem gibt es einen Boden, nirgends gibt es einen

Ein Reich der Ruhe für Urkörper; seit

(Wie ausführlich gezeigt und durch die Vernunft sicher bewiesen)

Der Raum hat weder Grenzen noch Maße und erstreckt sich

Ungemessen in alle Richtungen rundherum.

Da dies sicher ist, besteht kein Zweifel

Den Urkörpern wird keine Ruhe gewährt

Entlang der unergründlichen Verrücktheit; sondern vielmehr,

Unermüdlich durch gemischte Bewegungen bewegt,

Einige sprangen, als sie sich störten, sofort zurück und gingen

Riesige Lücken dazwischen, einige auch durch den Schlag

Sind in Eile, mit kleinen Abständen dazwischen.

Und das alles, mit kleinen Lücken zusammengefügt,

In engerer Vereinigung zurückgebunden,

Verbunden durch ihre eigenen, völlig ineinander verschlungenen Formen, –

Diese bilden die unzerstörbaren Wurzeln von Gesteinen

Und die rohen Eisenmassen und was sonst noch

Ist von ihrer Art...

Der Rest springt weit auseinander, schreckt weit zurück,

Es entstehen große Lücken zwischen: und diesem Angebot

Für uns dünne Luft und Glanzlichter der Sonne.

Und viele wandern außerdem durch die mächtige Leere –

Aus den Vereinigungen bestehender Dinge zurückgeworfen,

Nirgendwo im Universum akzeptiert,

Und in keiner Weise mit dem Rest verbunden.

Und von dieser Tatsache (wie ich sie hier aufzeichne)

Ein Bild, eine Schrift entsteht vor unseren Augen

Präsentieren Sie jeden Moment; denn siehe, wann immer

Das Licht der Sonne und die Strahlen, eingelassen, strömen herab

Durch dunkle Häuserhallen: Du wirst sehen

Die vielen Milben sind auf vielfältige Weise vermischt

Inmitten einer Leere im Licht der Strahlen,

Und weiter kämpfend, wie im ewigen Streit,

Und in Bataillonen, die ununterbrochen kämpften,

In Besprechungen, Abschieden, gehetzt auf und ab.

Daraus lässt sich schließen, um welche Art es sich handelte

Das unaufhörliche Werfen ursprünglicher Samen

Inmitten der mächtigeren Leere – zumindest bisher

Wie eine kleine Angelegenheit zu einer größeren dienen kann,

Und durch dein Beispiel zeige dir die Spur

Des Wissens. Auch aus diesem Grund passt es

Du wendest deinen Geist umso mehr diesen Körpern zu

Die hier im Licht taumeln:

Nämlich, weil solche Stürze ein Zeichen sind

Das betrifft auch den Urstoff

Das Geheimnisvolle und Sichtlose lauert darunter, dahinter.

Denn du wirst hier manchen getriebenen Fleck bemerken

Durch sinnlose Schläge seinen kleinen Kurs ändern,

Und rückwärts geschlagen, um wieder zurückzukehren,

Hin und her in alle Richtungen rundherum.

Siehe, all ihre wechselnden Bewegungen sind von alters her,

Aus den Uratomen; für das Selbe

Ursprüngliche Samen der Dinge, erste Bewegung des Selbst,

Und dann diese Gremien, die aus kleinen Gewerkschaften bestehen

Und sozusagen den Mächtigen am nächsten

Von den Uratomen werden aufgewühlt

Durch den Impuls der unsichtbaren Schläge dieser Atome,

Und diese spornen danach die nächstgrößere an:

So steigt die Bewegung von den Urzeiten an,

Und Schritt für Schritt entsteht unser Sinn,

Bis sich auch jene Objekte bewegen, die wir

Kann in Sonnenstrahlen Spuren hinterlassen, erscheint aber nicht

Welche Schläge drängen sie.

Das wundert mich nicht

Wie ist das denn so, obwohl die Samen der Dinge schon alles vorhanden sind?

Die Summe bewegt sich ewig und scheint dennoch zu stehen

Äußerst ruhig, außer in Fällen, in denen

Ein Ding zeigt die Bewegung seines Rahmens als Ganzes.

Denn es liegt weit unterhalb der Sinneswahrnehmung

Die Natur dieser ultimativen Dinge der Welt;

Und da du diese selbst nicht sehen kannst,

Ihre Bewegung müssen sie auch vor den Menschen verbergen –

Merken Sie sich doch, wie oft wir Dinge sehen können

Doch verbergen sie ihre Bewegungen, wenn sie weit von uns entfernt sind

Entlang der fernen Landschaft. Oftmals also

Auf einem Hügel werden die wolligen Herden sein

Schneiden Sie ihr gutes Essen ab und schleichen Sie umher

Wohin der Ruf des Grases, beseelt

Mit dem frischen Tau ruft es, und die Lämmer,

Gut gefüllt, tummeln sich, rütteln im Sport:

Doch in der Ferne scheint uns alles verschwommen und verschwommen zu sein –

Ein weißer Schimmer ruht auf einem grünen Hügel.

Wieder, als mächtige Legionen umhermarschierten,

Füllen Sie alle Viertel der Ebene unten,

Erweckt einen nachahmenden Krieg, da ist der Glanz

Schießt in den Himmel und alle Felder drumherum

Glitzerndes Messing und von unten ein Geräusch

Geht von den Füßen eines tapferen Soldaten hervor,

Und Bergwände, vom Geschrei getroffen, senden

Die Stimmen weiter zu den Sternen des Himmels,

Und hierhin und dorthin schießt die Kavallerie,

Und plötzlich die mittleren Felder hinunter

Lädt sich mit Beginn stark genug auf, um zu rocken

Die feste Erde: und doch gibt es einige Beiträge

Auf die hohen Berge, von wo aus sie scheinen

Stehen – ein ruhender Schimmer entlang der Ebene.

Was ist nun die Geschwindigkeit der Atome der Materie?

Du kannst in wenigen, mein Memmius, daraus lernen:

Als erstes erstrahlt die Morgendämmerung in neuem Licht

Die Länder und alle Vogelarten im Ausland

Flitzen Sie mit flüssigen Noten durch die weglosen Wälder

Die Regionen entlang der sanften Luft füllen,

Wir sehen, dass es dem Menschen sofort offenbar wird

Wie plötzlich geht die aufgehende Sonne auf

Zu solch einer Stunde, sich auszubreiten und zu kleiden

Das Ganze mit seiner eigenen Pracht; aber die Sonne

Warme Ausatmungen und dieses ruhige Licht

Reise nicht ins Leere; und somit

Sie sind gezwungen, langsamer voranzukommen,

Während sie sozusagen die Luftwellen spalten;

Diese Teilchen wandern auch nicht einzeln nacheinander

Von den warmen Ausdünstungen aber sind alle

Verwickelt und verdichtet, wobei gleichzeitig

Jeder wird von jedem und von außen zurückgehalten

Geprüft, bis man gezwungen war, langsamer voranzukommen.

Aber die Uratome mit ihren alten

Einfache Solidität, wenn sie weiterreisen

Entlang der leeren Leere, alles ohne Verzögerung

Durch irgendetwas außerhalb von ihnen dort, und sie, jeder einzelne

Eine Einheit aus der Natur seiner Teile seind,

Werden an den einen Ort getragen, den sie anstreben

Noch zu ergreifen, muss dann, ohne Zweifel,

Überholen Sie die Geschwindigkeit und lassen Sie sich schneller tragen

Als das Licht der Sonne und über Regionen hinwegrauscht,

Von einem viel größeren Raum im gleichen Zeitraum

Der Glanz der Sonne breitet sich rund um den Himmel aus.

Auch nicht, um die Atome einzeln zu verfolgen,

Das Gesetz sehen, nach dem alles geschieht.

Aber manche Menschen, die die Materie nicht kennen, denken:

Im Gegensatz dazu, dass es nicht ohne die Götter ist,

In einer solchen Anpassung an unsere menschlichen Gewohnheiten

Kann die Natur die Jahreszeiten verändern?

Und die Körner und alles andere zur Welt bringen

Zu welcher göttlichen Freude, dem Führer des Lebens,

Überzeugt die Sterblichkeit und führt sie voran,

Dass sie durch ihre kunstvollen Liebesschmeicheln

Es propagiert die Generationen immer noch,

Damit die Menschheit nicht zugrunde geht. Wenn sie vortäuschen

Dass die Götter alles außer dem Menschen geschaffen haben,

Sie scheinen in jeder Hinsicht mächtig zu verfallen

Aus der Wahrheit der Vernunft: Selbst wenn ich es nie wüsste

Was Samen ursprünglich sind, würde ich doch wagen

Dies ist zu bestätigen, auch wenn es auf tiefem Urteilsvermögen beruht

Über die Wege und das Verhalten des Himmels —

Dies wird außerdem durch viele Tatsachen bestätigt:

Das ist keineswegs die Natur der Welt

Für uns wurde von einer göttlichen Macht gebaut —

So groß sind die Fehler, mit denen es belastet ist:

Das, mein Memmius, später für dich

Wir klären auf. Nun zu dem, was bleibt

Bezüglich der Anträge werden wir unsere Gedanken darlegen.

Jetzt ist meiner Meinung nach der richtige Ort in diesen Angelegenheiten

Um dir auch dies zu beweisen: nichts Körperliches

Aus eigener Kraft kann es jemals nach oben getragen werden,

Oder nach oben gehen – noch die Flammenkörper lassen

Täusche dich hier: denn sie haben gezeugt

Mit dem Drang nach oben, so ansteigend,

Wodurch leuchtende Körner und Bäume emporwachsen,

Obwohl das ganze Gewicht in ihnen nach unten drückt.

Auch nicht, wenn die Feuer von unten hervorspringen werden

Die Dächer der Häuser und schnelle Flammen schlagen auf

Holz und Balken, das ist dann anzunehmen

Sie handeln aus eigenem Antrieb, es liegt keine Kraft dahinter

Um sie aufzudrängen. So ist das ausgeschiedene Blut

Aus unserem Körper strömen Strahlen in die Höhe

Und es spritzt Blut. Und hast du nie markiert

Mit welcher Kraft wird das Wasser austreten

Holz und Balken? Je tiefer, gerader und tiefer,

Wir drängen sie hinein, und obwohl wir viele sind,

Je mehr wir mit main und toil drücken, desto mehr

Das Wasser erbricht und schleudert sie zurück,

Dass sie dort, mehr als die Hälfte ihrer Länge, auftauchen,

Rebounding. Dennoch zweifeln wir nie, scheint mir,

Dass die ganze Last in ihnen nach unten trägt

Durch leere Leere. Nun, in ähnlicher Weise Flammen

Sollte auch im ausgepressten Zustand in der Lage sein,

Allerdings durch Luftwinde, um in die Höhe zu steigen

Das Gewicht in ihnen strebt danach, sie nach unten zu ziehen.

Hast du nicht gesehen, wie du so weit und hoch fegst,

Die Meteore, Mitternachtsflammen des Himmels,

Wie sie lange Flammenspuren hinter sich herziehen

Wohin gibt die Natur einen Durchgang?

Wie Sterne und Sternbilder auf die Erde fallen,

Siehst du nicht? Nein, auch die Sonne vom Gipfel des Himmels

Gibt rund um jedes Viertel seine große Hitze ab,

Und sät die neu gepflügten Zwischenräume mit Licht:

Somit tendiert auch die Sonnenwärme nach unten zur Erde.

Durch den Regen siehst du die Blitze fliegen;

Mal hier, mal da, aus den Wolken hervorbrechend,

Die Feuer schießen im Zickzack – und diese flammende Kraft

Fällt ebenfalls bodenständig.

In diesen Angelegenheiten

Wir wünschen Ihnen auch hiermit eine gute Nachricht:

Die Atome, da ihr eigenes Gewicht sie nach unten drückt

Lote durch die Leere, zu knappen, bestimmten Zeiten,

An knapp bestimmten Orten, aus ihrem Verlauf

Lehne ein wenig ab – nenne es sozusagen

Bloßer veränderter Trend. Denn wäre es nicht ihre Gewohnheit?

Wenn sie so ausweichen würden, würden sie fallen, jeder einzelne,

Wie Regentropfen durch die bodenlose Leere;

Und dann könnte es weder Kollisionen noch Schläge geben

Unter den Urelementen; und somit

Die Natur hätte nie etwas geschaffen.

Aber wenn es jemanden gibt, der daran glaubt

Die schwereren Körper werden schneller getragen

Senken Sie die Leere ab, sind Sie von oben in der Lage

Das Feuerzeug schlagen und so Schläge erzeugen

Kann diese zeugenden Bewegungen weithin auslösen

Von den Straßen der wahren Vernunft ziehen sie sich zurück.

Denn was auch immer durch das Wasser fällt,

Oder durch die dünne Luft, müssen ihren Abstieg beschleunigen,

Jeder nach seinem Gewicht – aus diesem Grund, weil

Sowohl die Wassermenge als auch die subtile Luft

Auf keinen Fall kann alles gleich verzögert werden,

Aber gib schneller, bevor das schwerere Gewicht kommt;

Aber umgekehrt kann die leere Leere nicht,

Auf jeder Seite, zu jeder Zeit, zu irgendetwas

Widersetze dich dem Widerstand, werde aber immer nachgeben,

Getreu seiner Natur. Darum alle,

Bei gleicher Geschwindigkeit, wenn auch nicht gleich im Gewicht,

Muss eilen, getragen durch die noch immer geistlose Welt.

Also nie schwerer von oben

Ich war schnell dabei, die leichteren, geschlechtsspezifischen Striche zu setzen

Die diese verschiedenen Bewegungen verursachen, durch deren Mittel

Die Natur erledigt ihre Arbeit. Und so sage ich:

Die Atome müssen manchmal ein wenig ausweichen –

Aber nur das Geringste, damit wir nicht den Anschein erwecken, als würden wir etwas vortäuschen

Schräge Anträge und Tatsachen widerlegen uns dort.

Denn dies sehen wir sofort als offensichtlich:

Was auch immer das Gewicht ist, es kann nicht schräg gehen,

Unten auf seiner stürmischen Reise von oben,

Zumindest soweit du es beurteilen kannst; aber wer

Gibt es eine Möglichkeit, durch die Sinne zu erkennen, dass nichts ausweichen kann?

Abgesehen von der geraden Linie abseits der Straße überhaupt?

Auch hier gilt: Wenn alle Anträge miteinander verknüpft sind,

Und aus dem Alten entsteht immer das Neue

In fester Reihenfolge und Ursamen

Produzieren Sie nicht, indem Sie einen Neuanfang wagen

Von der Bewegung, die Bündnisse des Schicksals zu brechen,

Diese Sache gelingt nicht von Ewigkeit her,

Woher dieser freie Wille für die Kreaturen über den Ländern,

Woher wird er dem Schicksal entrissen – dieser Wille

Wobei wir genau dorthin treten, wo wir wollen

Führt jeden Mann weiter, wobei wir denselben ausweichen

In Bewegungen, nicht wie zu einem bestimmten Zeitpunkt,

Auch nicht an einer festen Raumlinie, sondern wo

Der Geist selbst hat dazu gedrängt? Für ausser Zweifel

In diesen Angelegenheiten ist jedermanns eigener Wille

Das gibt den Anfang und damit alle unsere Glieder

Anlaufende Bewegungen werden diffus. Wieder,

Siehst du nicht, wann zu einem bestimmten Zeitpunkt

Die Riegel werden geöffnet, wie die eifrige Kraft

Pferde können nicht so schnell nach vorne ausbrechen

Wie heisst ihr das? Denn es gehört dazu

Dass der gesamte Vorrat an Materie durch den Rahmen hindurch

Sei erregt, damit durch jedes Gelenk

Erregt drückt es den Wunsch des Geistes und folgt ihm;

So sehen Sie also, dass die anfängliche Bewegung geschlechtsspezifisch ist

Ja, wahrlich, es kommt aus dem Herzen

Zuerst aus dem Willen des Geistes, woher zuletzt

Wird über die Gelenke und den gesamten Körper abgegeben.

Ganz anders ist es, wenn wir weitergehen,

Angetrieben durch einen Schlag der mächtigen Kräfte eines anderen

Und mächtiger Drang; denn dann ist es klar genug

Alle Materie unseres gesamten Körpers geht,

Wir eilten weiter, gegen unseren eigenen Willen –

Bis der Wille die Zügel in die Hand nimmt

Und wir haben es noch einmal überprüft, alle unsere Mitglieder;

Nach wessen Willen tatsächlich manchmal

Der Stoffbestand ist gezwungen, seinen Weg zu ändern,

In allen unseren Mitgliedern und in unseren Gelenken,

Und nach der Vorwärtsbewegung zu sein

Angeschnallt, woraufhin es sich wieder beruhigt.

So siehst du nicht, wie, obwohl äußere Gewalt

Treibe Männer voran und zwinge sie oft, sich zu bewegen,

Vorwärts gegen das Verlangen und kopfüber entführt,

Doch ist da etwas in unseren Brüsten?

Stark im Kampf, stark im Widerstand? –

Deshalb nicht weniger innerhalb der Ursamen

Du musst zugeben, trotz aller Schläge und Gewichte,

Eine andere Bewegungsursache, woher sie stammt

Diese Kraft ist in uns angeboren, aus einem freien Akt. –

Da aus nichts nichts werden kann, sehen wir.

Um das Gewicht zu verhindern, sollten alle Dinge geschehen

Durch Schläge, wie z. B. durch eine äußere Kraft;

Aber der Geist dieses Mannes selbst in allem, was er tut

Hath keine feste Notwendigkeit in dir,

Es wird auch nicht wie ein erobertes Ding gezwungen

Zu ertragen und zu leiden – dieser Zustand kommt über den Menschen

Von dieser leichten Abweichung der Elemente

In keiner festen Raumlinie, in keiner festen Zeit.

Noch nie war der Vorrat an Sachen voller,

Auch nie wieder durch größere Lücken getrennt:

Denn nichts gibt mehr und nichts nimmt weg;

Aus diesem Grund, so wie sie sich heute bewegen,

Die Elementarkörper bewegten sich schon immer

Und das wird auch künftig für immer so bleiben.

Und was früher gezeugt wurde

Soll unter denselben Bedingungen gezeugt werden

Und in der Macht wachsen und gedeihen, soweit gegeben

Für jeden durch die unveränderlichen, alten Verordnungen der Natur.

Die Summe der Dinge, die keine Macht ändern kann,

Denn draußen gibt es nichts, wohin man fliehen könnte

Außerirdische Materie jeglicher Art,

Noch hervor, aus dem ein frischer Vorrat entspringen kann,

Brechen Sie in die gegründete Welt ein und verändern Sie sich

Die ganze Natur der Dinge und ihre Bewegungen ändern.

ATOMFORMEN UND IHRE KOMBINATIONEN

Jetzt komm und greife als nächstes auf

Welche Arten, wie unterschiedlich in der Form,

Wie vielfältig ihre Formen sind –

Diese alten Anfänge des Universums;

Nicht in dem Sinne, dass nur wenige möbliert sind

Mit einer ähnlichen Form, aber eher gar nicht

Im Allgemeinen ähneln sie sich gegenseitig,

Kein Wunder, denn der Vorrat ist so groß

Dass es kein Ende (wie ich es gelehrt habe) und keine Summe gibt,

Sie müssen zwar nicht einzeln markiert werden

Durch den gleichen Umriss und durch die gleiche Form.

Darüber hinaus die Menschheit und die stummen Herden

Von schuppigen Kreaturen, die in den Bächen schwimmen,

Und fröhliche Herden umher und alles Wilde,

Und alle Vogelarten – sowohl diejenigen, in denen es wimmelt

In fröhlichen Gegenden der Wasserviertel,

Über die Flussufer und Quellen und Teiche,

Und diejenigen, die sich drängen und von Baum zu Baum huschen,

Durch weglose Wälder – Geh, nimm, wen du willst,

In welcher Form auch immer: Du wirst es noch entdecken

Jedes vom anderen unterscheidet sich immer noch in der Form.

Auch sonst könnten die Nachkommen es nicht wissen

Mutter, noch Mutternachkommen – was wir sehen

Sie können es dennoch tun, im Unterschied zu den anderen,

Nicht weniger als Menschen, durch klare Zeichen.

So oft vor schönen Tempeln der Götter,

Neben den Räucheraltären erschlagen,

Fällt aus der Brust des einjährigen Kalbes herab

Einatmen warmer Blutströme; die verwaiste Mutter,

Es reichen inzwischen grüne Waldweiden umher,

Kennt die Fußabdrücke gut, die von gespaltenen Hufen gedrückt werden,

Mit Augen, die jeden Ort um uns herum betrachten,

Für den Anblick irgendwo eines Jünglings, der von ihr verschwunden war;

Und indem er kurz anhält, füllt er die grünen Gassen

Mit ihren Beschwerden; und oft sucht sie erneut

Im Stall, immer noch von ihrer Sehnsucht durchdrungen.

Weder zarte Weiden noch taugetränktes Gras,

Auch nicht die geliebten Bäche, die an niedrigen Ufern entlang gleiten,

Kann ihren Geist anlocken und den plötzlichen Schmerz umwandeln;

Auch keine anderen Formen von Kälbern, die dabei grasen

Lenken Sie ihren Geist ab oder lindern Sie den Schmerz am wenigsten —

Sie ist so eifrig auf der Suche nach etwas Bekanntem und Eigenem.

Außerdem zarte Kinder mit meckernden Kehlen

Kennen Sie ihre gehörnten Muttertiere und ihre stoßenden Lämmer?

Die Schafherden, und so klappern sie weiter,

Unfehlbar jeder zu seinem richtigen Sauger,

Wie es die Natur vorsieht. Schließlich mit jedem Getreide,

Du wirst sehen, dass es keinen Kernel in einer Art gibt

Ist soweit wie ein anderer, dass es noch da ist

Es ist nicht so, dass es in den Formen einen Unterschied gibt.

Nach einem ähnlichen Gesetz sehen wir, wie die Erde befleckt ist

Mit Muscheln und Muscheln, wo mit sanften Wellen das Meer

Schläge auf dem durstigen Sand geschwungener Küsten.

Deshalb noch einmal, schon wieder, seit den Samen der Dinge

Existieren von Natur aus und wurden auch nicht mit Händen geschaffen

Nach einem festen Muster voneinander,

Sie müssen mit Formen hin und her flattern

In einander unähnlichen Typen.

Durch den Gedanken ist es leicht genug, es zu lösen

Warum Blitzfeuer mehr durchdringen können

Als diese von uns aus Pechkiefern, die auf der Erde geboren wurden.

Denn du kannst sagen, das himmlische Feuer des Blitzes,

So subtil, besteht aus weitaus feineren Figuren,

Und geht so durch Löcher, die dieses unser Feuer durchdringt,

Aus dem Holz geboren, aus der Kiefer erschaffen,

Kann nicht. Auch hier dringt Licht durch das Horn

Auf der Seite der Laterne wird Regen abgewiesen.

Und warum? – es sei denn, diese Lichtkörper sollten es sein

Feiner als die milden Schauer des Wassers.

Wir sehen, wie schnell durch ein Sieb

Die Weine werden fließen; wie andererseits

Die trägen Olivenöl-Verzögerungen: Kein Zweifel,

Weil es aus größeren Elementen besteht,

Oder eher krumm und verwickelt. Daher

Es kommt dazu, dass die Ursprünglichen nicht sein können

So trennte sich plötzlich eines vom anderen und sickerte,

Eines durch jedes mehrere Loch von irgendetwas.

Und beachten Sie außerdem den Likör aus Honig oder Milch

Ergibt im Mund einen angenehmen Geschmack für die Zunge,

Während ekelerregender Wermut, scharfes Tausendgüldenkraut,

Mit ihrem üblen Geschmack verwirren sie die Lippen;

So einfach ist es, das überhaupt zu sehen

Kann die Sinne angenehm berühren

Aus glatten und abgerundeten Elementen, während diese

Was das Bittere und das Scharfe scheint, wird gehalten

Umschlungen von krummeren Elementen und so weiter

Sind es gewohnt, sich ihren Weg in unsere Sinne zu bahnen,

Und zerreißen unseren Körper, wenn sie eindringen.

Kurz gesagt, alles ist gut zum Fühlen, alles schlecht zum Anfassen,

Aus so ungleichen Figuren aufgebaut,

Sind untereinander im Streit – damit du dir keine Sorgen machst

Das ist das schrille Kratzen einer quietschenden Säge

Besteht aus Elementen, die so sanft sind wie ein Lied

Die, geweckt von flinken Fingern, auf den Saiten

Die süße Musikermode; oder vermuten

Dass gleichförmige Atome durch die Nasenlöcher der Menschen dringen

Wenn faule Leichen brennen, wie auf der Bühne

Ist mit zilikischem Safran frisch bestreut,

Und der nahe Altar verströmt panchaischen Duft;

Oder halten Sie die schönen Farbtöne wie einen Samen fest

Von Dingen, die unsere Augen erfreuen, wie von denen, die stechen

Gegen den schmerzenden Schüler und Tränen ziehen,

Oder zeigen Sie mit grausigem Aussehen grimmig und abscheulich.

Denn nie wurde eine Form geschaffen, die unseren Sinn bezaubert

Ohne eine gewisse elementare Glätte; während

Was auch immer hart und lästig ist, wurde umrahmt

Immer noch mit einer gewissen Rauheit in seinen Elementen.

Es gibt auch einige, die mit Recht angenommen werden

Weder glatt noch völlig süchtig zu sein,

Mit gebogenen Widerhaken, aber leicht abgewinkelt,

Den Sinn eher kitzeln als verletzen –

Und von welcher Art ist das Salztatar des Weines?

Und Aromen von gummiertem Alant.

Wieder dieses glühende Feuer und der eisige Raureif

Sind mit Zähnen versehen, die nicht zum Stechen dienen

Der Sinn unseres Körpers, die Berührung eines jeden gibt den Beweis.

Für Berührung – bei heiligen Majestäten der Götter! –

Berührung ist in der Tat der einzige Sinn des Körpers –

Sei es nicht, dass etwas von innen nach außen funktioniert,

Sei das nicht etwas, das im Körper geboren wird

Wunden oder Freude, wenn es ohnmächtig wird

Auf den zeugenden Pfaden der Aphrodite;

Oder seien die Samen nicht durch einen Kollisionswirbel entstanden

Unordnung im Körper und Verwirrung

Durch Aufruhr und Verwirrung den ganzen Sinn –

Wie du vielleicht finden wirst, wenn möglich mit der Hand

Du selbst schlägst jeden Teil deines Körpers.

Aus diesem Grund bilden sich die elementaren Formen

Muss sich stark unterscheiden, wie dadurch ermöglicht wird

Um vielfältige Empfindungen hervorzurufen.

Und wieder,

Was uns als verhärtet und verdichtet erscheint

Die Atome müssen untereinander stärker verbunden sein,

Tief im Innern festgehalten werden, wie ein „Twer".

Durch verzweigte Atome – von denen die wichtigsten sind

Sind Diamantsteine, Verächter aller Schläge,

Und robuster Feuerstein und Stärke aus massivem Eisen,

Und eherne Riegel, die sich in den Schlössern heftig bewegten,

Reiben und schreien Sie. Was aber flüssig ist, entsteht

Sie müssen tatsächlich einen flüssigen Körper haben

Von Elementen glatter und runder – weil

Ihre Kügelchen werden einzeln nicht zusammenhalten:

Den Mohn aus der Handfläche saugen

Ist ganz so einfach wie Wasser trinken,

Und sobald sie getroffen werden, rollen sie wie die gleichen.

Sondern dass du unter den Dingen siehst, die fließen

Einige bitter, wie die Salzlake des Ozeans,

Ist nicht im Geringsten ein Wunder...

Denn da es flüssig ist, sind seine Atome glatt

Und rund, mit schmerzhaft rauen darin vermischt;

Doch müssen diese nicht zusammengehalten werden:

Obwohl sie rau sind, sind sie tatsächlich kugelförmig.

Kann gleichzeitig rollen und die Sinne kratzen.

Und damit du mir hier noch mehr glaubst,

Dass mit glatten Elementen die rauen gemischt werden

(Woher Neptuns salzhaltiger Körper kommt),

Es gibt eine Möglichkeit, die beiden zu trennen,

Und daraufhin geteilt zu sehen

Wie das süße Wasser, nachdem es durchgefiltert wurde

So oft erfrischten sich unter der Erde Ströme

In eine Mulde; denn es geht nach oben

Die Urkeime der ekelerregenden Salzlake,

Da haften die Rauhen leichter in der Erde.

Zuletzt: was du vertreiben willst

Im selben Moment – Rauch und Wolke und Flamme –

Darf nicht (auch wenn nicht alles glatt und rund ist)

Sei noch mit ineinander verschlungenen Atomen verbunden,

Dass sie auf diese Weise, ohne sich zu spalten,

Also durchbohre unseren Körper und bohre so die Felsen.

Was auch immer wir sehen...

Den Sinnen gegeben, die du wahrnehmen musst

Sie bestehen nicht aus verbundenen, sondern aus spitzen Elementen.

Nachdem ich das nun gelehrt habe, werde ich fortfahren

Um diesem Verbündeten eine Tatsache zuzuordnen

Und daraus seinen Beweis: diese Urkeime

Variieren Sie, aber nur mit einer begrenzten Anzahl von Formen.

Denn waren diese Formen ganz unendlich, einige Samen

Hätte einen Körper von unendlicher Vergrößerung.

Denn in einem Samenkorn, in einem kleinen Rahmen von jedem,

Die Formen dürfen nicht groß voneinander abweichen.

Nehmen wir, sagen wir, drei minimale Teile an

Stellen Sie die Urkörper zusammen oder fügen Sie einige hinzu:

Wenn nun, indem man alle diese Teile zu einem zusammenfügt

Oben und unten, links und rechts wechselnd,

Du hast es mit jeder Art von Veränderung herausgefunden

Was ist der Aspekt der Form seines gesamten Körpers?

Jede neue Anordnung gibt für das, was bleibt,

Wenn du seine alten Formen ändern würdest,

Dann müssen neue Teile hinzugefügt werden; folgt als nächstes,

Wenn du seine Formen noch ändern würdest,

Das nach wie vor Logik jeder Anordnung

Erfordert die Erhöhung anderer Teile.

Ergo, eine Erweiterung seines Rahmens

Folgt jeder Neuheit der Formen.

Darum kannst du es nicht unternehmen

Dass Samen unendlich viele Unterschiede in der Form haben,

Damit du nicht einige dazu zwingst

Von einer unermesslichen Unermesslichkeit –

Was ich oben gelehrt habe, kann nicht bewiesen werden.

Und nun zu dir, barbarische Gewänder und Glanz

Aus meliboischem Purpur, mit Farbstoff angerührt

Von der thessalischen Muschel...

Die goldenen Generationen des Pfaus, befleckt

Mit gefleckter Fröhlichkeit würde ich niedergeworfen liegen

Durch eine neue Farbe neuer Dinge heller;

Der Geruch von Myrrhe und der Duft von Honig wurden verachtet;

Die alte Lyrik des Schwans und Apollos Hymnen,

Einmal auf die vielen Akkorde moduliert,

Würde ebenfalls überwältigt sinken und stumm sein:

Denn siehe, ein etwas feineres als die anderen,

Würde immer wieder auftauchen. So zu,

In einen niederen Teil könnten sich alle zurückziehen,

Auch wenn wir es besser sagten, könnten sie kommen:

Denn siehe da, ein etwas abscheulicherer als der Rest

Für Nasenlöcher, Ohren und Augen und den Geschmack der Zunge,

Wäre dann, wenn man die Argumentation umkehrt, da.

Denn es ist nicht so, sondern es sind Dinge gegeben

Ihre festen Grenzen, die binden

Ihre Summe auf beiden Seiten muss gestanden werden

Auch das ist wichtig, nach der endlichen Geschichte der Formen

Ist unterschiedlich. Wieder von der Mittsommerhitze der Erde

Bis zum eisigen Raureif des Jahres

Der Weg nach vorn ist festgelegt und unterliegt demselben Gesetz

O'er reiste im Morgengrauen des Frühlings rückwärts.

Für jeden Grad heiß und jeden Grad kalt,

Und die Halbwarmen füllen die Summe auf

Lege dich in angemessener Weise hin, mein Memmius

Zwischen den beiden Extremen: Die Dinge erschaffen

Muss sich daher um eine endliche Änderung unterscheiden,

Da sie jeweils an jedem Ende abgegrenzt sind

An einem festen Punkt – auf einer Seite von Flammen heimgesucht

Und zum anderen durch erstarrenden Frost.

Nachdem ich das nun gelehrt habe, werde ich fortfahren

Um diesem Verbündeten eine Tatsache zuzuordnen

Und daraus seinen Beweis: diese Urkeime

Die alle eine ähnliche Form haben

Sind unendlich in der Geschichte; denn, da die Formen

Sie selbst sind endlich in Divergenzen,

Dann müssen diejenigen sein, die gleich sind

Unendlich, sonst bleibt die Summe der Dinge

Eine endliche – was ich bewiesen habe, ist nicht die Tatsache,

Zeigt in Versen, wie Stoffkörperchen,

Von Ewigkeit bis heute derselbe,

Halten Sie die Summe der Dinge aufrecht, von allen Seiten

Durch eine alte Abfolge endloser Schläge.

Denn obwohl du einige Tiere für seltener hältst,

Und markiert in ihnen einen weniger produktiven Bestand,

Doch in einer anderen Region, in abgelegenen Ländern,

Diese Art von Fülle kann die Zählung ausmachen;

Auch wenn wir zu den Vier-Fuß-Typen gehören

Elefanten mit Schlangenhänden, deren Tausende Mauer

Mit elfenbeinernen Stadtmauern umgibt Indien,

Dass ihr Inneres nicht betreten werden kann —

So groß ist die Zahl der Rohlinge, die wir sehen

So wenige Beispiele. Oder nehmen wir an, außerdem

Wir täuschen etwas vor, etwas Einzigartiges und Einzigartiges

Mit einem Körper geboren, zu dem es nichts Vergleichbares gibt

In allen Ländern: Noch jetzt, es sei denn, es wird geschehen

Eine unendliche Anzahl von Materie, aus der

So zu begreifen und zum Leben zu erwecken,

Es kann nicht geschaffen werden und — was noch wichtiger ist —

Es kann seine Nahrung nicht aufnehmen und sich vermehren.

Ja, wenn durch die ganze Welt in endlicher Geschichte

Werden die zeugenden Körper einer Sache geworfen,

Woher, dann und wo in welcher Weise, mit welcher Kraft,

Sollen sie dort zusammenkommen,

In solch einem riesigen Ozean aus Materie und Tumult seltsam? —

Sie haben keine Möglichkeit, sich zu einer Einheit zusammenzuschließen.

Aber genau wie, nachdem sich gewaltige Schiffswracks angehäuft hatten,

Der mächtige Hauptstrom breitet sich üblicherweise weit aus

Die Ufer der Ruderer, die Rippen, die Rahen, der Bug,

Die Masten und Schwimmruder, so weit

An allen Ufern sieht man schwimmende Landstriche

Die geschnitzten Fragmente der zerrissenen Kacke,

Der Sterblichkeit eine Lektion erteilen

Um den Hinterhalt der treulosen Hauptperson zu meiden,

Die Gewalt und die List, und vertraue ihr nicht

Zu jeder Stunde, wie viel auch immer lächeln mag

Die listigen Verlockungen der ruhigen Tiefe:

Genauso, wenn du es einmal wahrnimmst

Dass bestimmte Samen in ihrer Geschichte endlich sind,

Die verschiedenen Strömungen der Materie müssen also Bedürfnisse haben

Verstreue sie über alle Zeitalter hinweg,

Damit sie nie als Getriebenen beitreten können

Zusammen zur Vereinigung, noch bleiben

Sowohl in der Gemeinschaft als auch mit dem Zuwachs kann man wachsen –

Aber beweiskräftige Tatsachen sind für jeden offensichtlich:

Dinge können sowohl gezeugt als auch vermehrt werden.

Es ist also offensichtlich, dass Urkeime,

Sind unendlich in jeder Klasse, die du willst –

Von dort kommt die Materie für alle Dinge.

Auch jene Anträge, die den Tod bringen, können sich nicht durchsetzen

Für immer und nicht ewig begraben

Das Wohlergehen der Welt; noch weiter, kann

Diese Bewegungen, die Dinge und Wachstum hervorbringen

Behalten Sie sie für immer, wenn sie dort erstellt wurden.

So der lange Krieg, der seit Ewigkeit geführt wurde,

Mit gleichem Streit zwischen den Elementen

Geht immer weiter. Mal hier, mal dort, setze dich durch

Die Lebenskräfte der Welt – oder fallen.

Mit der Beerdigung vermischt sich das wilde Wehklagen

Von Kleinkindern, die an die Ufer des Lichts kommen:

Es folgte keine Nacht am Tag, keine Morgendämmerung in der Nacht

Das hörte nicht, vermischte sich mit den leisen Geburtsschreien,

Die wilden Klagen, alte Gefährten des Todes

Und die schwarzen Riten.

Auch das gilt in diesen Angelegenheiten

Es ist gut, dass du gut verschlossen bleibst und es unter Verschluss hältst

Ohne vergessendes Gehirn: Es gibt nichts

Deren Natur offensichtlich ist

Das aus einer Art von Elementen besteht:

Es gibt nichts, was nicht aus gemischtem Saatgut besteht.

Und was auch immer an sich besitzt

Größer viele Befugnisse und Eigenschaften

Zeigt also, dass es hier in sich selbst gibt

Die größte Anzahl an Arten und unterschiedlichen Formen

Von Elementen. Und vor allem die Erde

Hat in sich selbst die ersten Körper, aus denen die Quellen stammen,

Rollendes, kühles Wasser, erneuere für immer

Die ungemessene Hauptleitung; Woher kommen die Feuer?

Denn an vielen Stellen brennt ihre flammende Kruste,

Während der ungestüme Aetna tatsächlich tobt

Von tieferen Feuern – und sie wiederum

Hat in sich den Samen, den sie hervorbringen kann

Die leuchtenden Körner und fröhlichen Bäume für die Menschen;

Daher auch Flüsse, Wedel und herrliche Weiden

Kann sie bergwandernde Tiere versorgen?

Darum, große Mutter der Götter und Mutter der Tiere,

Und Mutter des Menschen ist nur sie genannt worden.

Sie besang die alten und gelehrten Barden Griechenlands

Sitzend im Streitwagen über den Reichen der Luft

Um ihr Löwengespann anzutreiben, lehrte sie so

Dass die große Erde im Gleichgewicht hängt und nicht lügen kann

Ruhen auf einer anderen Erde. Zu ihrem Auto

Sie haben die wilden Tiere seit ihrer Nachkommenschaft angespannt,

So wild er auch sein mag, er muss gezähmt und gezüchtigt werden

Durch die Fürsorge der Eltern. Sie haben sich umgürtet

Mit der Turmkrone auf dem Gipfel ihres Hauptes,

Seitdem, in ihren schönen Festungen hoch befestigt,

Sie erhält die Städte; jetzt, geschmückt

Mit diesem Zeichen wird der heutige Tag fortgeführt,

Mit feierlicher Ehrfurcht durch so manches mächtige Land,

Das Bild dieser Mutter, des Göttlichen.

Ihr die weiten Nationen, nach antikem Ritus,

Nenne Idaean Mutter und gib ihr den Namen

Eskorte phrygischer Banden, denn zunächst heißt es:

Aus diesen Regionen heraus entstand das Getreide

Durch die ganze Welt. Ihr weisen sie zu

Die Galli, die Entmannten, da so

Sie wollen zeigen, dass Männer, die Gewalt anwenden

Die Majestät der Mutter und haben bewiesen

Undankbare Eltern sind zu verurteilen

Ungeeignet, den Ufern des Lichts nachzugeben

Ein lebender Nachkomme. Die Galli kommen:

Und hohle Becken, enghäutige Tamburine

Das Klopfen ihrer Hände hallt wider;

Die wilden Hörner drohen mit lautem Schreien;

Die röhrenförmige Pfeife erregt ihre wahnsinnigen Gedanken

In phrygischen Maßen; Sie tragen Messer vor sich,

Wilde Sinnbilder ihrer Raserei, die Macht haben

Die undankbaren Köpfe und gottlosen Herzen des Pöbels

In Panik geraten vor Angst vor der Macht der Göttin.

Und so, als sie durch die mächtigen Städte getragen wurden,

Sie segnet den Menschen mit stummen Grüßen,

Sie verstreuen die Straße ihrer Reisen

Mit Münzen aus Messing und Silber, die ihr geschenkt wurden

Mit Almosen und Großzügigkeit, mit Regen und Schatten

Mit Rosenblüten, die wie der Schnee fallen

Auf die Mutter und ihre Gefährtenbanden.

Hier ist eine bewaffnete Truppe, die von Griechen stammt

Werden die Phrygischen Kureten genannt. Seit

Glücklicherweise spielen sie untereinander

Bei Waffenspielen und Taktsprüngen

Mit blutiger Heiterkeit und durch ihr nickendes Schütteln

Die schrecklichen Wappen auf ihren Köpfen,

Dies ist die bewaffnete Truppe, die repräsentiert

Der bewaffnete diktäische Kuretes, der auf Kreta

Wie es in der Geschichte heißt, ertrank Whitom

Dieser Säuglingsschrei des Zeus, wie spät ist ihre Band?

Junge Jungen, in einem schnellen Tanz um den Jungen herum,

Im gemessenen Schritt schlagen Sie mit den Blechbläsern auf Blechbläser,

Dass Saturn ihn nicht in den Rachen kriegt,

Und füge seiner Mutter eine ewige Wunde zu

Entlang ihres Herzens. Und das aus diesem Grund

Mit dieser Bewaffnung geleiten sie die mächtige Mutter,

Oder weil sie es dadurch zum Ausdruck bringen

Dass sie, die Göttin, den Männern das beibringt

Begierig darauf, mit bewaffneter Tapferkeit zu verteidigen

Ihr Mutterland und bereit, hervorzutreten,

Der Schutz und der Ruhm der Jahre ihrer Eltern.

Eine Geschichte, so schön sie auch sein mag,

Das ist bei weitem der Grund:

Denn alle Götter müssen sich selbst erfreuen

Unsterbliche Äonen und höchste Ruhe,

Aus unseren Angelegenheiten zurückgezogen, distanziert, fern:

Immun gegen Gefahr und immun gegen Schmerz,

Selbst reich an eigenen Reichtümern,

Da sie uns nicht brauchen, werden sie nicht vom Zorn berührt

Sie werden weder durch Dienst noch durch Schenkung angenommen.

Wahrlich, die Erde ist für alle Zeiten gefühllos;

Aber indem man Keime vieler Dinge erhält,

In vielerlei Hinsicht bringt sie das Viele hervor

Ins Licht der Sonne. Und hier, wer auch immer

Beschließt, den Ozean Neptun zu nennen, oder

Die Getreideernte Ceres und bevorzugt den Missbrauch

Den Namen Bacchus eher aussprechen als aussprechen

Die richtige Bezeichnung des Schnapses ist er

Lasst uns weiterhin die Erde anrufen

Mutter Gottes, wenn er nur verschonen würde

Um seine Seele mit schmutziger Religion zu beflecken.

So auch die wolligen Herden und gehörnten Kühe,

Und eine Brut kampfeslustiger Pferde, die grasen

Oft zusammen entlang einer Grasebene,

Unter dem Mantel eines blauen Himmels und erlöschend

Aus einem Wasserstrahl strömt jeder seinen Durst,

Alle leben ihr Leben mit Gesicht und Form anders,

Die Natur der Eltern und ihre Gewohnheiten bewahren,

Was sie Art für Art im Laufe der Jahrhunderte wiederholen.

So großartig in jeder Art von Kraut, das du willst,

So großartig wieder in jedem Fluss der Erde

Sind die unterschiedlichen Verschiedenheiten der Materie.

Daher weiter: jedes Geschöpf — jedes einzelne

Im Großen und Ganzen ist alles das Gleiche

Aus Knochen, Blut, Adern, Hitze, Feuchtigkeit, Fleisch und Fleisch —

Alle unterscheiden sich stark in ihrer Form und Bauweise

Von Elementen unterschiedlicher Form.

Wiederum verzehrte Feuer alles in Flammen,

In ihrem Rahmen liegen, wenn auch nichts anderes,

Zumindest jene Atome, aus denen ihre Kraft stammt

Feuer auszustoßen und Licht von unten auszusenden,

Um die Funken zu schießen und die Glut weit zu verstreuen.

Wenn, mit gleicher Vernunft, alles andere

Wenn du hindurchgehst, wirst du es entdecken

Dass in ihrem Rahmen die Keime vieler Dinge liegen

Sie verstecken sich und enthalten Samen in verschiedenen Formen.

Darüber hinaus vermarktest du viel, dem gegeben wird

Zusammen mit Farbe, Geschmack und Geruch,

Unter ihnen, vor allem, sind die meisten Brandopfer.

Daher müssen sie aus verschiedenen Formen zusammengesetzt sein.

Ein sengender Geruch dringt in unseren Körper ein

Wohin die helle Farbe vom Farbstoff geht, geht nicht;

Und Farbe auf eine Art, Geschmack auf eine ganz andere

Wirkt nach innen auf unsere Sinne — so können wir sehen

Sie unterscheiden sich auch in ihren Elementarformen.

So vereinen sich ungleiche Formen zu einer Masse,

Und die Dinge existieren durch vermischte Samen.

Aber dennoch darf man das nicht in jeder Hinsicht denken

Alle Dinge können miteinander verbunden werden; denn dann würdest du sehen

Vorzeichen zeugten von allen Seiten um dich:

Hulks der Menschheit, Halbbruder, die aufstehen,

Manchmal sprießen große Äste aus dem Stamm des Menschen,

Gliedmaßen eines Meerestiers mit einem Landtier verbunden,

Und die Natur entlang der alles produzierenden Erde

Diese schrecklichen Chimären füttern, die Flammen spucken

Aus abscheulichen Kiefern – das ist eine einfache Tatsache

Dass niemand gezeugt wurde; weil wir sehen

Alle stammen aus festem Saatgut und festem Damm

Erzeugt und so funktionierend, dass es erhalten bleibt

Während ihres gesamten Wachstums ein eigener Vorfahrentyp.

Dies geschieht sicherlich nach einem festen Gesetz:

Denn von allen Nahrungsmitteln, wenn sie einmal aufgegessen sind,

Gehen Sie getrennte Atome, passend zu jeder Kreatur,

Überall in ihren Körpern und dort verbindend,

Führen Sie die richtigen Bewegungen aus; aber wir sehen

Wie im Gegenteil die Natur auf dem Boden

Wirft diejenigen ab, die ihrem Körper fremd sind; und viele

Mit blicklosen Körpern fliegen sie aus ihren Körpern,

Durch getriebene Schläge – diejenigen, die nicht in der Lage sind, sich anzuschließen

Zu irgendeinem Teil oder, wenn drinnen, zu Übereinstimmung

Und dort die entscheidenden Bewegungen zu übernehmen.

Aber denken Sie nicht nur an lebende Formen

Sind an diese Gesetze gebunden: Sie zeichneten alle aus.

Denn so wie alle Dinge der Schöpfung sind,

In ihrer ganzen Natur, jeder zu jedem ungleich,

Daher müssen ihre Atome eine andere Form haben als —

Nicht weil nur wenige von gleicher Form sind,

Aber das sind sie in der Regel nicht alle

Das Gleiche wie alle. Nein, hier in diesen unseren Versen,

Elemente viele, vielen Wörtern gemeinsam,

Du siehst es, obwohl es dennoch nötig ist, es zu bekennen

Die Worte und Verse unterscheiden sich, jeder von jedem,

Aus verschiedenen Elementen zusammengesetzt —

Nicht, da nur wenige, wie gewöhnliche Buchstaben, laufen

Durch alle Wörter, oder es werden keine zwei Wörter gebildet,

Das eine und das andere, aus allen gleichen Elementen,

Aber das sind sie in der Regel nicht alle

Das Gleiche wie alle. So auch in anderen Dingen

Während viele Keime in vielen Dingen vorkommen

Es gibt sie, doch sie sind untereinander vereint,

Kann im Gegensatz zu anderen neue Ganzheiten bilden.

Man kann also zu Recht sagen, dass die Menschheit,

Die Körner, die fröhlichen Bäume sind alle zusammengesetzt

Aus verschiedenen Atomen. Weiter, da die Samen

Sind sie unterschiedlich, muss es auch Unterschiede geben

In Zwischenräumen, Durchgangsstraßen,

Verbindungen, Gewichte, Schläge, Zusammenstöße, Bewegungen, alles

Die nicht nur lebende Formen unterscheiden,

Aber trenne den ganzen Ozean der Erde von den Ländern,

Und halte den ganzen Himmel von den Ländern fern.

Fehlen sekundärer Qualitäten

Nun komm, diese Weisheit habe ich durch meine süße Mühe gesucht

Schau, du erkennst, damit du nicht zufällig errätst

Dass die weißen Gegenstände in deinen Augen leuchten

Werden aus weißen oder schwarzen Atomen geschlechtlich gebildet

Von einem schwarzen Samen; oder doch glauben Sie das irgendetwas

Wer in irgendeinen Farbton getaucht ist, sollte seinen Farbstoff annehmen

Aus Materiestückchen wird der gleiche Farbton erhalten.

Denn die Körper der Materie besitzen nicht die geringste Farbe —

Oder wie zu Objekten oder wiederum unähnlich.

Aber wenn es dir zufällig so vorkommt, dann denke ich daran

Sie selbst kann keinen eigenen Einfluss ausüben

In diesen Körpern ruhst du dich aus.

Denn seitdem sind die Blindgeborenen, die nie übersehen haben

Das Licht der Sonne, doch durch Berührung erkennen

Dinge, die von Geburt an nie eine Farbe für sie hatten,

Es liegt an dir zu wissen, dass Leichen gebracht werden können

Nicht weniger für unseren Verstand,

Dennoch werden diese Körper ohne Farbstoff verschmiert.

Wieder einmal tappen wir selbst im Dunkeln

Wir berühren das Gleiche, das wir nicht finden

Mit jeder beliebigen Farbe einfärbbar.

Nun, das hier

Wenn ich den Streit gewinne, werde ich als nächstes unterrichten

---

Jetzt ändert sich jede Farbe, keine außer,

Und jeder...

Was die Ursprünglichen auf keinen Fall tun sollten.

Da ein unveränderliches Etwas bleiben muss,

Damit nicht alles völlig zunichte gemacht wird.

Für die Veränderung von allem, was außerhalb seiner Grenzen liegt

Bedeutet den sofortigen Tod dessen, was vorher war.

Achten Sie daher darauf, keine Flecken mit Farbe zu hinterlassen

Die Saat der Dinge, damit die Dinge nicht für dich zurückkehren

Alles völlig umsonst.

Aber jetzt, wenn Samen

Erhalten Sie keine Eigenschaft der Farbe, und doch

Seien Sie immer noch mit variablen Formen ausgestattet

Daraus entstehen alle möglichen Farben

Und variieren (aus dem Grund, dass es immer sehr wichtig ist).

Mit welchen Samen und in welchen Positionen verbunden,

Und was für Anträge sie geben und bekommen),

Sogleich wird es dir ganz leicht fallen, etwas zu ersinnen

Warum war das vor einer Stunde schwarz?

Kann plötzlich wie der Marmor schimmern, –

Als Ozean, wenn die starken Winde aufgewühlt sind

Seine ebenen Ebenen verwandeln sich in graue Wellen

Von marmornem Weiß; denn, du kannst sagen,

Das ist, wenn wir das Ding oft als schwarz sehen

Wird in seiner Materie dann neu vermischt,

Einige Atome wurden neu angeordnet und andere zurückgezogen.

Und fügte einige hinzu, man sieht sofort, dass man sich umdreht

Leuchtend und weiß. Aber wenn aus azurblauen Samen

Besteht aus dem flachen Wasser der Tiefe,

Sie könnten keineswegs weiß werden: für jedoch

Du schüttelst azurblaue Samen, das Gleiche kann niemals geschehen

Gehen Sie in den Marmorton über. Aber wenn die Samen –

Die so den einzigen reinen Glanz des Ozeans erzeugen –

Mal mit einem Farbton, mal mit einem anderen gefärbt,

So oft aus fremden Formen und verschiedenen Formen

Es entsteht ein Würfel mit einheitlicher Form,

„Zwei wären doch natürlich, so wie im Würfel."

Wir sehen die Formen unähnlich,

Das würden wir also in der Helligkeit der Tiefe sehen

(Oder in welchem reinen Glanz du willst)

Farben vielfältig und alle unterschiedlich.

Außerdem hindern die ungleichen Formen das Ganze nicht im Geringsten

Das Ganze ist äußerlich ein Würfel;

Aber unterschiedliche Farbtöne der Dinge blockieren und behalten

Das Ganze ergibt sich aus einem resultierenden Farbton.

Dann auch der Grund, der uns verführt

Manchmal, um den Samen Farben zuzuordnen

Fällt ziemlich auseinander, da es keine weißen Dinger gibt

Erschaffe aus weißen Dingen, noch entsteht Schwarz aus Schwarz,

Aber immer sind sie aus Dingen erschaffen

In verschiedenen Farben. Wahrlich, das Weiße

Steigt leichter auf, wird früher geboren

Aus keiner Farbe, sondern aus Schwarz oder irgendetwas

Was also in feindlicher Opposition steht.

Da es außerdem keine Farben ohne Licht geben kann,

Und das Ursprüngliche kommt nicht ans Licht,

Es liegt an dir zu wissen, dass sie nicht mit Farbe bekleidet sind —

Wirklich, was für eine Farbe könnte es sein

In der aussichtslosen Dunkelheit? Nein, im Licht selbst

Eine Farbe wechselt, schimmert vielfältig,

Wenn es von einem vertikalen oder schrägen Strahl getroffen wird.

So zeigt sich im Sonnenlicht der Flaum von Tauben

Das umkreist, bekränzt, den Nacken und den Hals:

Jetzt ist es rötlich mit einer hellen Goldbronze,

Jetzt wird es durch ein seltsames Gefühl

Grün-Smaragdgrün vermischt mit Korallenrot.

Der Schwanz des Pfaus, erfüllt von reichlich Licht,

Ändert seine Farben ebenfalls, wenn es sich dreht.

Darum, da durch einen Lichtstoß gezeugt wurde,

Ohne einen solchen Schlag können diese Farben nicht werden.

Und da empfängt die Pupille des Auges

In sich selbst eine Art Schlag, wenn man es sagt

Einen weißen Farbton spüren, dann eine andere Art,

Wenn Sie ein Schwarz oder einen anderen Farbton spüren,

Und da ist es egal, welcher Farbton

Die Dinge, die du berührst, sind vielleicht ausgestattet,

Sondern vielmehr mit welcher Form ausgestattet,

Es liegt an dir zu wissen, dass die Atome keine Farbe brauchen,

Aber geben Sie Empfindungen wie Berührungen hervor,

Das variiert mit ihren unterschiedlichen Formen.

Außerdem,

Da besondere Formen keine besondere Farbe haben,

Und alle Bildungen der Urkeime

Kann von jedem Glanz sein, den du willst, warum dann?

Sind es nicht die Gegenstände, die daraus gemacht sind?

Durchdrungen, jede Art mit Farben aller Art?

Denn dann treffen wir die Raben, wie sie fliegen,

Soll aus weißen Schwingen ein weißer Glanz hervorblitzen,

Oder Schwäne werden aus schwarzen Samen schwarz oder werden schwarz

Von jedem einzelnen, vielfältigen Farbstoff, den du willst.

Nochmals: Je mehr ein Gegenstand in Stücke zerrissen wird,

Je mehr du siehst, wie seine Farbe verblasst

Nach und nach, bis es ganz ausgestorben ist;

Wie es passiert, wenn die bunte Wäsche gepflückt wird

Fetzen nach Fetzen weg: das Lila dort,

Phönizisches Rot, der brillanteste aller Farbstoffe,

Ist auseinandergefallen, Faden für Faden zerfetzt;

Daher kann man nicht mehr wahrnehmen, dass die Fragmente verschwinden

Es dauert lange, bis sie ihre Farbe verlieren

Zurück zu den alten Ursprüngen der Dinge.

Und schließlich, da du nicht alle Körper zugesteht

Senden Sie eine Stimme oder einen Geruch aus, es geschieht so

Dass du nicht allen Geräusche und Gerüche gibst.

So auch, da wir nicht alle mit Augen sehen,

Es liegt an dir, einige Dinge zu wissen, die es gibt

Von Farbe verwaist, wie andere ohne Geruch,

Und frei von Ton; und diejenigen, die den Geist alarmieren

Es kann nicht weniger begreifen, als es markieren kann

Die Dinge, denen einige andere Eigenschaften fehlen.

Aber denken Sie nicht glücklicherweise, dass die Urkörper

Allein der Farbe beraubt bleiben: so,

Werden sie von der Wärme und von der Kälte abgeführt?

Und von heißen Ausdünstungen; und sie bewegen sich,

Sowohl klanglos als auch trocken im Saft; und werfen

Kein Geruch von ihren eigenen Körpern.

Genauso wie bei der Vorbereitung

Ein flüssiger Balsam aus Myrrhe und Majoran,

Und eine Nardenblume, die uns in die Nase atmet

Der Geruch von Nektar ist in erster Linie angebracht

Du suchst, so weit du finden kannst und kannst,

Das geruchlose Olivenöl (das niemals verschickt

Ein Hauch Duft in die Nase, damit es möge

Die geringste Ausschweifung und Ruine mit scharfem Beigeschmack

Die duftende Essenz mit ihrem Körper vermischt

Und darin brodelte es. Und aus demselben Grund

Die Urkeime der Dinge dürfen nicht gedacht werden

Um der Zeugung von Dingen Farbe zu verleihen,

Auch nicht, denn sie sind unfähig, irgendetwas auszusenden

Von außen, auch kein Aroma,

Weder kalt noch heiß oder warm ausatmend.

Der Rest; doch da diese Dinge alle sterblich sind —

Der geschmeidige Sterbliche mit einem weichen Körper;

Der brüchige Sterbliche mit zerfallendem Körperbau;

Die Mulde muss porös sein

Von den Urelementen getrennt,

Wenn wir immer noch wollen, dass wir unter der Welt liegen

Unsterbliche Grundsteine, auf denen man ruhen kann

Die Summe aus Wohlergehen und Sicherheit, damit nicht für dich

Alle Dinge führen zu völligem Nichts.

Nun auch: Was auch immer wir sehen, es hat Sinn

Muss aber zugegebenermaßen alles geklärt sein

Von den Elementen unempfindlich. Und diese Zeichen,

So klar für alle und aus nächster Nähe bezeugt,

Widerlegen Sie dieses Sprichwort nicht und widersetzen Sie sich nicht;

Sondern sie selbst führen uns an der Hand,

Überzeugender Glaube, dass Lebewesen geboren werden

Von den Elementen unempfindlich, wie ich schon sagte.

Sooth, vielleicht sehen wir aus dem stinkenden Mist heraus

Lebende Würmer sprießen, wenn nach durchnässten Regenfällen

Die durchnässte Erde verrottet; und alle Dinge ändern sich gleich:

Siehe, verändere die Flüsse, die Wedel, die fröhlichen Weiden

In das Vieh hinein verändern die Rinder ihre Natur

In unseren Körper und oft aus unserem Körper

Stärken Sie die Kräfte und Körper wilder Tiere

Und mächtig geflügelte Vögel. So verändert sich die Natur

Alle Nahrungsmittel bis hin zu Lebewesen und zur Fortpflanzung

Von ihnen stammen alle Sinne der Lebewesen,

In etwa so, als würde sie sich in Flammen entfalten

Trockne Holzscheite und verbrenne sie alle.

Und deshalb sieht man nicht, wie wichtig es ist

Nach welcher Reihenfolge werden die Urkeime gesetzt,

Und mit welchen anderen Keimen sind sie alle vermischt,

Und was sind die Anträge, die sie geben und bekommen?

Aber was kommt dir jetzt nicht in den Sinn,

Ich beschränke dich auf verschiedene Argumente

Entgegen der Annahme, dass es sich um gefühllose Keime handelt

Das Vernünftige ist geschlechtsspezifisch? – Wahrlich,

Es ist so: Flüssigkeiten, Erde und Holz, obwohl gemischt,

Sind noch nicht in der Lage, den Lebenssinn zu differenzieren.

Und deshalb wird es uns in diesen Angelegenheiten gut gehen

Zur Erinnerung: Das habe ich nicht gesagt

Sinne werden unter allen Bedingungen geboren,

Von allen Dingen, die absolut erschaffen

Objekte, die fühlen; aber hier kommt es auf viel an

Erstens, wie klein die Samen sind, aus denen sie bestehen

Das Gefühlsding also, mit welchen Formen ausgestattet,

Und schließlich, was sie in ihren Positionen sind,

In Anträgen, in Arrangements. Von welchen Fakten

Nichts nehmen wir in Holzscheiten und Erdklumpen wahr;

Und doch selbst diese, wenn sie vom Regen durchnässt sind,

Bringen Sie wurmige Maden zur Welt, weil die Körper

Von Materie, aus ihren alten Arrangements gerührt

Durch den neuen Faktor, dann neu kombinieren

So wie Geschlechter Lebewesen.

Als nächstes diejenigen, die glauben, dass Objekte fühlen können

Aus dem Gefühl entstehen Objekte, und diese,

Im Gegenzug von anderen, die es gewohnt sind, zu fühlen

Wenn sie weich sind, machen sie sie; denn alle Sinne sind miteinander verbunden

Mit Fleisch und Adern und Adern – und so sehen wir,

Sind weich gestaltet und von sterblicher Gestalt.

Aber seien Sie nicht so, dass diese ewig halten können auf:

Sie werden das Gespür haben, das zu einem Teil gehört,

Sonst wird beurteilt, dass sie den gleichen Sinn haben

Als das innerhalb der Lebewesen als Ganzes.

Aber aus sich heraus können diese Teile niemals fühlen,

Für den ganzen Sinn in jedem Mitglied zurück

Bezieht sich auf etwas anderes – eine abgetrennte Hand,

Oder irgendein anderes Mitglied unseres Rahmens,

Sie allein kann die Empfindung nicht unterstützen.

Es bleibt also bestehen, dass sie ähneln müssen, also

Lebewesen als Ganzes haben die Macht

Von Gefühlen, die in jedem Teil übereinstimmen

Mit dem Lebenssinn; und so werden sie sich bestimmt fühlen

Die Dinge, die wir genauso empfinden wie wir.

Wenn dies der Fall ist, wie können sie dann benannt werden?

Die Urkeime der Dinge und wie man sie vermeidet

Die Straßen der Zerstörung? – seit es sie gibt

Bloße Lebewesen und Lebewesen seien alles

Ein und dasselbe mit Sterblichen. Gewähren Sie, dass sie es könnten,

Doch durch ihre Versammlungen und ihre Gewerkschaften alle,

Es würde in der Tat nichts außer einem Gedränge entstehen

Und alle Lebewesen tummeln sich –

Genau wie Menschen und Vieh und wilde Tiere,

Durch bloße Ansammlung von jedem mit jedem

Kann immer noch nichts Neues hervorbringen.

Aber wenn sie zufällig in einem Körper verlieren,

Ihr eigener Sinn und ein anderer Sinn übernehmen,

Was nützt es dann, ihnen das zuzuweisen?

Was wird danach zurückgezogen? Und ausserdem,

Um den Beweis zu berühren, den wir zuvor ausgesprochen haben:

So wie wir die Eier von Federhühnern sehen

Zu lebenden Küken und schwärmenden Würmern wechseln

Um nach dem durchnässten Regen hervorzusprudeln

Die Erde ist durchnässt, klar, alle Empfindungen

Kann aus Unempfindungen gezeugt werden.

Aber wenn man sagt, dass dieser Sinn so weit steigen kann

Aus Unsinn durch Mutation, oder weil

Hervorgebracht wie durch eine bestimmte Art von Geburt,

Es wird dazu dienen, es ihm deutlich zu machen und zu beweisen

Es gibt keine Geburt, es sei denn, es gibt sie vorher

Einige bildeten eine Vereinigung der Elemente,

Auch keine Veränderung, es sei denn, sie sind vereint.

Erstens können Sinne im Körper nicht vorhanden sein

Bevor seine lebendige Natur gezeugt wurde, –

Da all sein Zeug im Glauben zerstreut gehalten wird

Ungefähr durch Flüsse, Luft und Erde und alles

Das ist von der Erde geschaffen, noch ist es ihnen begegnet

In Kombination und im richtigen Modus

Verbunden mit den lebenswichtigen Bewegungen, die

Entfachen Sie die alles wahrnehmenden Sinne – sie

Die jedes Lebewesen behüten und beschützen.

Wieder ein Schlag, der die Kräfte seiner Natur übersteigt

Zerschmettert sogleich jedes Lebewesen,

Und es geht weiter und verwirrt jeden Sinn

Von Körper und Geist. Für die Urkeime

Sind ihre alten Arrangements gelockert, und, durchweg,

Die lebenswichtigen Bewegungen blockierten – bis das Zeug,

Zutiefst durch den ganzen Rahmen geschüttelt,

Löst die lebenswichtigen Knoten der Seele vom Körper

Und wirft diese Seele weit nach außen,

Durch alle Poren. Was können wir vermuten?

Ein zugefügter Schlag kann außerdem etwas bewirken

Auseinander schütteln und alles auseinander lösen?

Es passiert auch, wenn der Schlag weniger heftig ist,

Die verbleibenden wichtigen Bewegungen sind üblich

Oftmals, um zu siegen — zu siegen und innezuhalten und still zu bleiben

Die unhöflichen Tumulte, die durch den Schlag verursacht wurden,

Und rufe jeden Teil zu seinen eigenen Kursen zurück,

Und schüttle die Bewegung des Todes ab, die jetzt ist

Beginnt seine eigene Herrschaft im Körper,

Und entfachen Sie die fast verschwundenen Sinne neu.

Denn mit welchen anderen Mitteln könnten sie umso mehr

Sammeln Sie ihre Gedankenkraft und wenden Sie sich wieder um

Von den Toren der Zerstörung

Zurück zum Leben, anstatt dorthin zu gehen

Sie sind schon fast beschleunigt und so

Ganz weggehen?

Nochmals, da der Schmerz da ist

Wo Materiekörper durch irgendeine Kraft aufgewühlt wurden,

Durch lebenswichtige Organe und durch Gelenke, in ihren Sitzen

Zittern und Beben im Inneren, aber sanfte Freude,

Wenn sie wieder an ihren Platz ziehen:

Es liegt an Ihnen, die Urkeime zu kennen

Angegriffen von keinem Schmerz, noch von sich selbst

Freut euch nicht; denn tatsächlich sind sie es

Nicht aus irgendwelchen Körpern erster Dinge gemacht,

Unter deren seltsamen neuen Bewegungen könnten sie schmerzen

Oder pflücken Sie die Früchte einer neuen Süßigkeit.

Und deshalb müssen sie ohne Sinn eingerichtet werden.

Noch einmal, wenn ja, dann jedes Lebewesen

Kann Sensation haben, es muss zugewiesen werden

Sinn auch zu seinen Elementen, was dann

Von jenen festen Elementen, aus denen die Menschheit besteht

Wurden sie durch ihre besondere Tugend geformt?

Tatsächlich werden sie laut lachen, wie Männer,

Von einem Krampf der Heiterkeit auseinandergeschüttelt,

Oder mit taufrischen Tränentropfen Wangen und Kinn bestreuen,

Und haben Sie die schlaue Kühnheit, es zu sagen

Viel über die Zusammensetzung der Welt,

Und wiederum nachfragen, welche Elemente

Sie haben sich selbst, – seitdem, also in der Art gleich

Als ganzes sterbliches Geschöpf auch sie

Muss auch aus anderen Elementen bestehen,

Und dann immer wieder diese Anderen von Anderen –

Damit du es nirgends wagst, Halt zu machen.

Oho, ich werde dir folgen, bis du es gibst

Der Same (von dem du hier sagst, er spricht, lacht und

denkt)

Wird noch aus anderen Samen gewonnen

Die ihrerseits genau das Gleiche tun.

Aber wenn wir sehen, was für ein verrückter Unsinn das ist,

Und dass ein Mann lachen kann, wenn auch nicht,

Zusammengesetzt aus lachenden Elementen,

Und denke und äußere Vernunft mit gelehrter Sprache,

Obwohl er selbst nicht dazu beigetragen hat,

Von klugen Samen und beredt, warum dann?

Die Dinge, die wir wahrnehmen, können nicht sein

Auch ihre eigene Empfindung kann komponiert werden

Von vermischten Samen, völlig sinnlos?

UNENDLICHE WELTEN

Noch einmal, wir alle säen den himmlischen Frühling,

Für alle ist derselbe Vater, von dem die Erde,

Die Pflegemutter, während sie die Tropfen einnimmt

Von flüssiger Feuchtigkeit, schwanger bringt ihre Brut zur Welt —

Die leuchtenden Körner und fröhlichen Sträucher und Bäume,

Und trägt die Menschheit und die Wildnis

Die Generationen alle, während sie nachgibt

Die Nahrungsmittel, mit denen alle ihre Körper nähren und führen

Das geniale Leben und die Verbreitung ihrer Art;

Deshalb besitzt sie diesen mütterlichen Namen,

Durch die alte Wüste. Was war vorher von der Erde,

Dasselbe sinkt in die Erde zurück, und was gesendet wurde

Von den Ufern des Äthers, die nach Hause zurückkehren,

Die Gewölbe des Himmels empfangen. So auch nicht der Tod

Vernichte bisher Dinge, die sie zerstört

Die Körper der Materie; aber sie löst sich auf

Ihre Kombinationen und Verbindungen neu

Ein Element mit anderen; und erfindet

Dass alle Dinge ihre Form verändern und ihre Farben ändern

Und erhalte Empfindungen und gib sie direkt weiter.

Und so wissen Sie möglicherweise, dass es wichtig ist, was andere tun

Und in welcher Struktur die Urkeime

Zusammengehalten werden und welche Bewegungen sie haben

Untereinander geben und nehmen; noch denken

Das sehen wir hin und her auf dem Wasser

Auf dem Gipfel der Dinge und jetzt eine Geburt

Und sogleich ruht nun eine Ruine

Tief in den ewigen Atomen der Welt.

Ja, sogar in diesen unseren Versen hier

Es kommt sehr darauf an, was und in welcher Reihenfolge

Jedes Element ist gesetzt: dasselbe bezeichnen

Himmel und Ozean, Länder und Bäche und Sonne;

Das Gleiche gilt für die Körner, die Bäume und die Lebewesen.

Und wenn nicht alle gleich, so doch die meisten –

Aber was für Unterschiede durch Positionen wurden bewirkt!

Und so nicht weniger in den Dingen selbst, als einmal

Die Abstände dazwischen werden verändert,

Die Wege der Materie, ihre Verbindungen, Gewichte,

Schläge, Zusammenstöße, Bewegungen, Ordnung, Struktur, Formen,

Die Dinge selbst müssen ebenfalls verändert werden.

Nun schenke der wahren Vernunft deinen Geist für uns.

Denn hier entfaltet die seltsame Wahrheit ihre Macht

Um dir in die Ohren zu schlagen, ein neuer Aspekt

Von Dingen, um seine Front zu zeigen. Doch da ist nichts

So einfach, dass es zunächst nicht ausreicht

Schwieriger zu würdigen, als es nachher ist;

Und nichts ist so großartig,

Bisher auch nicht wunderbar, aber die ganze Menschheit

Nach und nach geben sie ihre Überraschung auf.

Schauen Sie nach oben in den hellen, klaren Himmel

Und was es enthält – die Sterne, die darüber wandern,

Der Mond, der Glanz der Prachtsonne:

Doch alle, wenn sie nun die ersten für die Sterblichen wären,

Wenn sich jetzt Unvorhergesehenes plötzlich zeigt,

Was gibt es Schöneres zu erzählen,

Was hätten die Nationen vorher gewagt

Weniger zu glauben wäre vielleicht? – Ich schätze, nichts –

So seltsam war das Wunder dieses Anblicks gewesen.

Das, was heute unermüdlich anzusehen war

Niemand würdigt den Blick nach oben zu diesen lichtdurchfluteten Reichen.

Dann spucke nicht die Vernunft aus deinem Kopf aus,

Außer dir, weil die Sache neu ist,

Sondern lieber mit scharfem Urteilsvermögen schön abwägen;

Und wenn es dir wahr erscheint,

Gib deine Hände, oder, wenn es endlich falsch ist,

Rüste dich zum Kampf. Für meinen menschlichen Geist

Sucht nun nach der Natur des weiten Jenseits

Da auf der anderen Seite, diese grenzenlose Summe

Das außerhalb der Wälle der Welt liegt,

Zu dem der Geist in der Ferne blicken möchte,

Daraufhin in der Tat der schnelle Elan des Denkens

Fliegt unbelastet weiter.

Erstens finden wir,

Auf in alle Regionen rundherum, auf beiden Seiten,

Oben, unten, im ganzen Universum

Es gibt kein Ende – wie ich es auch gelehrt habe

Die Sache selbst verkündet laut:

Und wie aus der Natur der bodenlosen Tiefe

Leuchtet deutlich hervor. Wir können es auch nicht einmal vermuten

Auf jeden Fall ist es wahrscheinlich (wenn man diesen Raum sieht).

Nach allen Seiten erstreckt sich unendlich und frei,

Und im Großen und Ganzen unzählige Samen

Bodenlos, da fliegt mancherlei,

Dort in ewiger Bewegung bewegt),

Dass nur diese eine Erde und dieser Himmel von uns sind

Wurde erschaffen und diese Körper von Dingen,

So viele verrichten keine Arbeit außerhalb derselben;

Darüber hinaus hat es auch diese Welt gegeben

Von Natur aus geformt, sogar als Samen der Dinge

Durch angeborene Bewegung zufällig zusammenstoßen und festhalten –

Nachdem sie in vielerlei Hinsicht gefahren worden waren

Zusammen aufs Geratewohl, ohne Absicht, vergeblich –

Und als diese Samen endlich zusammen wohnten,

Die, wenn sie plötzlich zusammengeworfen werden,

Die Anfänge sollten immer passend sein

Von mächtigen Dingen – der Erde, dem Meer, dem Himmel,

Und Rasse der Lebewesen. Daher sage ich:

Nochmals, es muss zugegeben werden, dass es welche gibt

Solche Ansammlungen der Materie anderswo,

So ist unsere Welt, die der gewaltige Äther enthält

In großer Umarmung.

Außerdem, wenn Materie reichlich vorhanden ist

Steht dort bereit, wenn Platz zur Verfügung steht, noch Gegenstand

Es gibt auch keine Ursache, die es verzögert, kein Wunder

Dass die Dinge weitergeführt und vervollständigt werden,

Notgedrungen. Und jetzt, wenn es einen Samenvorrat gibt

So großartig, dass nicht ganze Lebenszeiten der Lebenden

Kann die Geschichte zählen...

Und wenn ihre Kraft und Natur gleich bleiben,

Kann die Keime der Dinge zusammenwerfen

An ihren Platz, so wie sie hierhin geworfen werden

Die Samen zusammen in unserer Welt,

„Das muss man auch in anderen Bereichen bekennen, die es gibt."

Noch andere Welten, noch andere Menschenrassen,

Und andere Generationen der Wildnis.

Daher geschieht es auch in der Summe, die es gibt

Kein einziges Ding seiner Art in der Geburt,

Und einzig und allein im Wachstum, aber eher ist es so

Ein Mitglied einer generierten Rasse,

Unter vielen anderen gleicher Art.

Richten Sie Ihre Gedanken zunächst auf die Lebenden:

Du wirst die Rasse der Bergsteiger wild finden

So soll es sein, und so werden die Nachkommen der Menschen sein

Zu zeugen, und zuletzt die stummen Herden

Von Schuppenfischen und geflügelten Vogelbildern.

Deshalb müssen wir aus denselben Gründen bekennen

Diese Erde, Sonne, Mond und Ozean und alles andere,

Existiert nicht allein und allein, sondern in Zahl

Überschreitung der Anzahl. Da das tief verwurzelt ist

Ihnen bleibt der alte Grenzstein des Lebens erhalten

Nicht weniger, und es handelt sich um einen Körper sterblicher Geburt

Nicht weniger, als jede Art, die es hier auf der Erde gibt

Ist so reichlich in seinen Mitgliedern zu finden.

Was gut erkannt wird, wenn du bedenkst,

Dann die Natur, befreit von jedem hochmütigen Herrn,

Und von nun an ist er frei und kann alles tun

Selbst und durch sich selbst aus eigenem Antrieb,

Alle Götter los. Denn — bei ihren heiligen Herzen

Die in langer Stille des Friedens vergehen

Unbeschwerte Zeiten und ein heiteres Leben!—

Wer hat die Macht (frage ich), wer hat die Macht?

Um die Summe des Unermesslichen zu beherrschen,

Mit ruhiger Hand die riesigen Zügel halten

Von der unergründlichen Tiefe? Wer hat die Macht?

Auf einmal eine Vielzahl von Himmeln rollen lassen,

Auf einmal alles mit ätherischen Feuern erhitzen

Die fruchtbaren Länder einer Vielzahl von Welten,

Immer und überall in der Nähe sein,

Um die Dunkelheit durch seine Wolken zu stabilisieren, zu erschüttern

Die ruhigen Räume des Himmels mit Klang,

Und schleudert seine Blitze – ha, und überwältigt wie oft

In Trümmern seine eigenen Tempel und toben,

Dort zieht man sich in die Wildnis zurück

Beim Training mit seinem Blitz,

Was doch wie oft die Schuldigen erschießt,

Und tötet die ehrenwerten Tadellosen!

Eher seit der Geburt der Welt, Eher seitdem

Der auferstandene Erstgeborenentag von Meer, Erde, Sonne,

Sind von außen viele Keime eingeschleppt worden,

Wurden ringsum viele Samen hinzugefügt,

Was das große All, während es sie weiterschleuderte,

Hierher gebracht, dass von ihnen das Meer und die Länder

Könnte noch größer werden, und zwar das Haus des Himmels

Könnte mehr Platz bekommen und die hohen Dächer erhöhen

Weit über der Erde und rundherum entsteht Luft.

Denn alle Körper aus allen Regionen sind es

Geteilt durch Schläge, jeder auf sein eigenes Ding,

Und alle ziehen sich zu ihrer eigenen Art zurück:

Das Feuchte bis Feuchte zieht sich zurück; Die Erde wächst

Aus erdigem Körper; und feuert wie auf einer Schmiede,

Lösche neues Feuer; und Äther schmiedet Äther;

Bis die Natur, Urheber und Weltuntergang,

Hat alle Dinge zu einem äußersten Wachstum geführt:

Wie es geschieht, wenn das hineingegossen wurde

Die lebenswichtigen Adern des Lebens sind jetzt nicht mehr vorhanden

Als das, was in ihnen verebbt und abfließt.

Dies ist der Punkt, an dem das Leben für jedes Ding endet;

Dies ist der Punkt, an dem die Natur ihre Kräfte entfaltet

Alle Bordsteine nehmen zu. Für was auch immer du siehst

Wachsen Sie mit frohem Wachstum und Schritt für Schritt groß

Steige hinauf zum reifen Alter, diese für sich

Nehmen Sie mehr Körper auf, als sie von sich selbst senden,

Dennoch lässt sich das Essen leicht aufgießen

Durch alle Adern und solange die Dinge nicht sind

So weit ausgedehnt, dass sie weggeworfen wurden

So viele Atome, dass eine Verschwendung entsteht

Größer als die Nahrung, durch die sie wachsen.

Denn das muss wahrlich von den Dingen gewährt werden

Mancher Körper verebbt und läuft davon;

Aber es muss noch mehr kommen, bis zu den Dingen

Den höchsten Entwicklungshöhepunkt erreicht haben;

Dann bricht das Alter ihre Kräfte und ihre reife Kraft

Und fällt in einen schlimmeren Teil.

Für immer das größere und breitere Ding,

Sobald seine Erweiterung endet,

Es zerstreut sich sofort nach allen Seiten

Mehr Körper, die sie von außen aussenden.

Auch die Verbreitung von Nahrungsmitteln ist heute nicht mehr einfach

Durch alle seine Adern; noch ist das Essen genug

Zum Ausgleich mit einem neuen Vorrat zur Hand

Diese reichlichen Ausdünstungen, die es abgibt.

So gehen mit Recht alle Dinge zugrunde, wenn sie verebben

Sie sind weniger dicht und bei Schlägen ohne

Sie werden niedergelegt; denn das Essen wird endlich versagen

Extremstes Feld und Körper von außen

Höre nicht auf zu klopfen, um etwas ungeschehen zu machen

Und durch heimtückische Schläge überwältigen.

So auch die Wälle der mächtigen Welt

Von allen Seiten soll es im Sturm erobert werden,

Und stürzen, um zerschmetterte und zitternde Fragmente herabzustürzen.

Bei der Nahrung geht es darum, die Dinge intakt zu halten und zu erneuern;

Diese Nahrung muss alle stützen und unterstützen, –

Aber ohne Zweck, da keine Adern ausreichen

Um genug zu halten, noch Naturminister

So viel wie nötig. Und auch jetzt noch ist es so:

Sein Alter ist gebrochen und die Erde abgenutzt

Bei vielen Entbindungen entstehen seltene Geburten

Das kleine Leben – sie, die erst geschaffen hat

Alle Generationen und bei der Geburt gezeugt

Riesige Körper wilder Tiere aus alter Zeit.

Denn nie, glaube ich, gab es eine goldene Schnur

Vom Firmament oben herabgelassen

Die sterblichen Generationen auf die Felder;

Kein Meer, keine Brandung, die auf die Felsen schlägt

Erstellte sie; aber die Erde war es, die gebar —

Dieselbe, die sie heute aus sich selbst ernährt.

Außerdem war sie selbst aus freien Stücken die Erste

Die leuchtenden Körner und Weinberge aller Freude

Für die Sterblichkeit geschaffen; Sie selber

Gab die süßen Früchte und die Weiden froh,

Die heute noch kaum an Größe zunehmen,

Auch wenn wir von unseren fleißigen Armen unterstützt werden.

Wir brechen den Ochsen und verbrauchen die Kraft

Von kräftigen Landarbeitern; Eisenwerkzeuge heute

Kaum für die Bearbeitung der Felder geeignet,

So geizig missbilligen sie unsere Ernten,

So viel mehr Arbeit. Jetzt heute

Der alte Pflüger schüttelte den Kopf,

Seufzt über und über die Mühe seiner Hände

Sind vergebens ausgefallen, und wie er denkt

Wie die gegenwärtigen Zeiten nicht so sind wie die alten Zeiten,

Oft lobt er das Schicksal seines Vaters,

Und knistert und plappert, wie die alte Rasse,

Von Frömmigkeit erfülltes, unterstütztes Leben

Mit einfachem Komfort auf schmalem Grundstück,

Denn Mann für Mann ist das Maß jedes Feldes

Früher war es viel kleiner. Und wieder,

Der düstere Pflanzer der verdorrten Rebe

Schimpft über den Wechsel der Jahreszeiten und ermüdet den Himmel,

Er erfasst auch nicht alle Dinge in bestimmten Graden

Sie verkümmern und gehen zum Grab,

Von der ehrwürdigen Länge des Lebens überholt.

Buch III

EINLEITUNG

O du, der du dich als Erster in solch einer Dunkelheit erhoben hast

Stellen Sie also eine Fackel in die Höhe, wer zuerst Licht wirft

Nach den gewinnbringenden Zielen des Menschen,

O dir folge ich, Ruhm der Griechen,

Und setze meine Fußstapfen jetzt fest verankert

Sogar im Abdruck und in den Zeichen von dir –

Weniger wie jemand, der gerne um die Palme streitet,

Eher als jemand, der sich aus Liebe sehnt

Dass ich dich nachahme! – denn wie sollte man schlucken

Kämpfe mit Schwänen oder was auch immer es sein könnte

In einem Rennen zwischen kleinen Kindern mit taumelnden Beinen

Und die starke Kraft des Pferdes? Unser Vater du,

Und Finder-aus der Wahrheit, und du zu uns

Liefert die Gebote eines Vaters; und von außen

Diese geschriebenen Blätter deiner berühmten Seele

(Wie Bienen, die in blumigen Wäldern an allem nippen),

Wir ernähren uns alle von deinen goldenen Sprüchen –

Goldenes und würdigstes endloses Leben.

Denn sobald dein Planungsgedanke entstand, entstand dieser

Aus einem gottähnlichen Geist heraus beginnt seine laute Verkündigung

Von Naturabläufen, Schrecken des Gehirns

Entfliehen Sie, die Wälle der Welt

Entferne dich und gänzlich durch die Leere

Ich sehe die Bewegungen des Universums.

Erhebt sich zur Vision der Majestät der Götter,

Und ihre Wohnstätten ewiger Ruhe

Den weder der Wind erschüttern noch die Regenwolke spritzen lässt,

Auch Schnee, der durch starken Frost erstarrt ist, kann nicht schaden

Mit seinem weißen Untergang: immer wolkenloser Himmel

Über Dächer und lacht mit weit gestreutem Licht.

Und die Natur gibt ihnen alles und nichts

Vielleicht wird ihnen jemals der Seelenfrieden genommen.

Aber nirgends steigt meine Vision mehr auf

Die Gewölbe von Acheron durch die weite Erde

Hält mich nicht mehr davon ab, auf alles herabzuschauen

Was unter unseren Füßen vor sich geht

Entlang der Leere. O, hier in diesen Angelegenheiten

Eine neue göttliche Freude und zitternde Ehrfurcht

Ergreift durch mich, dass so durch deine Kraft

Die Natur, endlich so klar und offensichtlich,

Wurde den Menschen von allen Seiten bloßgelegt!

Und da habe ich ja schon welche Art unterrichtet

Die Samen aller Dinge sind und wie unterschiedlich

In mancherlei Form flitzen sie von selbst umher,

Gerührt mit einer ewigen Bewegung,

Und in welcher Weise werden die Dinge aus ihnen erschaffen,

Nun, nach solchen Dingen, sollte mein Vers, wie es scheint,

Machen Sie die Natur des Geistes und der Seele klar,

Und vertreibe die Angst vor Acheron nach draußen,

Kopfüber, was unser menschliches Leben so durcheinander bringt

Bis in seine Tiefen, ergießt sich über alles, was ist

Das Schwarz des Todes lässt nichts zurück

Gedeihen – eine flüssige und unbefleckte Freude.

Denn was Männer manchmal behaupten werden:

Das ist mehr als Tartarus (das Reich des Todes)

Sie haben Angst vor Krankheiten und einem Leben in Schande,

Und wisse, dass die Substanz der Seele Blut ist,

Oder vielmehr Wind (wenn vielleicht so ihre Laune),

Und deshalb braucht unsere Wissenschaft nichts davon

Sie können sich gut vorstellen, was jetzt folgt

Dass sie noch mehr zum Ruhm prahlen

Als für den Glauben. Beachten Sie Folgendes:

Verbannte vom Land, Flüchtlinge aus der Ferne

Aus den Augen der Menschen, mit Anklagen unrechtmäßiger Taten,

Gedemütigt durch jedes Elend, sie noch

Lebe, und wo auch immer die Elenden herkommen, sie sind noch da

Bringt dort die Opfer der Vorfahren,

Schlachte die schwarzen Schafe und zu den Göttern unten

Bieten Sie die Ehre an, und zwar im bitteren Fall

Wenden Sie sich viel mehr der Religion zu.

Deshalb ist es eine sicherere Prüfung eines Mannes

In zweifelhaften Gefahren – markiere ihn so, wie er ist

Inmitten von Widrigkeiten; denn dann allein

Werden die wahren Stimmen aus seiner Brust gezaubert?

Die Maske abgenommen, die Realität dahinter.

Und wieder Gier und die blinde Gier nach Ehre

Die arme Kerle über die Grenzen des Gesetzes hinaus zwingen,

Und oft Verbündete und Minister des Verbrechens,

Nächte und Tage mit größter Mühe durchstehen

Ungehindert zu den Gipfeln der Macht aufsteigen –

Diese Wunden des Lebens werden keineswegs verschont

Schwärend und offen vor diesem Schrecken vor dem Tod.

Für immer sehen wir heftige Not und schändliche Schande

Weit entfernt vom sicheren und süßen Leben,

Wie zusammengedrängte Gestalten vor den Toren des Todes.

Und während die Menschen von diesen fernbleiben wollen,

Von falschem Terror getrieben und weit entfernt,

Mit bürgerlichem Blut häufen sie ein Vermögen an,

Sie verdoppeln ihren Reichtum, sind gierig und häufen sich an

Von Leiche zu Leiche lachen sie grausam

Für das traurige Begräbnis eines Brudergeborenen,

Und Hass und Angst vor den Tischen ihrer Verwandten.

Ebenso durch denselben Terror, Neid oft

Lässt sie vor ihren Augen ihren Höhepunkt erreichen

Dieser Mann ist herrschaftlich, dieser Mann hat ihn angeschaut

Wer geht gegürtet mit herrlicher Ehre,

Während sie im Schmutz und in der Dunkelheit herumwälzen;

Einige gehen für Statuen und einen Namen zugrunde,

Und oft bis zu diesem Grad, aus Angst vor dem Tod,

Wird es hassen, zu leben und Licht zu sehen

Ergreife die Menschheit, die sie zufügen

Ihre eigene Zerstörung mit düsterem Herzen –

Vergessen, dass diese Angst der Ursprung der Sorgen ist,

Diese fürchten die Pest auf ihrem Schamgefühl,

Und das zerbricht die Bande der Kameradschaft

Und macht alle Ehrfurcht und jeden Glauben zunichte,

Mitten im schlimmsten Gemetzel. Noch lange bis heute

Oft handelte es sich um Landesverräter und liebe Eltern

Durch die Suche, die Reiche von Acheron zu meiden.

Denn so wie Kinder zittern und sich vor allem fürchten

Im aussichtslosen Dunkel, so auch wir zeitweise

Fürchte dich im Licht vor so vielen Dingen

Nichts ist furchteinflößender als das, was Kinder vortäuschen,

Schaudernd wird sie im Dunkeln sein.

Dieser Schrecken also, diese Dunkelheit des Geistes,

Nicht der Sonnenaufgang mit seinen flackernden Lichtspeichen,

Auch glitzernde Pfeile der Morgensonne zerstreuen sich nicht,

Aber nur der Aspekt der Natur und ihr Gesetz.

NATUR UND ZUSAMMENSETZUNG DES GEISTES

Zuerst also, sage ich, der Geist, den wir oft rufen

Der Intellekt, in dem das Leben sitzt

Beratung und Behandlung gehören nicht weniger dazu

Vom Menschen sind Hand, Fuß und Augen Teile

Von einem ganzen atmenden Geschöpf. [Aber einige halten]

Dieser Geistessinn ist in keinem festen Teil verankert,

Aber ist der Körper ein lebenswichtiger Zustand?

Von den Griechen „Harmonie" genannt, weil dadurch

Wir leben mit Sinnen, der Intellekt jedoch nicht

In jedem Teil: wie oft vom Körper gesagt wird

Eine gute Gesundheit haben (wenn die Gesundheit es jedoch nicht ist).

Ein Teil von dem, der es hat), also platzieren sie

Der Geistessinn ist kein fester Teil des Menschen.

Auf gewaltige und vielfältige Weise scheinen sie sich zu irren.

Oftmals ist der Körper tast- und sichtbar

Krank, obwohl noch in einem unsichtbaren Teil

Wir empfinden eine Freude; oft andersherum,

Ein elender Geist empfindet immer noch Freude

Überall in seinem Körper – ganz genauso wie damals

Ein Fuß kann schmerzen, ohne dass es zu Kopfschmerzen kommt.

Außerdem werden uns bei dieser Übergabe unsere Glieder übergeben

Zum sanften Schlafen und Liegen des belasteten Körpers

Zufällig sinnlos, etwas anderes

Ist noch in uns, was damals

Bewegt sich in vielerlei Weise, empfangend

Alle Bewegungen der Freude und Phantomsorgen des Herzens.

Nun, um zu sehen, dass in den Gliedern des Menschen wohnt

Auch die Seele und der Körper sind nicht ungewohnt

Empfindung durch eine „Harmonie" spüren

Nehmen Sie das vor allem: die Tatsache, dass das Leben bleibt

Oft in unseren Gliedern, wenn viel vom Körper verschwunden ist;

Doch dasselbe Leben, wenn Wärmeteilchen,

Obwohl nur wenige, wurden sie zerstreut, und zwar durch den Mund

Die Luft wurde sofort ins Ausland abgegeben

Verlässt für immer die Adern und verlässt die Knochen.

So kannst du wissen, dass nicht alle Teilchen

Führen Sie die gleichen Teile und auch nicht alle auf die gleiche Weise aus

Sind Requisiten des Wohlergehens und der Sicherheit: eher jene —

Die Samen des Windes und der Ausdünstungen wärmen —

Sorgen Sie dafür, dass in unseren Mitgliedern Leben erhalten bleibt.

Deshalb gibt es dort eine lebenswichtige Hitze und Wind

Im Körper selbst, der beim Tod

Verlässt unsere Rahmen. Und so, seit der Natur des Geistes

Und selbst die Seele erweist sich als „twere"

Ein Teil des Menschen, gib „Harmonie" ab —

Name der aus Helicon mitgebrachten Musiker:

Sofern sie es nicht selbst geklaut haben,

Um für das zu dienen, was bis dahin keinen Namen hatte.

Was auch immer es ist, sie sind dazu willkommen — du,

Hören Sie auf meine anderen Maximen.

Geist und Seele,

Ich sage, sie werden miteinander verbunden gehalten,

Und bilden eine einzige Natur ihrer selbst;

Aber Häuptling und Herrscher durch den gesamten Rahmen

Ist immer noch der Rat, den wir den Geist nennen,

Und das spaltet sich in der Mitte der Brust.

Hier springen Bestürzung und Schrecken auf; rund um diese Orte

Seien Sie Freudenschmeichler; und deshalb hier

Der Intellekt, der Geist. Der Rest der Seele,

Im ganzen Körper verstreut, aber gehorcht —

Bewegt durch das Nicken und die Bewegung des Geistes.

Dies hat für sich allein durch sich selbst gedacht;

Das für sich hat schon Freude, auch wenn das Ding

Das bewegt es, bewegt weder Seele noch Körper.

Und wie wenn Kopf oder Auge in uns getroffen werden

Durch den Angriff auf den Schmerz werden wir dann nicht gefoltert

Durch den ganzen Körper, also allein durch den Geist

Ist manchmal hingerissen oder lebt vor Freude,

Während noch der Rest der Seele durch die Glieder geht

Und durch den Rahmen rührt sich nichts Neues.

Aber wenn der Geist durch einen stärkeren Schock bewegt wird,

Wir bemerken, dass die ganze Seele auf einmal leidet

Entlang der Glieder des Mannes breiten sich Schweißausbrüche und Blässe aus

Über dem Körper, und die Zunge ist gebrochen,

Und die Stimme verstummt und die Ohren klingeln,

Nebel blenden die Augäpfel und die Gelenke kollabieren, —

Ja, Männer fallen vor geistiger Angst tot um.

Daher kann jeder, der will, leicht eine Bemerkung machen

Diese Seele ist mit dem Verstand verbunden, und wann

Es wird sofort durch den Einfluss des Geistes geschädigt

Im Gegenzug trifft und treibt es auch den Körper.

Und das gleiche Argument beweist

Diese Natur des Geistes und der körperlichen Seele ist:

Denn wenn man sieht, dass es die Mitglieder antreibt,

Den Körper aus dem Schlaf reißen und verändern

Das Antlitz und der ganze Zustand des Menschen

Zu herrschen und zu wenden – was noch nie sein könnte

Ohne Kontakt und ohne Körperkontakt scheitert es –

Müssen wir nicht zugeben, dass Geist und Seele bestehen?

Körperlicher Natur? – Und außerdem

Das kennst du auch mit unserem Körper

Leidet der Geist und spürt mit unserem Körper.

Wenn die schreckliche Geschwindigkeit eines Speers, der die Knochen spaltet

Und entblößt die inneren Kräfte, trifft nicht das Leben,

Doch es folgt eine Ohnmacht und ein schlimmer Zusammenbruch,

Und am Boden, benommener Tumult im Kopf,

Und während der schwankende Wille, sich zu erheben, im Gange ist.

Die Natur des Geistes muss also körperlich sein

Von Schlag und Speer bis zum Körper ist es in Wehen.

Nun, aus welchem Körper, welche Bestandteile entstanden sind

Ist das derselbe Geist, den ich weiter erzählen werde?

Erstens behaupte ich, dass es superfein und gelassen ist

Von kleinsten Teilchen – das ist eine Tatsache

Wenn du daran teilnimmst, kannst du Folgendes erkennen:

Es ist zu beobachten, dass bei dieser Geschwindigkeit nichts passiert

Als das, was der Geist vorschlägt und beginnt;

Deshalb regt sich dasselbe schneller

Als etwas, dessen Natur für die Augen greifbar ist.

Aber was so beweglich ist, muss aus Samen bestehen

Am rundsten, am winzigsten, damit sie bewegt werden können,

Bei Impulstreffer gering. So bewegt sich Wasser,

In Wellen entlang, zumindest impulsiv –

Aus kleinen Formen erschaffen, die rollen;

Aber im Gegenteil, die Qualität des Honigs

Stabiler ist, seine Flüssigkeiten sind inert,

Verspäteter ist sein Fluss; für all seinen Stoffvorrat

Hält mehr zusammen, denn tatsächlich ist es gemacht

Von Atomen, die nicht so glatt, so fein und rund sind.

Für die leichte Brise, die schwebt und dennoch wehen kann

Hohe Haufen Mohn für dich weg

Von oben nach unten; aber im Gegenteil,

Ein Steinhaufen oder stachelige Weizenähren

Das geht überhaupt nicht. Soweit Körper

Sind sie klein und glatt, so ist ihre Beweglichkeit;

Aber im Gegenteil, je schwerer und rauer,

Umso unbeweglicher erweisen sie sich. Nun dann,

Da die Natur des Geistes so beweglich ist,

Es muss aus sehr kleinen Samen bestehen

Und glatt und rund. Welche Tatsache war dir einst bekannt,

Guter Freund, ich werde dir in anderen Dingen gute Dienste leisten.

Dies zeigt auch die Natur desselben,

Wie schön seine Textur ist, auf wie kleinem Raum

„Zwei würden gehen, wenn sie einmal zu Pellets verdichtet würden:

Wenn die unbekümmerte Ruhe des Todes den Menschen ergreift

Und Geist und Seele ziehen sich zurück, du markierst dort

Aus dem ganzen Körper wird nichts in Form gebracht,

Nichts im Gewicht. Der Tod gewährt euch alles,

Aber der Lebenssinn und die Ausatmung sind heiß.

So muss die ganze Seele aus den kleinsten Samen bestehen,

Verflochten durch die Adern, die Vitalfunktionen und die Muskeln,

Wenn ich sehe, dass der ganze Körper verschwunden ist,

Die äußere Figuration der Gliedmaßen

Ist unbeeinträchtigt und das Gewicht lässt kein bisschen nach.

Gerade so, als der Weinstrauß verschwand,

Oder wenn das Parfüm einer Salbe zart ist

In den Winden weg geht, oder wann

Aus jedem Körper ist der Geschmack verschwunden, aber immer noch

Das Ding selbst scheint für die Augen nichts wert zu sein,

Dabei wird nichts von seinem Gewicht abgezogen –

Kein Wunder, denn die Samen sind zahlreich und klein

Produzieren Sie den Geschmack und das Aroma

Im ganzen Körper der Dinge. Und so,

Noch einmal, die Natur von Geist und Seele

Es liegt an dir, zu wissen, dass die Schöpfung aus Samen besteht

Der Kleinste aller Zeiten, seit dem Heranfliegen

Es trägt nichts von der Last weg.

Doch stellen Sie sich vor, dass die Natur nicht so einfach ist.

Für eine unfühlbare Aura, gemischt mit Hitze,

Verlässt die Sterbenden, und Hitze entzieht der Luft;

Und Hitze gibt es nicht, es sei denn, sie wird mit Luft vermischt:

Denn da die Natur aller Wärme selten ist,

Durch ihn hindurch müssen sich viele Luftkeime bewegen.

Somit ist die Natur des Geistes dreifach; doch das alles

Es reicht nicht aus, Sinn zu schaffen – denn Geist

Akzeptiert nicht, dass irgendetwas davon etwas verursachen kann

Sinngebende Bewegungen und noch weniger die Gedanken

Ein Mann dreht sich im Kopf. Also zu diesen

Es muss ein Etwas und ein Viertel hinzugefügt werden;

Das ist etwas völlig namenloses;

Als das gibt es nichts Beweglicheres, nichts

Eher ein Ungreifbares aus Elementen

Kleiner und glatter und runder. Das überträgt sich zunächst

Dafür sinnstiftende Bewegungen durch den Rahmen

Ist der Erste, der aus kleinen Formen besteht;

Von dort nehmen Hitze und gefühllose Windkraft zu

Die Bewegungen und von dort die Luft und von dort alle Dinge

Werden in Bewegung gesetzt; das Blut ist gestrichen, und dann

Die Vitalfunktionen beginnen alle zu spüren und halten an

In Knochen und Mark kommt das Gefühl —

Vergnügen oder Qual. Auch der Schmerz wird nicht umsonst sein

Treten Sie so weit ein, noch dringt ein scharfes Übel durch,

Aber alle Dinge werden in diesem Maße gestört

Dieser Raum für das Leben wird versagen, und Teile der Seele

Wird durch jede Pore des Körpers verteilt.

In der Regel jedoch fast auf der Haut

Diese Bewegungen werden alle gestoppt, und das ist der Grund

Wir haben die Macht, unser Leben zu behalten.

Jetzt in meinem Eifer, dir zu sagen, wie

Sie werden durch die passenden Gewerkschaften vermischt

Sie funktionieren so, die Armenrede meines Landes

Schränkt mich leider ein. Wie ich jedoch kann,

Ich werde einige Punkte ansprechen und bestehen. Auf diese Weise

Verfolgen Sie diese Urformen miteinander

Mit Zwischenanträgen, die niemand sein kann

Von anderen getrennt, noch seine Agentur

Führen Sie aus, wenn einmal durch ein Leerzeichen geteilt;

Wie viele Kräfte in einem Körper wirken sie.

Wie im Fleisch eines jeden Lebewesens

Ist Geruch und Geschmack und eine gewisse Wärme,

Und doch aus all diesen ein einziger Körper

Wird komplettiert, also blicklose Kraft des Windes

Und Wärme und Luft, vermischt, schaffen etwas

Eine Natur, durch diese mobile Energie

Das hat ihnen geholfen

Erteilt die anfängliche Bewegung, wobei zuerst

Sinnesbewegende Bewegung entlang der Vitalquellen.

Denn diese Essenz lauert weit und tief und unten,

Auch in unserem Körper ist nichts verborgener,

Und es ist die eigentliche Seele der ganzen Seele.

Und zwar innerhalb unserer Mitglieder und im gesamten Rahmen

Die Energie des Geistes und die Kraft der Seele

Ist gemischt und latent, da es erschaffen ist

Aus kleinen und wenigen Körpern lauert dieser vierte,

Diese namenlose Essenz, bestehend aus kleinen,

Und scheint die eigentliche Seele der ganzen Seele zu sein,

Und beherrscht den gesamten Körper.

Und aus demselben Grund Wind und Luft und Hitze

Muss so funktionieren, vermischt durch den Rahmen,

Und jetzt lässt das eine nach und jetzt das andere

Im Austausch der Dominanz, also

Aus ihnen allen soll eine Natur hervorgehen,

Damit Hitze und Wind und Luft nicht auseinanderfallen,

Es macht Sinn, durch Zersplitterung zugrunde zu gehen.

Es ist tatsächlich davon auszugehen, dass es Wärme abbekommt

Wenn es vor Wut brodelt und aus den Augen blitzt

Schnelleres Feuer; Da ist wieder dieser Wind,

Viel und so kalt, Begleiter aller Schrecken,

Was den erschütterten Körper zum Schaudern bringt;

Es gibt keinen geringeren Zustand der Luftzusammensetzung,

Die ruhige Brust, das heitere Gesicht schaffen.

Aber heißer sind diejenigen, deren unruhige Herzen,

Deren leidenschaftlicher Geist schnell vor Wut brodelt —

An erster Stelle dieser Art sind die wilden, zahllosen Löwen,

Der oft mit Gebrüll die überwältigte Brust zerplatzte,

Unfähig, den aufwallenden Zorn in mir zu halten;

Aber der kalte Geist der Hirsche hat mehr Wind,

Und schneller erwacht ihr Inneres

Die eisigen Strömungen, die ihre Mitglieder zum Beben bringen.

Doch mehr noch leben die Ochsen in ruhiger Luft,

Noch nie wird die rauchige Fackel des Zorns angewendet,

Überzogen mit Schatten einer dunklen Dunkelheit,

Wecken Sie sie zu weit; noch werden sie starr werden,

Durchbohrt von eisigen Speeren der Angst;

Aber haben Sie ihren Platz auf halbem Weg zwischen den beiden —

Hirsche und wilde Löwen. So ist die Rasse der Menschen:

Obwohl das Training sie gleichermaßen verfeinert,

Es hinterlässt diese unberührten Überreste

Von der Natur jedes Geistes. Wir dürfen es auch nicht vermuten

Das Böse kann bisher nie ausgerottet werden

Dieser eine Mann neigt nicht mehr zu Zornausbrüchen,

Ein anderer wird nicht schneller von Angst erfasst,

Ein Dritter war nicht geduldiger, als er sollte.

Und Bedürfnisse müssen sich auch in vielen Dingen unterscheiden

Die vielfältigen Naturen und daraus resultierenden Gewohnheiten

Von der Menschheit – von der ich es jetzt nicht kann

Legen Sie die verborgenen Ursachen offen und finden Sie auch keine Namen

Genug für alle unterschiedlichen Formen davon

Ursprünge, aus denen diese Variation entspringt.

Aber so kann ich wohl sagen:

Diese Überreste der Natur, die zurückgelassen wurden

Welcher Grund kann uns nicht ganz vertreiben

Sind immer noch so gering, dass nichts einen Mann daran hindert

Von einem Leben, das sogar der Götter würdig wäre.

Dann wird diese Seele vom ganzen Körper gehalten,

Selbst der Wächter des Körpers und die Quelle des Wohlergehens:

Denn sie haben gemeinsame Wurzeln, sie heften sich aneinander,

Ohne den Tod kann es auch nicht auseinandergerissen werden.

Aus Weihrauchklumpen ist es nicht einfach

Ihren Duft herauszureißen, ohne seine Natur

Ebenso umkommen: Es ist also nicht einfach

Aus der ganzen Körpernatur von Geist und Seele

Wegziehen, ohne dass sich das Ganze auflöst.

Mit Samen, die schon von Geburt an so miteinander verflochten sind,

Sie sind mit einem Partnerleben verbunden;

Keine Energie von Körper oder Geist, getrennt,

Jeder für sich ohne die Macht des anderen,

Kann Empfindung haben; aber unser Sinn, entzündet

Entlang der Vitalorgane wird von beiden Flammen geblasen

Mit gegenseitigen Anträgen. Abgesehen vom Körper allein

Wird weder gezeugt noch wächst es noch nach dem Tod

Es hat sich gezeigt, dass es Bestand hat. Denn zeitweise nicht so wasserhaltig

Gibt die fremde Wärme ab und ist dabei auch nicht vorhanden

Selbst zerstört, aber unbeeinträchtigt bleibt –

Nicht so, sage ich, kann der verlassene Rahmen

Ertragen Sie die Trennung seiner verbundenen Seele,

Aber zerrissen und ruiniert, alle Schimmelpilze weg.

So entsteht der gemeinsame Kontakt von Körper und Seele

Erlernt von klein auf die lebenswichtigen Bewegungen,

Auch wenn es noch im Mutterleib begraben liegt;

So kann ihnen keine Trennung passieren,

Ohne ihren Fluch und ihre Krankheit. Und von dort kann man sehen

Dass, da ihre Quelle des Wohlergehens miteinander verbunden ist,

Auch ihre Natur muss miteinander verbunden sein.

Wenn man darüber hinaus dieses Körpergefühl leugnet,

Und hält diese Seele, durch den ganzen Körper gemischt,

Übernimmt diesen Antrag, den wir „Sinn“ nennen,

Er kämpft vergeblich gegen unbestreitbare Tatsachen:

Denn wer erklärt, was das Körpergefühl ist?

Außer durch die öffentliche Tatsache selbst

Hat uns gegeben und gelehrt? „Aber wenn die Seele geteilt wird,

Der Körper hat keinen Sinn.“ Stimmt! – verliert was

War schon zu seinen Lebzeiten nicht sein eigenes;

Und vieles darüber hinaus verliert es, wenn die Seele getrieben wird

Aus dieser Lebenszeit heraus. Oder um diese Augen zu sagen

Sie selbst können nichts sehen, außer durch dasselbe hindurch

Der Geist blickt hinaus wie aus geöffneten Türen,

Ist – ein hartes Sprichwort; seit dem Gefühl in den Augen

Sagt das Gegenteil. Dafür greift es selbst auf

Und Kräfte in die Pupillen unserer Augen

Unser Bewusstsein. Und beachten Sie den Fall, wenn oft

Uns fehlt die Kraft, leuchtende Dinge zu sehen,

Weil unsere Augen durch ihr Licht beeinträchtigt werden –

Bei einer bloßen Tür würde dies nicht passieren;

Denn da wir es selbst sind, die sehen,

Keine offenen Portale übernehmen die Mühe.

Außerdem, wenn unsere Augen nur als Türen dienen,

Ich glaube, wenn wir unser Augenlicht verlieren würden, würde der Geist verschwinden

Sollte es dann noch besser sein, etwas zu sehen?

Wenn sogar die Türpfosten weggeräumt sind.

Hierauf gehen diese Angelegenheiten nicht ein

Was der verehrte Weise Demokrit festlegt:

Dieser Satz, diese Primordials

Von Körper und Geist, jeweils übereinander gelegt,

Abwechselnd variieren und verflechten

Das Gefüge unserer Mitglieder. Für nicht nur

Sind die Seelenelemente viel kleiner als diese?

Woraus sich unser Körper und unsere inneren Teile zusammensetzen,

Aber auch ihre Zahl ist geringer,

Und spärlich in unserem Körper verstreut. Und somit

Das kannst du garantieren: Urkeime der Seele

Halten Sie möglichst große Abstände zwischen ihnen ein

Zumindest so wie die kleinsten Körper, die

Wenn wir gegen uns geworfen werden, erwachen wir in unserem Körper

Sinngebende Bewegungen. Daher kommt es, dass wir

Manchmal haben wir nicht das Gefühl, auf unseren Rahmen zu sitzen

Der anhaftende Staub oder die Kreide, die sich weich ablagert;

Keine nächtlichen Nebel, kein Spinnennetz

Wir fühlen gegen uns, wenn wir auf unserem Weg

Sein Netz verwickelt uns noch auf unserem Kopf

Das Ablegen seiner verwelkten Gewänder;

Weder Vogelfedern noch pflanzliche Daunen,

Sie fliegen umher, so leicht, dass sie kaum fallen;

Spüre auch nicht die Schritte jedes kriechenden Dings,

Auch nicht jeder dieser Fußabdrücke auf unserer Haut

Von Mücken und dergleichen. In diesem Maße

Es müssen viele Urkeime in uns angeregt werden

Bevor die Samen der Seele durch unseren Körper strömten

Sind vermischt 'Gin, um zu spüren, dass diese

Die Urformen des Körpers wurden gestrichelt,

Und bevor es mit solchen Lücken dazwischen hämmerte,

Sie prallen aufeinander, verbinden sich und springen abwechselnd auseinander.

Aber der Geist ist mehr der Hüter der Tore,

Hat mehr Macht über das Leben als über die Seele.

Denn ohne Intellekt und Verstand geht es nicht

Ein Teil der Seele kann in unserem Rahmen ruhen

Zumindest zeitweise; begleitend, es geht

Mit dem Geist in die Winde und Blätter

Die eisigen Mitglieder in der Kälte des Todes.

Sondern derjenige, dessen Verstand und Intellekt bestehen bleiben

Er selbst bleibt im Leben. egal wie viel

Der Rumpf wird zerfleischt, die Gliedmaßen abgehackt,

Die Seele zurückgezogen und aus den Gliedern genommen,

Der Stamm lebt noch und saugt die lebenswichtige Luft ein.

Selbst wenn alles außer der ganzen Seele beraubt ist,

Doch wird es verweilen und am Leben festhalten, —

So wie die Kraft des Sehens immer noch stark ist,

Wenn aber der Schüler unversehrt bleibt,

Selbst wenn das Auge um es herum schmerzlich zerrissen ist –

Vorausgesetzt, du zerstörst es nicht

Ganz die Kugel, aber die Pupille umschneidend,

Lassen Sie diesen Schüler allein zurück –

Denn mehr würde die Sicht ruinieren. Aber wenn dieses Zentrum,

Dieser winzige Teil des Auges wird durchgefressen,

Sofort scheitert die Vision und es kommt Dunkelheit,

Aber im Übrigen bleibt der makellose Ball klar.

Es ist so, dass die Seele und der Geist kompakt sind

Sind einander für immer verbunden.

Die Seele ist sterblich

Komm nun, damit du es erkennst

Diese Gedanken und die leichten Seelen aller Lebenden

Habe sterbliche Geburt und Tod, ich werde weitermachen

Verse zum Aufbau treffen sich für deine Lebensregel,

Lange gesucht, mit süßer Mühe entdeckt.

Aber unter einem Namen möchte ich, dass du sie beide unter ein Joch stellst;

Und wenn ich zum Beispiel von Seele spreche,

Das Gleiche lehren, nur sterblich zu sein, denken Sie

Dabei spreche ich auch vom Geist —

Da beide eins sind, ist eine Substanz miteinander verbunden.

Erstens also, da ich gelehrt habe, wie die Seele existiert

Ein subtiler Stoff aus winzigen Partikeln,

Bestehend aus Atomen, die viel kleiner sind als diese

Von der flüssigen Feuchtigkeit des Wassers, vom Nebel oder vom Rauch,

In puncto Mobilität ist es also weitaus besser,

Anfälliger für Bewegungen, obwohl der Schlaganfall leichtere Ursachen hat

Sogar bewegt von Bildern von Rauch oder Nebel —

Wie wir sehen, wenn wir im Schlaf eingelullt sind,

Die Altäre atmen Dampf und Rauch in der Luft aus —

Denn es besteht kein Zweifel, dass diese Erscheinungen kommen

Für uns von außen. Nun denn, da du es siehst,

Ihre Flüssigkeiten verschwinden, ihre Wasser fließen ab,

Wenn Gläser zittern, und da Nebel und Rauch

Geh in die Winde weg, glaube

Nichtsdestotrotz wird die Seele ins Ausland geworfen und stirbt

Je schneller es geht, desto schneller löst es sich auf

Zurück zu seinen ursprünglichen Körpern, wenn er zurückgezogen wird

Von den Mitgliedern unserer Menschheit ist es verschwunden.

Sicherlich, wenn Körper (Behälter desselben

Wie ein Glas, wenn man aus irgendeinem Grund zittert,

Und verdünnt durch Blutverlust aus den Adern,

Kann die Seele nicht länger halten, wie dann?

Glaubst du, es kann von jeder Luft gehalten werden?

Ein Stoff, der viel seltener ist als unser Körper?

Außerdem spüren wir, dass der Geist zum Sein kommt

Mit dem Körper wächst und altert der Körper.

Denn so wie Kinder herumstolpern

Mit gebrechlichem und zartem Körper, so folgt es

Eine schwächliche Weisheit in ihren Köpfen; und dann,

Wo Jahre zu robusten Kräften gereift sind,

Auch der Rat ist größer und erhöht

Die Kraft des Geistes; danach, wo schon

Der Körper ist durch die Meisterkräfte des Feldes zerschmettert,

Und der Rahmen mit seinen geschwächten Kräften fiel,

Der Gedanke behindert, die Zunge wandert, und der Geist gibt nach;

Alles scheitert, alles fehlt gleichzeitig.

Deshalb passt es, dass sogar die Seele aufgelöst ist,

Wie Rauch in die hohen Luftwinde;

Da sehen wir dasselbe, was gekommen ist

Zusammen mit Körper und Wachstum und, wie ich es gelehrt habe,

Zerbröckeln und knacken, dadurch vom Feld überholt.

Dann sehen wir auch, dass es so ist, wie der Körper es braucht

Ungeheuerliche Krankheiten und die schrecklichen Schmerzen,

Denken Sie also an die bitteren Sorgen, die Trauer, die Angst;

Daher stimmt es, dass der Geist nicht weniger

Der Teilnehmer ist vom Tod; für Schmerzen und Krankheiten

Sind beide auch Todeskünstler

Das haben wir durch den Tod vieler Menschen gelernt.

Nein, auch bei Erkrankungen des Körpers, oft auch des Geistes

Wandert umher; denn es ist außer sich,

Und verrückt spricht es, oder oft sinkt es,

Mit geschlossenen Augenlidern und einem gesenkten Nicken,

Im tiefen Schlaf, weiter zum ewigen Schlaf;

Von woher hört es keine Stimmen mehr,

Auch hier ist es nicht möglich, die Gesichter zu kennen

Von denen, die mit nassen Wangen um ihn herumstehen

Die ihn vergeblich zurück zu Licht und Leben rufen.

Deshalb löst sich auch der Geist auf, das müssen wir bekennen,

In der Tat Ansteckungen von Krankheiten sehen

Treten Sie in dasselbe ein. Nochmals, oh warum,

Wenn der starke Wein in den Menschen eindringt,

Und sein diffuses Feuer ging durch die Adern,

Warum folgt dann eine Schwere der Glieder,

Ein Gewirr der Beine, während er herumwirbelt,

Eine stotternde Zunge, ein durchnässter Intellekt,

Alle Augen schwimmen, und Schluckauf, Geschrei und Schlägereien,

Und was ist sonst noch von dieser Art? – Warum das? –

Wenn nicht dieser heftige und ungestüme Wein

Ist es üblich, die Seele im Körper zu verwirren?

Aber was auch immer kann verwirrt und zurückgewiesen werden,

Gibt den Beweis, dass, wenn eine härtere Sache ins Spiel kam,

„Es wäre möglich, dass es dann zugrunde gehen würde, Hinterbliebene."

Von jedem Leben danach. Und außerdem:

Oft hat jemand einen plötzlichen Anfall,

Wie durch einen Blitzschlag hinfallen

Vor unseren Augen und Schaum spritzen und grunzen,

Blähe und drehe dich mit gespannten Sehnen umher,

Er schnappt nach Luft und ermüdet seine Glieder

Mit Wurfrunde. Kein Wunder, denn ablenken

Durch den Rahmen durch die Gewalt der Krankheit.

Verwirrt, er schäumt, als wollte er seine Seele erbrechen,

Wie auf dem Salzmeer kochen die Wogen rundherum

Unter der Macht der Winde. Und nun

Ein Stöhnen wird erzwungen, weil seine Glieder gepackt werden,

Aber vor allem wegen der Saat der Stimme

Werden in Massen vorangetrieben und getragen

Mit dem Mund nach außen, wohin sie auch gehen,

Und eine Autobahn gebaut haben. Er wird

Bloßer Narr, denn Energie von Geist und Seele

Verwirrt ist und, wie ich gezeigt habe, zerrissen,

In Stücke geworfen und in Stücke gerissen

Mit dem gleichen Gift. Aber auch hier gilt die Ursache

Von dieser Krankheit hat es hin und her gedauert

Zieht das scharfe Gift des beschädigten Rahmens zurück

In seine schattigen Verstecke, zunächst der Mann

Steht schwankend auf und kommt allmählich zurück

Für alle seine Sinne und erholt die Seele.

Also, da innerhalb des Körpers selbst des Menschen

Der Geist und die Seele sind von so großen Krankheiten betroffen

Erschüttert, so elend in der Wehen verzweifelt,

Warum also glauben, dass im Freien

Ohne Körper können sie ihr Leben verbringen,

Unsterblich, im Kampf mit den Meisterwinden?

Und da wir feststellen, dass der Geist selbst geheilt ist,

Wie der kranke Körper und wiederhergestellt werden kann

Aus medizinischer Sicht ist dies auch eine Vorwarnung

Dieser Sterbliche lebt den Geist. Eigentlich ist es so

Derjenige, der beginnt und unternimmt

Den Geist verändern oder meditieren, um sich zu verändern

Jede andere Art sollte hinzugefügt werden

Neue Teile, oder die angegebene Bestellung anpassen,

Oder von der Summe zumindest etwas entfernen.

Aber was unsterblich ist, will sich selbst

Seine Teile werden weder vergrößert noch neu angeordnet,

Noch ein bisschen wegfließen:

Für die Veränderung von allem, was außerhalb seiner Grenzen liegt

Bedeutet den sofortigen Tod dessen, was vorher war.

Ergo, der Geist, ob in Krankheit gefallen,

Oder durch die wiederhergestellte Medizin gibt es Zeichen,

Wie ich gelehrt habe, von seiner Sterblichkeit.

Eine Tatsache der Wahrheit wird also sicherlich für Aufsehen sorgen

Alle „Gainst Errors"-Theorien werden abgeschaltet

Alle Zuflucht vor dem Widersacher und Flucht

Irrtum durch zweischneidige Widerlegung.

Und da der Geist aus einem Teil eines Menschen besteht,

Was an einem festen Ort bleibt, wie Ohren,

Und Augen und jeder Sinn, der das Leben steuert;

Und genauso wie Hand oder Auge oder Nase, auseinander,

Getrennt von uns, kann weder fühlen noch sein,

Aber in kürzester Zeit bleibt es übrig, zu verrotten,

Daher kann der Geist allein niemals ohne sein

Der Körper und der Mann selbst, was scheint,

Als wären sie das Gefäß desselben – oder irgendetwas

Was auch immer du vortäuschst, noch enger verbunden:

Denn der Körper ist durch treueste Bindungen mit dem Geist verbunden.

Auch hier sind es die lebendigen Kräfte des Körpers und des Geistes

Nur in der Gemeinschaft gedeihen und genießen;

Denn die Natur des Geistes kann es auch nicht, allein das Selbst

Ohne Körper, gib die lebenswichtigen Bewegungen hervor;

Daher kann auch der Körper, dem die Seele fehlt, nicht bestehen

Und nutzen Sie die Sinne. Wahrlich, wie das Auge,

Allein, von seinen Wurzeln zerrissen, getrennt

Vom ganzen Körper aus kann man nichts sehen,

Es scheint also, dass Seele und Geist nichts können,

Wenn alleine. Kein Wunder, denn, gemischt

Durch Adern und Inneres und durch Knochen und Knochen,

Ihre ursprünglichen Elemente sind begrenzt

Durch den ganzen Körper, und keine eigene Kraft frei

Um durch große Zwischenräume zu springen,

So, innerhalb dieser Grenzen eingeschlossen, nehmen sie es auf

Sinnesbewegungen, die nach dem Tod verworfen wurden

Jenseits des Körpers zu den Winden der Luft,

Gehen Sie davon aus, dass sie es nicht können – und aus diesem Grund

Denn nicht mehr so eingesperrt.

Denn Luft wird ein Körper sein, lebendig sein,

Wenn sich die Seele in dieser Luft halten kann,

Und in dieser Luft schließen Sie alle diese Bewegungen ein

Was in den Zähnen und im Körper selbst

Vor einiger Zeit wurde es gemacht. Also dafür,

Noch einmal sage ich: Gestehen wir, dass wir

Dass, wenn die Hüllen des Körpers abgewickelt werden,

Und wenn der lebenswichtige Atem von außen gezwungen wird,

Die Seele, die Sinne des Geistes lösen sich auf, –

Denn für beide ist es Ursache und Grund des Lebens

Liegt in der Tatsache ihrer Erbschaftsgemeinschaft.

Noch einmal, da der Körper nicht in der Lage ist, das durchzuhalten

Trennung von der Seele, ohne Verfall

Und obszöner Gestank, wie könnte man da anders zweifeln?

Die Seele, aus den Tiefen des Körpers emporgestiegen,

Hat sich verflüchtigt, weit verweht wie ein Rauch,

Oder dass der veränderte Körper zerbröckelte

Mit so völligem Ruin, denn in der Tat,

Seine tiefen Fundamente wurden von ihrem Platz verschoben,

Die Seele filtert sogar durch den Rahmen heraus,

Und durch jeden gewundenen Weg des Körpers

Und Öffnung? Und das auf viele Arten

Es steht dir frei, diese Natur der Seele kennenzulernen

Ist in Fragmenten entlang des Rahmens weitergegeben,

Und das zitterte im ganzen Körper

Bevor es jemals hinausschlüpfte und davonschwamm

In die Winde der Luft. Denn niemals ein Mann

Das Sterben scheint zu spüren, wie die Seele hinausgeht

Als ein sicheres Ganzes aus seinem ganzen Körper auf einmal,

Auch nicht zuerst durch die Kehle in den Mund gelangen;

Aber ich habe das Gefühl, dass es an einer bestimmten Stelle versagt,

Auch wenn er weiß, dass sich auch die Sinne auflösen

Jedes an seiner eigenen Stelle im Rahmen.

Aber wäre dieser Geist von uns unsterblich,

Sterben würde kaum eine Auflösung beklagen,

Sondern das Gehen, das Ablegen seines Mantels,

Wie eine Schlange. Deshalb, wenn einmal der Körper

Ist gestorben, wir müssen zugeben, dass diese Seele,

Der ganze Körper zitterte und er starb auch.

Nein, selbst wenn man sich in den Grenzen des Lebens bewegt,

Oft schwankt die Seele jetzt aus irgendeinem Grund,

Sehnt sich danach, auszugehen und aus dem Rahmen zu kommen

Gelockert sein; das Antlitz wird

Schlaff, als ob die höchste Stunde da wäre;

Und die Mitglieder brechen alle schlaff zusammen

Gegen den blutleeren Stamm – so ein Fall

Wir sehen, wenn wir in allgemeiner Phrase sagen:

„Dieser Mann ist ganz weg" oder „tot ohnmächtig geworden";

Und wo jetzt ein geschäftiges Treiben herrscht,

Und alle sind begierig darauf, etwas in den Griff zu bekommen

Das letzte Lebensglied des Mannes. Denn dann der Geist

Und die ganze Kraft der Seele wird so sehr erschüttert,

Und diese schwanken so mit dem ganzen Rahmen,

Dass jede Ursache etwas stärker sein könnte

Lösen Sie sie ganz auf. – Warum also Zweifel?

Diese Seele, wenn einmal ohne den Körperstoß,

Dort im Freien, ein geschwächtes Ding,

Wenn man seine Hüllen abstreift, kann man es nicht ertragen

Nicht nur durch kein ewiges Zeitalter,

Aber auch nicht im Geringsten?

Warum ist dann auch der Intellekt niemals

Der beratende Geist, im Kopf gezeugt,

Die Füße, die Hände, statt still zu spalten

Zu einem einzigen Sitz, zu einem festen Aufenthaltsort, der Brust,

Andernfalls werden feste Plätze vergeben

Für die Geburt jedes Dings, wo jedes, wenn es erschaffen wird,

Ist in der Lage zu ertragen, und zwar unsere Rahmen

Habe so komplexe Anpassungen, dass es keine Verschiebung gibt

In welcher Reihenfolge dürfen unsere Mitglieder erscheinen?

In diesem Maße gelingt es der Wirkung, zu verursachen,

Es ist auch nicht üblich, dass die Flamme einmal entsteht

In fließenden Bächen zeugte keine Kälte im Feuer.

Außerdem, wenn die Natur der Seele unsterblich wäre,

Und in der Lage zu fühlen, wenn unser Rahmen getrennt ist,

Ich denke, dass es genauso sein muss

Mit fünf Sinnen ausgestattet – noch gibt es eine Möglichkeit

Aber das ist es, was wir uns vorstellen müssen

Wie Unterseelen in Acheron umherstreifen können.

Also Maler und die ältere Rasse der Barden

Habe mir Seelen mit so ausgestatteten Sinnen vorgestellt.

Aber weder Augen noch Nase noch Hände allein

Abgesehen vom Körper kann es für die Seele existieren,

Weder Zunge noch Ohren auseinander. Und daher tatsächlich

Allein mit sich selbst können sie weder fühlen noch sein.

Und da markieren wir den lebenswichtigen Sinn des Seins

Im ganzen Körper, alles ein Lebewesen,

Wenn plötzlich eine Kraft mit schnellem Schlag auftritt

Sollte es in der Mitte durchschneiden und in zwei Teile spalten,

Ohne Zweifel auch die Seele selbst,

Geteilt, getrennt, auseinander geworfen werden

Zusammen mit dem Körper. Aber was abgetrennt ist, ist

Und es spaltet sich tatsächlich in verschiedene Teile

Gibt zu, dass es keine ewige Natur besitzt.

Wir hören, wie Kriegswagen schreien

Mit wildem Gemetzel, mit blitzenden Sensen

Die Glieder so plötzlich weg, dass da,

Vom Stamm gefallen, zittern sie auf der Erde,

Während der Geist und die Kräfte des Mannes

Kann wegen der Schnelligkeit seines Schmerzes keinen Schmerz empfinden,

Und pure Hingabe im Eifer des Kampfes:

Mit dem Rest seines Rahmens sucht er

Wieder die Schlacht und das Gemetzel, noch Spuren

Wie die schnellen Räder und Sensen des Raben geschleppt haben

Weg mit den Pferden, sein linker Arm und sein Schild;

Auch sonst ist sein Recht verloren gegangen,

Immer wieder montieren. Ein dritter Versuch

Mit zerstückeltem Bein, um aufzustehen und aufzustehen,

Während, auf dem Boden dicht daneben, der sterbende Fuß

Zuckt mit den ausgespreizten Zehen. Und sogar der Kopf,

Als der warme und lebendige Stamm abgeschnitten wurde,

Hält die vitale Haltung auf dem Boden

Und öffne die Augen, bis es aufgegeben hat

Alle Überreste der Seele. Nein, noch einmal:

Wenn eine Schlange ihre Zunge hervorstreckt,

Und wenn du seinen Schwanz peitschst, hast du die beste Gelegenheit zu hauen

Mit der Axt den Stamm in viele Teile zerlegen,

Du wirst sehen, wie sich jedes abgetrennte Fragment windet

Mit seiner frischen Wunde und dem spritzenden Rasen,

Und dort der Vorderteil, der mit den Kiefern sucht

Nach dem Hindern, mit Biss, um den Schmerz zu stoppen.

Wir können also sagen, dass es sich dabei um ganze Seelen handelt

In all diesen Brüchen? – aber daraus würden sich zwei ergeben

Ein Geschöpf hätte im Körper viele Seelen.

Daher die Seele, die tatsächlich nur eine war,

Wurde auch mit dem Körper geteilt:

Jeder ist nur sterblich, denn jeder ist gleich

In viele Teile gehauen. Nochmals, wie oft

Wir sehen, wie unsere Mitmenschen nach und nach gehen,

Und verlor Glied für Glied den lebenswichtigen Sinn;

Erste Nägel und Finger der Füße werden blau,

Als nächstes sterben die Füße und Beine, dann der Rest

Kriechen Sie langsam die sicheren Schritte des kalten Todes.

Und da diese Natur der Seele zerrissen ist,

Auch nicht, wie einst, gänzlich davonfliegen,

Wir müssen es sterblich halten. Aber vielleicht

Wenn Sie davon ausgehen, dass die Seele selbst

Kann entlang des Rahmens nach innen gezogen und gebracht werden

Seine Teile sind an einem Ort zusammengefügt und so weiter

Von allen Mitgliedern den Sinn wegziehen,

Warum also dieser Ort, an dem solch ein Seelenbestand vorhanden ist?

Gesammelt wird, sollte es sinnvoller erscheinen.

Aber da es einen solchen Ort tatsächlich nirgendwo gibt,

Wie bereits gesagt, es ist zerrissen und verstreut,

Und so geht es unter. Oder nochmal, wenn jetzt

Ich bitte, das Falsche zu gewähren und diese Seele zu sagen

Kann daher in den Rahmen dieser zusammengefasst werden

Wer verlässt den Sonnenschein und stirbt Stück für Stück,

Dennoch muss die Seele als sterblich anerkannt werden;

Es spielt auch keine Rolle, ob man es kaputt machen soll,

Im Wind verstreut oder in einer Masse versammelt

Versinke aus all seinen Teilen in den brutalen Tod,

Da es in jeder Region immer mehr Sinn macht

Der ganze Mensch versagt und immer weniger Leben

In jeder Region verweilt.

Und ausserdem,

Wenn die Seele unsterblich ist und sich ihren Weg bahnt

In den Körper bei der Geburt des Menschen,

Warum können wir uns dann nicht an etwas erinnern?

An die bisher verbrachte Lebenszeit? Warum behalten wir es nicht?

Ein paar Fußabdrücke von den Dingen, die wir gemacht haben, alt?

Aber wenn sich die Kraft des Geistes so verändert hat,

Dass jede Erinnerung an getane Dinge

Ist weggefallen, auf keinen Fall mehr entfernt

Liegt das, glaube ich, daran, was wir unter Tod verstehen?

Darum ist es sicher, was vorher war

Ist gestorben, und was jetzt ist, ist jetzt erschaffen.

Darüber hinaus, wenn der Körper erst gebaut wurde

Es ist gewohnt, dass die lebendigen Kräfte unseres Geistes eingesetzt werden,

Gerade in dem Moment, in dem wir geboren werden,

Und über die Schwelle des Lebens zu gehen, würde kaum passen

Damit sie so leben, als würden sie wachsen

Zusammen mit Gliedmaßen und Körper, sogar im Blut,

Sondern eher wie in einer Höhle ganz allein.

(Dennoch ist der ganze Körper voller Sinne.)

Aber die öffentliche Meinung spricht dagegen:

Denn die Seele ist so durch die Adern verflochten,

Das Fleisch, die Knochen, sogar die Zähne

Anteil an Empfindungen, bewiesen durch dumpfen Schmerz,

Durch ein Stechen von eiskaltem Wasser oder durch reibendes Knirschen

Auf einem Stein, der mit Brot in den Mund geriet.

Deshalb muss wiederum an Seelen gedacht werden

Nicht ohne Geburt, noch frei vom Gesetz des Todes;

Auch wenn sie sich von außen nach innen ihren Weg schlängelten,

Könnte man davon ausgehen, dass sie in der Lage sind, sich zu spalten?

Zu diesen unseren Rahmen, noch, da sie so miteinander verwoben sind,

Es scheint, dass sie in der Lage sind, weiterzugehen

Unverletzt und ganz und unverletzt verlieren

Von allen Thews, Artikulationen, Knochen.

Aber wenn du vielleicht denkst, dass die Seele,

Von außen auf seine Weise gewunden, ist üblich

Um diese unserer Mitglieder zu versickern und zu durchnässen,

Dann wird es umso mehr zugrunde gehen, wenn es so ist

Mit Körper verschmolzen — für das, was sickert und durchnässt

Wird aufgelöst und wird daher sterben.

Genauso wie Nahrung, verteilt durch alle Poren

Vom Körper und durch die Gliedmaßen und den ganzen Körper,

Vergeht, indem es den Stoff aus sich selbst liefert

Für die andere Natur, also die Seele und den Geist,

Obwohl ganz und neu in einen Körper hineingeht,

Sind noch, indem sie einsickern, aufgelöst,

Während, wie durch Poren, der gesamte Rahmen dort hindurchgeht

Die Teilchen, aus denen es entsteht

Diese Natur des Geistes, jetzt Herrscher über unseren Körper,

Geboren aus dieser Seele, die bei der Teilung zugrunde ging

Entlang des Rahmens. Darum scheint diese Seele

Hat sowohl eine Geburts- als auch eine Beerdigungsstunde.

Außerdem sind dort Seelensamen zurückgeblieben

Im atemlosen Körper, oder nicht? Wenn es sie gibt,

Es kann nicht mit Recht als unsterblich angesehen werden,

Seitdem ist das, ohne einige verlorene Teile, verschwunden:

Aber wenn, getragen von unverdorbenen Mitgliedern,

„Das ist so absolut alle weg geflohen.“

Es hinterlässt keinen Rest von sich

Hinten im Körper, woher kommen dann die Kadaver?

Aus ihrem fauligen Fleisch atmen die Würmer aus,

Und woher kommt eine solche Masse an Lebewesen,

Knochenlos und blutleer über dem aufgedunsenen Körper

Blase und Schwarm? Aber wenn du es vielleicht denkst

Dass sich Seelen von außen in Würmer winden können,

Und jeder kommt in einen eigenen Körper,

Und bedenke nicht, warum viele tausend Seelen

Sammeln Sie, wo nur einer weggegangen ist,

Hier ist tatsächlich ein Punkt, der notwendig zu sein scheint

Anfrage und Probetraining:

Ob die Seelen auf die Jagd nach Samen gehen

Von Würmern, mit denen sie ihre Wohnstätten bauen,

Oder geben Sie Körper als „twere“ ein.

Aber warum sollten sie das tun und sich abmühen?

Das ist schwer zu sagen, denn da ich frei von Körper bin,

Sie huschen umher, von keiner Krankheit geplagt,

Weder Kälte noch Hungersnot; für die Körperarbeit

Durch mehr Verwandtschaft mit diesen Fehlern des Lebens,

Und der Geist leidet durch den Kontakt mit diesem Körper

So viele Übel. Aber gewähre es ihnen

Allerdings nützlich, um einen Körper zu konstruieren

Es ist klar, dass sie das nicht können.

Dann machen Seelen für sich selbst weder Rahmen noch Körper,

Es gibt auch keine Möglichkeit, wie sie einmal eintreten könnten

An fertige Körper – denn sie können es nicht

Sei schön mit demselben verwoben,

Und es wird kein Zusammenspiel der Sinne entstehen

Allen gemeinsam.

Nochmals: Warum gibt es das nicht?

Ungestüme Wut mit mürrischer Löwenrasse,

Und List mit Füchsen und Hirschen, warum gegeben

Die Angst und Fluchtneigung der Vorfahren,

Und warum, kurz gesagt, alle anderen Merkmale?

Von Beginn des Lebens an gezeugt

In den Mitgliedern und der Mentalität, wenn nicht

Weil eine gewisse Geisteskraft da war

Aus eigenem Saatgut und Züchtung entstehen die gleichen Wachse

Zusammen mit dem ganzen Körper? Aber waren Verstand

Unsterblich, wenn es seine Körper wechseln würde,

Wie verkehrt würden sich die Lebewesen auf der Erde verhalten!

Der Hyrcan-Hund würde vor dem Angriff fliehen

Vom geweihten Hirsch würde der huschende Habicht zittern

Entlang der Luftwinde bei der kommenden Taube,

Und die Menschen würden schwärmerisch sein, und die wilden Tiere würden weise sein;

Für falsch ist die Argumentation derer, die das sagen

Der unsterbliche Geist wird durch die Veränderung des Körpers verändert –

Denn was verändert wird, löst sich auf und stirbt daher.

Denn Teile werden neu entsorgt und verlassen ihre Ordnung;

Deshalb müssen sie auch fähig sein

Endlich die Auflösung durch den Rahmen,

Dass sie alle zusammen mit dem Körper zugrunde gehen.

Aber sollten einige sagen, dass es immer Seelen von Menschen gibt?

Gehe in menschliche Körper, ich werde fragen:

Wie kann aus einem Weisen eine dumme Seele werden?

Und warum ist ein Kind nie eine kluge Seele?

Und warum ist das Stutfohlen der Stute nicht so gut trainiert?

Als starke Kraft eines Rosses? Wir können sicher sein

Sie werden ihre Zuflucht in dem Gedanken dieses Geistes suchen

Wird ein Schwächling in einem Schwächlingsrahmen.

Doch sei dem so, es ist notwendig, es zu gestehen

Die Seele ist seitdem nur noch sterblich und jetzt so verändert

Im gesamten Bild verliert es Leben und Sinn

Das hatte es schon einmal. Oder wie kann der Geist stark werden?

Gleichermaßen mit Körper und Reichweite

Die ersehnte Blume des Lebens, es sei denn, es wäre eine

Der Kollege des Körpers in seinen Ursprüngen?

Oder was ist der Sinn dahinter?

Aus alten Gliedern? – fürchtet es sich vielleicht, zu bleiben,

In einem zerfallenen Körper eingeklemmt? Oder damit sein Haus nicht

Von der ehrwürdigen Länge der Tage erschöpft,

Kann es darauf stürzen? Aber tatsächlich

Für einen Unsterblichen gibt es keine Gefahren.

Wiederum bei Geburten der Wildnis

Und bei den Riten der Liebe sollten die Seelen stehen

Bereit in der Nähe scheint lächerlich genug —

Unsterbliche warten auf ihre sterblichen Gliedmaßen

In unzähligen Zahlen, die wie verrückt streiten

Welches soll zuerst und vor allem eintreten! —

Es sei denn, unter den Seelen gibt es welche

Solche Verträge legten fest, dass es die ersten waren, die kamen

Da wir fliegen, werden wir zuerst eintreten,

Und dass sie keine Machtkonkurrenz führen!

Noch einmal: Im Äther kann kein Baum existieren,

Keine Wolken in den Tiefen des Ozeans, noch auf den Feldern

Können Fische leben und Blut im Holz sein?

Noch Saft in Felsbrocken: fixiert und angeordnet

Wo alles wachsen und seinen Platz haben kann.

Daher kann die Natur des Geistes nicht allein entstehen

Ohne den Körper, noch in der Ferne existieren

Von Thews und Blut. Aber wenn es möglich wäre,

Viel eher könnte es diese Geisteskraft sein

Sei im Kopf, den Schultern oder den Fersen,

Und doch, egal wo, geboren

Im selben Mann, im selben Gefäß bleiben.

Aber da innerhalb dieses Körpers sogar von uns

Steht fest und wirkt sicher arrangiert

Wo Seele und Geist jeweils existieren und wachsen können,

Wir müssen leugnen, je mehr sie haben können

Dauer und Geburt, völlig außerhalb des Rahmens.

Denn wahrlich, der Sterbliche muss sich verbinden

Mit dem Ewigen und zum Vortäuschen fühlen sie sich

Zusammen und jeder kann mit jedem funktionieren,

Ist nur zu tun: für das, was man sich vorstellen kann

Ungleicher, widersprüchlicher, schlecht sortierter,

Dann schloss sich etwas Sterbliches einer Verbindung an

Mit einem Unsterblichen und einem Weltlichen

Um die ungeheuren Stürme zu ertragen?

Dann wieder,

Was auch immer ewig bleibt, muss in der Tat ewig bleiben

Entweder alle Schläge abwehren, denn es ist gemacht

Von festem Körper und ohne Zutritt

Von irgendetwas mit der Macht, von innen heraus zu spalten

Die Teile verdichten sich — ebenso wie diese Keime

Wessen Natur wir schon einmal gezeigt haben;

Oder aber in der Lage sein, die Zeit zu überdauern

Dafür: denn sie sind von Schlägen verschont,

Wie die Leere, die unberührt bleibt,

Lass dich von keinem Schlag entmutigen; oder auch weil

Es gibt keinen Platz umher, wo Dinge hingehen könnten,

Als wären alle in Auflösung gegangen, —

So wie die Summe der Summen ewig ist,

Ohne oder an einem Ort außerhalb dessen, wohin die Dinge gehen könnten

Zertrenne Fliegen oder Körper, die schlagen können,

Und so löse sie durch die Schläge der Macht auf.

Aber wenn möglich, muss die Seele beurteilt werden

Unsterblich, hauptsächlich auf der Erde wird es sicher aufbewahrt

In Lebenskräften – entweder weil sie kommen

Niemals Dinge, die seinem Wohl feindlich gesinnt sind,

Oder sonst, weil das, was kommt, irgendwie in den Ruhestand geht,

Abgestoßen oder bevor wir den Schaden spüren, den sie anrichten,

---

Denn siehe da, außerdem, wenn der Körper krank ist,

Auch die Seele wird krank, oft kommt es,

Das, was es mit den Dingen quält, die sein werden,

Hält es in Angst und ermüdet es mit Sorgen;

Und selbst wenn böse Taten der Vergangenheit angehören,

Ich nage immer noch bitterlich an den alten Verfehlungen.

Hinzu kommt die dem Geist eigentümliche Raserei,

Und dieses Vergessen der Dinge, die waren;

Hinzu kommt das Eintauchen in die trüben Wellen

Von Schläfrigkeit und Erstarrung.

Torheit der Angst vor dem Tod

Deshalb Tod für uns

Ist nichts und geht uns auch nichts an,

Denn die Natur des Geistes ist für immer sterblich.

Und genau wie in längst vergangenen Zeiten

Wir fühlten uns nicht schlecht, wenn alle Seiten uns umgaben

Zum Kampf kam das karthagische Heer,

Und die Zeiten, erschüttert von turbulenten Kriegen,

Unter den luftigen Küsten des gewölbten Himmels

Schauderte und zitterte die ganze Menschheit

Es besteht kein Zweifel daran, dass das Kaiserreich fallen sollte

Zu Land und zu Wasser, also wenn wir nicht mehr sind,

Wann kommt die Trennung unseres Körpers und unserer Seele?

Durch die wir zu einem einzigen Staat geformt werden,

Wahrlich, nichts für uns, wir dann nichts mehr,

Kann passieren, dann bewegt nichts unsere Sinne –

Nein, nicht wenn die Erde mit dem Meer verwechselt wäre,

Und Meer mit Himmel. Aber wenn es tatsächlich so ist

Die Natur des Geistes und die Energie der Seele,

Nach ihrer Trennung von unserem Körper,

Doch nichts liegt an uns, die in den Fesseln sind

Und die Ehe der Seele und des Körpers lebt,

Dadurch werden wir zu einem einzigen Staat geformt.

Und selbst wenn die Zeit nach dem Tod gesammelt wird

Die Sache mit unseren Rahmen und dem Set ist alles

Wieder an Ort und Stelle wie jetzt, und wenn wieder

Uns wurde das Licht des Lebens gegeben, oh doch

Auch dieser Vorgang würde uns überhaupt nichts angehen,

Wenn einmal die Selbstnachfolge unseres Sinnes

Wurde auseinander gebrochen. Und jetzt und hier,

Wenig genug sind wir mit uns selbst beschäftigt

Wir waren vorher noch in Bezug auf sie,

Leiden Sie unter schmerzhafter Not. Denn solltest du schauen

Rückwärts durch alle Gestern der Zeit

Das Unermessliche, der Gedanke, wie vielfältig

Die Bewegungen der Materie sind, dann könntest du wohl

Auch dies ist zu verdanken: oft genau diese Samen

(Von dem wir heute sind) wurden von früher festgelegt

In der gleichen Reihenfolge wie heute –

Doch daran können wir uns nicht erinnern

Durch den erinnernden Geist. Denn es hat gegeben

Eine dazwischenliegende Lebenspause, und zwar weit

Sind alle Bewegungen überall hin gewandert?

Aus diesen unseren Sinnen. Denn wenn Weh und Not

Vielleicht geht es dann um den Mann, um den es sich handelt

Der Fluch kann passieren, wenn er selbst da ist

Zur gleichen Zeit. Aber der Tod verhindert dies,

Demjenigen das Leben zu verbieten, an den er sich drängen könnte

So viel Ärger und Fürsorge; und vorausgesetzt, es ist zu wissen:

Der Tod hat für uns nichts zu befürchten,

Kein Elend für den, der nicht mehr ist,

Das gleiche Anwesen, als ob es noch nie zuvor geboren worden wäre,

Wenn der unsterbliche Tod das sterbliche Leben angenommen hat.

Daher, wo du einen Mann siehst, der trauert

Wenn er tot ist, verrottet er mit weggelegtem Körper,

Oder in Flammen oder im Rachen der Bestien umkommt,

Wisse wohl: Er klingt nicht wahr, und das darunter

Wirkt immer noch einen unsichtbaren Stich in sein Herz,

Er bestreitet jedoch, dass er daran glaubt.

Er wird ein Gefühl nach dem Tod haben.

Denn er, glaube ich, gewährt nicht, was er sagt,

Auch nicht, was das voraussetzt, und er scheitert

Sich selbst mit all seinen Wurzeln aus dem Leben zu reißen

Und wirf dieses Selbst weg, ganz ohne es zu merken

Ich tue so, als wäre noch etwas übriggeblieben.

Denn wenn man sich im Leben ein Bild von sich selbst macht

Sein Körper wurde von Tieren und Geiern zerrissen,

Er hat Mitleid mit seinem Zustand und spaltet sich nicht

Davon entfernt reicht das Selbst nicht aus

Vom Körper weggeschleudert, imaginär

Er selbst ist dieser Körper und projiziert sich dorthin

Sein eigener Sinn, wie er daneben steht: daher

Er trauert darüber, dass er als Sterblicher geboren wurde und keine Spuren hinterlassen hat

Dass es im wahren Tod kein zweites Selbst gibt

Lebendig und in der Lage, um die Selbstzerstörung zu trauern,

Oder stehen Sie da und beklagen Sie, dass das Selbst dort liegt

Verstümmelt oder brennend. Denn wenn es ein Übel ist

Tot, um mit Kiefer und Fangzähnen hin und her gerissen zu werden

Von den wilden Tieren verstehe ich nicht, warum sie es nicht waren

Bitter, auf Feuern zu liegen und in Flammen zu braten,

Oder in Honig ersticken und sich zurücklehnen

Auf dem glatten Rechteck einer eisigen Platte,

Bei Kälte steif werden oder unter der Last der Erde sinken

Von oben herabstürzend.

„Dich jetzt nicht mehr

Das fröhliche Haus und die besten Ehefrauen werden willkommen heißen,

Auch kleine Söhne rennen nicht herbei, um sich ihre Küsse zu schnappen

Und berühre mit stiller Freude dein Herz.

Du sollst deine Unternehmungen nicht schneller machen,

Sei auch nicht mehr der Wächter deines Eigentums.

„Armer Kerl“, sagen sie, „eine feindselige Stunde hat gedauert.“

Elend von dir die vielen Guerdons des Lebens,

Aber füge nicht hinzu: „Noch nicht länger zu dir.“

Bleibt für sie ein Überbleibsel der Sehnsucht“

Wenn dies der Fall ist, nehmen sie es nur gut mit dem Verstand wahr

Und gefolgt von Maximen: Sie würden befreien

Ihr Zustand des Menschen aus Angst und Angst.

„O so wie du hier bist, ein Schlummer im Tod,

So sollst du den Rest der Zeit schlafen,

Von jedem quälenden Schmerz befreit. Aber wir,

Wir haben dich mit unersättlichem Leid geweint,

Neben ihm stehen, während er auf dem schrecklichen Scheiterhaufen liegt

Du wurdest zu Asche; und kein Tag soll vergehen

Für uns der ewige Kummer aus der Brust.“

Aber fragen Sie den Trauernden, was die Bitterkeit ist

Dieser Mann sollte in ewiger Trauer versinken,

Wenn es am Ende doch nur um Schlaf und Ruhe geht?

Denn wenn die Seele und der Körper zusammen sinken

Im Schlaf fordert dann niemand mehr sein Selbst

Oder Sein. Nun, dieser Schlaf kann für immer sein,

Ohne den Wunsch nach mehr Selbstheit,

Für alles, was uns wichtig ist, schlafen wir.

Doch das tun diese Urkeime ganz und gar nicht

Streife um unsere Mitglieder herum, damals, aus der Ferne

Aus ihren eigenen Bewegungen, die unsere Sinne hervorrufen —

Seitdem wird er aus dem Schlaf aufgeschreckt, ein Mann

Sammelt seine Sinne. Der Tod ist also für uns

Viel weniger — wenn es weniger geben kann

Was selbst ein Nichts ist: denn es kommt

Hart nach dem Tod eine noch größere Zerstreuung

Von der Masse der Materie, und kein Mensch wacht auf

Auf wen fällt einst die eisige Pause des Lebens?

Auch dies sagen die Menschen oft aus tiefstem Herzen:

Entlang ihrer Sofas hielten sie die Tassen in der Hand,

Mit Gesichtern, die von frischen Kränzen beschattet werden:

„Kurz ist diese Frucht der Freude für den armseligen Menschen,

Bald, bald abgereist, und danach, nein,

Es darf nicht zurückgerufen werden." — Als ob

Es war der Höhepunkt ihres Übels im großen Tod

Austrocknen, arme Zungen, vor Durst und dürrer Dürre,

Oder sich über einen Mangel ärgern.

Noch einmal, wenn die Natur

Sollte plötzlich eine Stimme ins Ausland senden,

Und sie selbst schimpft so gegen uns:

„Sterblicher, was hast du denn so ernste Sorgen?"

Dass du allzu kränklichen Klagen nachgehst?

Warum dieser klagende und weinende Tod?

Denn wenn dein Leben vorher und hinter dir liegt

Dir war dankbar und nicht alles Gute

Wurde wie in einem Sieb gehäuft, damit es abfließen konnte

Und vergeblich zugrunde gehen, warum nicht,

Verlasse, gleich einem Bankettgast, die Säle,

Voller Leben? warum nicht mit Gedankeninhalten

Nimm dir jetzt, du Narr, deine unbetrübte Ruhe?

Aber wenn das, was du genossen hast, gewesen ist

Verschwendet und verloren, und das Leben ist jetzt eine Beleidigung,

Warum mehr hinzufügen wollen — was wiederum?

Wird schändlich zugrunde gehen und vergebens scheitern?

O warum nicht lieber dem Leben ein Ende setzen,

Von der Arbeit? Für alles, was ich mir ausdenken oder finden kann

Dich zu erfreuen ist nichts: Alle Dinge sind es

Für immer das Gleiche. Obwohl noch nicht dein Körper

Falten im Laufe der Jahre, noch ist der Rahmen abgenutzt

Abgenutzt bleibt alles beim Alten, auch wenn

Du wirst alle Zeiten erobern

Mit der Länge der Tage, ja, wenn du nie stirbst"—

Was wäre unsere Antwort, aber die Natur hier

Drängt einfach nach Bedarf und legt sich in ihre Worte

Wahrer Klagegrund? Doch sollte man sich beschweren,

Reifer in Jahren und älter und klagend,

Armer Teufel, sein Tod ist schmerzlicher, als es sich ziemt,

Dann würde sie nicht mit größerem Recht auf ihn losgehen

Schreien Sie und schimpfen Sie mit schrillerer Stimme:

„Weg mit deinen Tränen und ersticke dein Jammern, Trottel!

Du runzligst — nachdem du die Summe gehabt hast

Von den Guerdons des Lebens; doch, da du dich jemals danach sehnst

Was nicht zur Hand ist, das gegenwärtige Gute verachtend,

Dieses Leben ist unvollkommen entglitten

Und nutzlos für dich. Und nun,

Oder bevor du es erraten hast, der Tod neben deinem Kopf

Steht – und bevor du nach Hause gehen kannst

Gesättigt und beladen mit dem schönen Festmahl.

Aber nun gib alles auf, was deiner Zeit fremd ist, –

Auf, mit gutem Gewissen! Mach Platz für Söhne: Du musst."

Ich vermute, dass sie zu Recht so argumentieren würde:

Mit Recht schimpfen und gürten: seit jeher

Verdrängt durch das Neue gibt nach, und zwar immer

Das Eine vom Anderen wird repariert.

Auch wird kein Mensch in den Abgrund geworfen

Von Tartarus, dem Schwarzen. Denn Sachen müssen sein,

Dass so die Nachgenerationen wachsen, –

Obwohl diese, ihr Leben vollendet haben, dir folgen;

Und so sind alle Generationen gleich dir –

Bereits gefallen, oder irgendwann wird es noch fallen.

So erhebt sich immer eins aus dem anderen;

Und im einfachen Leben wird niemandem gegeben,

Sondern bei allem bloßem Nießbrauch.

Zurückschauen:

Für uns war nichts völlig ausgeschlossen

Von der ewigen Zeit, bevor wir geboren wurden.

Und die Natur hält dies wie einen Spiegel vor

Von der Zeit, wenn wir tot und verschwunden sind.

Und was sieht da so schrecklich aus?

Was ist nun so traurig an der ganzen Sache?

Ist die Ferne nicht ruhiger als jeder Schlaf?

Und wahrlich, diese Folterungen sollen es sein

In Acheron, der Tiefe, gehören sie alle uns

Hier in diesem Leben. Kein Tantalus, betäubt

Mit grundlosem Terror, wie die Fabeln erzählen,

Fürchtet sich vor dem riesigen Felsbrocken, der in der Luft hängt:

Sondern im Leben eine leere Angst vor Göttern

Drängt auf die Sterblichkeit, und jeder fürchtet sich

Solch ein Schicksalsschlag kann ihm passieren.

Fressen Sie die Geier auch nicht in Tityus

Niederwerfen in Acheron, noch können sie finden,

Wahrlich, im Laufe der ewigen Zeitalter, irgendetwas

Um in dieser mächtigen Brust herumzuschnüffeln.

Wie sehr er auch seine Masse ausdehnt –

Wer hat für ausgebreitete Gliedmaßen nicht neun Hektar,

Aber die ganze Erde – er wird es nicht können

Um ewigen Schmerz zu ertragen und keine Nahrung bereitzustellen

Aus seinem eigenen Rahmen für immer. Aber für uns

Ein Tityus ist der, den die Geier zerreißen

In Liebe niedergeworfen, den die ängstliche Angst auffrisst,

Wer kümmert sich um alle unbefriedigten Wünsche?

Zerreißen Sie den Riss. Wir haben es vor Augen

Hier in diesem Leben auch ein Sisyphos

In dem, der das Volk sucht

Die Stäbe, die Äxte fielen und immer mehr

Geht als geschlagener und düsterer Mann in den Ruhestand.

Denn nach Macht streben – ein leerer Name,

Überhaupt nicht gegeben – und niemals auf der Suche

Eine Welt voller Mühen zu ertragen, oh das ist es

Mit der Schulter einen Stein den Hügel hinaufschieben

Was doch von ganz oben zurückrollt,

Und kopfüber strebt er nach Ebenen der Ebene.

Dann um immer einen undankbaren Geist zu nähren,

Sich mit guten Dingen füllen, niemals befriedigen —

So wie es für uns die Jahreszeiten sind,

Wenn sie zurückkehren und ihre Nachkommen mitbringen

Und vielfältige Reize, und wir werden nie satt

Mit den Früchten des Lebens — O das, glaube ich, ist es

Um zu gießen, wie die jungen Jungfrauen im Märchen,

Gießen Sie Wasser in ein Sieb, das für immer ungefüllt bleibt.

Cerberus und Furien und dieser Mangel an Licht

Tartarus, der die Woge aus seinem Mund sprudelt

Von schrecklicher Hitze — die gibt es nirgendwo und auch nicht

Ja, das kann sein: Aber in diesem Leben ist Angst

Von gerechter Vergeltung und Sühne

Für böse Taten: der Kerker und der Sprung

Von diesem schrecklichen Felsen der Schande, den Streifen,

Die Henker, das Eichengestell,

Die Eisenplatten, das Bitumen und die Fackel.

Und auch wenn diese fehlen, so ist doch der Geist,

Mit einem furchtsamen Gewissen übt er seine Anstacheln aus

Und brennt unter der Peitsche und sieht inzwischen nichts mehr

Welches Ende der Übel, welches Ende der Kiefer

Kann immer sein und fürchtet, dass es dasselbe sei

Aber werde nach dem Tod schwerer. Der Wahrheit,

Das Leben der Narren ist Acheron auf Erden.

Das gilt manchmal auch für dich selbst

Du darfst wiederholen: „Seht, auch der gute Ancus ist noch übrig."

Der Sonnenschein mit seinen Augen, in verschiedenen Dingen

Ein besserer Mann als du, oh wertloser Hintern;

Und viele andere Könige und Herren der Herrschaft

Danach sind sie untergegangen, einst wer schwankte

O'er mächtige Völker. Und er auch, er —

Wer hat eine Straße zum Meer hin gepflastert?

Und gab seinen Legionären Durchgang

Entlang der Tiefe und lehrte sie, wie man sie überquert

Die Salzlaken zu Fuß und die Verachtung,

Mit seiner Kavallerie darauf herumtrampeln,

Das Brüllen des Ozeans erfüllte seine Seele

Aus dem sterbenden Körper, als sein Licht aufgenommen wurde.

Und Scipios Sohn, der Blitz des Krieges,

Horror von Karthago, gab seine Knochen der Erde,

Wie zum niedrigsten Bösewicht im Haus.

Fügen Sie Finder aus Wissenschaft und Kunst hinzu;

Fügen Sie Kameraden der Heliconian-Damen hinzu,

Unter ihnen Homer, mit Zepter über sie alle,

Liegt jetzt im Schlaf, versunken mit den anderen.

Dann auch Demokrit, als das Feld reifte

Ermahnte ihn, dass sein Gedächtnis nachließ,

Aus eigenem Antrieb opferte er seinen Kopf dem Tod.

Sogar Epikur ging, sein Licht des Lebens

Lauf raus, der geniale Mann, der es geschafft hat

Die Menschheit löscht alle anderen aus,

Als Sonne, im Äther entstanden, alle Sterne.

Willst du denn, Tally, du dich beschweren, zu gehen? —

Für wen das Leben schon so gut wie tot ist,

Während du noch lebst und schaust? – wer im Schlaf?

Verschwende dein Leben – die Zeit ist der größte Teil und das Schnarchen

Selbst wenn man wach ist und nicht aufhört zu sehen

Der Stoff, aus dem Träume sind, und erträgt einen geplagten Geist

Durch unbegründeten Terror, noch oft entdeckt

Was ist los mit dir, wenn du wie ein besoffener Kerl

Du wirst von vielen drängenden Sorgen gedrängt,

Und die Wandersten schwanken umher, mit schwimmendem Geist.

Bei Männern auf die gleiche Weise wie im Geiste

Sie spüren die Last, die durch ihr Gewicht ermüdet,

Könnte auch die Ursachen kennen, woher es kommt,

Und warum ist der Haufen an Übel im Herzen so groß,

O nicht so würden sie ihr Leben leben,

Wie jetzt sehen wir sie so oft, ohne es zu wissen

Was wollen sie und suchen immer und ewig?

Ein Ortswechsel, als wollte man die Last fallen lassen.

Der Mann, der von zu Hause krank wird, geht hinaus,

Aus seinen prächtigen Hallen und geradeaus – kehrt zurück,

Ich habe das Gefühl, dass es mir im Ausland nicht besser geht.

Er rast und treibt seine gallischen Ponys voran,

Runter zu seiner Villa, wahnsinnig, wie in Eile

Um einem brennenden Haus schnell Hilfe zu leisten. – Sofort

Er gähnt, sobald sein Fuß die Schwelle berührt,

Oder er schläft schläfrig ein und sucht

Vergesslichkeit oder vielleicht Hektik

Und macht sich wieder auf den Weg in die Stadt. Derart

Jeder Mensch flieht vor sich selbst – einem Selbst in Wahrheit,

Wie es der Zufall will, kann er auf keinen Fall entkommen;

Und wohl oder übel hält er daran fest und verabscheut es,

Krank, krank, und ich weiß nicht, was die Ursache des Leidens ist.

Doch sollte er nur das sehen, oh hauptsächlich dann,

Er ließ alles andere beiseite und widmete sich dem Wahrsagen

Die Natur der Dinge steht hier zur Debatte

Ewige Zeit und nicht die einzelne Stunde,

Der Nachlass der Sterblichen in allem, was übrig bleibt

Nach großem Tod.

Und auch, wenn alles gesagt ist,

Was für eine böse Lebenslust ist das so groß

Unterwirft uns das Leben, so schrecklich verstört

In Gefahren und Alarm? ein festes Ende

Das Leben bleibt für die Sterblichkeit;

Den Tod kann man nicht meiden, und wir müssen ihm entgegengehen.

Außerdem sind wir mit den gleichen Geräten beschäftigt,

Immer und ewig, und wir sind immer bei ihnen,

Und es gibt keine neue Freude, die gefälscht werden könnte

Indem wir weiterleben. Aber während das, wonach wir uns sehnen

Fehlt, das scheint vor allem gut zu sein;

Danach, wenn wir es berührt haben, etwas anderes

Wir sehnen uns danach; immer ein gleicher Lebensdurst

Ergreift uns mit offenem Mund. Und es ist zweifelhaft, was für ein Glück es ist

Die zukünftigen Zeiten mögen es bringen, oder was auch immer

Diese Chance könnte bringen, oder was das nächste Problem sein wird

Erwartet uns. Auch nicht durch Lebensverlängerung

Entferne uns am wenigsten von der Zeit des Todes,

Wir können uns auch keinen Moment entgehen lassen, wobei

Um die Äonen unseres Todeszustandes zu verkürzen.

Deshalb, oh Mensch, erfülle, indem du weiterlebst

So viele Generationen wie möglich:

Der ewige Tod wird noch warten;

Und er, der mit dem Licht von gestern gestorben ist

Es wird keine kürzere Zeit geben, in der der Tod nicht mehr existiert

Als der, der Monate oder Jahre zuvor gestorben ist.

Buch IV

EINLEITUNG

Ich wandere umher und gedeihe in festen Gedanken,

Durch unberührte Orte der Pieriden,

Auf Schritten von niemandem zuvor getreten. Ich freue mich

Dorthin zu unbefleckten Quellen zu kommen,

Um sie tief zu entleeren; Es macht mir Freude, neue Blumen zu pflücken,

Dafür suche mein Haupt eine Signalkrone

Aus Regionen, wo die Musen noch nie waren

Habe die Schläfen eines Mannes mit Girlanden geschmückt:

Erstens, da ich über mächtige Dinge lehre,

Und los geht's direkt um den Verstand herum

Die gespannten Windungen der Angstreligion;

Als nächstes rahme ich Themen ein, die so düster sind

Das Lied ist so durchsichtig, durch und durch berührend

Sogar mit dem Charme der Musen – der, wie es scheint,

Nicht ohne triftigen Grund:

Denn als Ärzte, wenn sie geben wollen

Junge Jungs berühren zuerst den ekelerregenden Wermut

Den Rand rund um die Tasse mit dem süßen Saft füllen

Und Gelb des Honigs, damit das so ist

Das gedankenlose Alter der Knabenzeit soll beschwichtigt werden

Bis zu den Lippen, und währenddessen herunterschlucken

Der bittere Trank des Wermuts, und obwohl getäuscht,

Lassen Sie sich jedoch nicht nur täuschen, sondern auch so

Mit wiederhergestellter Gesundheit wieder stark werden:

So, jetzt auch ich (da dies meine Lehre scheint

Im Allgemeinen etwas traurig für diejenigen

Wer hatte es nicht in der Hand und da die Menge

Fängt entsetzt davon zurück) gewünscht habe

Dir unsere Lehre in Liedern darzulegen

Leise sprechend und Pierianisch, und wie 'twere'

Um es mit dem süßen Honig der Muse zu berühren —

Wenn es mit dieser Methode möglich wäre, könnte ich halten

Der Geist von dir auf diesen Zeilen von uns,

Bis du die Natur aller Dinge lernst

Und verstehe ihren Nutzen.

EXISTENZ UND CHARAKTER DER BILDER

Aber da habe ich ja schon welche Art unterrichtet

Die Samen aller Dinge sind und wie unterschiedlich

In mannigfacher Form flitzen sie von selbst umher,

Gerührt mit einer ewigen Bewegung,

Und in welcher Weise werden die Dinge aus ihnen erschaffen,

Und da ich gelehrt habe, was die Natur des Geistes ist,

Und was es mit dem Body-Strick auf sich hat

Und gedeiht in Stärke und auf welche Weise auch immer

Dieser Geist kehrt zu seinen Ursprüngen zurück,

Jetzt werde ich eine Argumentation unternehmen –

Einer für diese Angelegenheiten von größter Bedeutung –

Dass es die Etwas gibt, die wir nennen

Die Bilder der Dinge: Diese mögen Filme

Abgeschuppt vom Äußersten der Dinge,

Flitze hin und her durch die Atmosphäre,

Und das Gleiche erschreckt unseren Intellekt,

Kommt über uns im Wachen oder im Schlaf,

Wenn wir oft auf wundervolle, seltsame Formen blicken

Und Bilder von Menschen, denen das Licht fehlt,

Die uns oft furchtbar erregt haben, wenn wir lagen

Im Schlaf – das dürfen wir hoffentlich nie mehr tun

Angenommen, dass Seelen aus Acheron freikommen,

Oder Schatten schweben zwischen den Lebenden,

Oder irgendetwas von uns bleibt beim Tod zurück,

Wenn Körper und Geist gemeinsam zerstört werden

Zurück zu seinen eigenen Ursprüngen verschwindet.

Und so sage ich, dass Abbilder von Dingen,

Und zarte Formen aus den Dingen werden gesendet,

Vom Äußersten außerhalb der Dinge,

Die wie Filme sind oder als Schwarte bezeichnet werden können,

Weil das Bild Aussehen und Form gleicht

Womit auch immer der Körper es abgeworfen hat, flatternd –

Eine Tatsache, die du magst, wie stumpf dein Verstand auch sein mag,

Wir lernen daraus: vor allem, weil wir sehen

Es gibt sogar viele sichtbare Objekte

Das sendet Körper aus, einige davon lose –

Wie Rauch von Eichenstämmen und Hitze von Feuern –

Und noch mehr verwoben und verdichtet –

Wie bei den Heuschrecken im Sommer

Ziehen Sie ihre glänzenden Tuniken oder Waden aus

Bei der Geburt fallen Membranen von der Körperoberfläche ab,

Oder wenn die schlüpfrige Schlange wieder abfällt

Seine Gewänder sind unter den Dornen – denn oft sehen wir

Die Breres verstärkten sich mit ihrer fliegenden Beute:

Da dies geschieht, ist es auch sicher

Dass zarte Bilder von Dingen gesendet werden,

Vom Äußersten außerhalb der Dinge.

Denn warum sollten solche Menschen fallen und sich von den Dingen trennen?

Anstatt andere dürftig und dünn,

Der Mensch hat keine Macht, den Mund aufzutun, um es zu sagen;

Vor allem, da es sich um äußerliche Dinge handelt

Gibt es viele und winzige Körper, die

In der gleichen Reihenfolge wie zuvor,

Und mit der Erhaltung ihrer Gestalt,

Ins Ausland geworfen werden, und zwar viel schneller,

Weniger Hindernissen ausgesetzt sein,

Nur wenige Exemplare und an der Vorderseite platziert.

Für wirklich viele Dinge sehen wir Entladung

Ihr Zeug im Großen und Ganzen, nicht nur im Kern

Tief im Inneren verwurzelt, wie wir oben gesagt haben,

Aber von ihren Oberflächen zuweilen nicht weniger —

Auch ihre Farben. Und häufig

Die Markisen, Safran, Rot und Dunkelblau,

In mächtigen Theatern über uns ausgestreckt,

Auf ihren flatternden Stangen und Querbalken,

Habe eine solche Aktion durchaus; denn dort färben sie

Und lassen Sie jeden ihrer Farbtöne wellen

Die umkreiste Menge unten und die ganze Bühne,

Und reiche Kleidung auf den Patriziersitzen.

Und umso mehr die dunklen Wände des Theaters

Um sie herum geschlossen, umso mehr alle Dinge in ihnen

Lache in der hellen Mischung seltsamer Glitzer,

Das Tageslicht wird zurückgezogen. Und deshalb, seitdem

Dadurch geben die Leinwandbehänge ihre Farbe ab

Oberflächlich betrachtet müssen die Dinge im Allgemeinen so sein

Ebenso entladen sich ihre zarten Bildnisse,

Denn in beiden Fällen sind sie abgeworfen

Von außerhalb der Oberfläche. Es gibt sie also tatsächlich

So bestimmte Abdrücke und Formenreste

Die umherfliegen, von feinster Textur,

Unsichtbar, wenn getrennt, jedes einzelne.

Wieder alles Gestank, Rauch und Hitze und so weiter

Ströme diffus aus den Dingen, weil,

Während es aus den Tiefen des Körpers kommt

Und sie erheben sich auf ihrem kurvenreichen Weg

Sie sind auseinandergerissen, und ihre Tore sind nicht gerade

Um sich zu versammeln und im Ausland zu kämpfen.

Aber im Gegenteil, wenn ein so dürftiger Film

Von außen wird die Farbe abgeworfen, da ist nichts

Kann es zerreißen, da es an der Vorderseite platziert ist

Griffbereit. Zum Schluss diese Bilder

Was unseren Augen im Spiegel erscheint,

Im Wasser oder auf einer glänzenden Oberfläche,

Muss sein, da die Dinge mit ähnlichem Aussehen ausgestattet sind,

Hergestellt aus Bildern von verschickten Dingen.

Es gibt also zarte Abbilder von Formen,

Wie sie, die niemand ahnen kann

Wenn man sie einzeln nimmt, die doch etwas zurückgeben,

Bei anhaltender und wiederkehrender Entladung

Ausgestoßen, ein Bild aus der Spiegelebene.

Anders, so scheint es, können sie auch nicht gehalten werden

So gut erhalten, dass es zurückgegeben werden muss

Figuren mögen jedes Objekt so.

Nun denn, lernen Sie

Wie dürftig ist die Natur eines Bildes?

Und erstens, da es Urformen gibt

So weit unter unseren Sinnen und noch viel weniger

E'en als jene Objekte, die anfangen zu wachsen

Zu klein, als dass die Augen es bemerken könnten, lernen Sie es jetzt in wenigen Schritten

Wie schön sind die Anfänge aller Dinge –

Dass dies auch ich noch als Beweis bestätigen darf:

Erstens sind Lebewesen manchmal so klein

Dass nicht einmal ihr dritter Teil zu sehen ist;

Beurteilen Sie also die Größe jedes inneren Organs –

Was ist mit ihrem kugelförmigen Herzen, ihren Augen, ihren Gliedmaßen?

Das Skelett? – Wie winzig sind sie doch!

Und was außer diesen ersten Teilchen?

Woher müssen Seele und Geist geformt sein? – Siehst du nicht

Wie schön und wie minutenlang? Außerdem, was auch immer

Aus seinem Körper strömt ein scharfer Geruch aus –

Der ekelerregende Absinth oder das Allheilmittel,

Kräftiges Südholz oder bitteres Tausendgüldenkraut –

Wenn auch nie so leicht mit deinen [Fingern] beiden

Vielleicht berührst du einen von ihnen

Warum dann nicht lieber diese Bilder kennen?

Flitze hierhin und dorthin, viele, auf viele Arten,

Körperlos und unsichtbar?

Aber damit nicht

Glücklicherweise hältst du diese Bilder

Die von Gegenständen stammen, sind die einzigen, die umherflattern,

Andere geschehen tatsächlich aus eigenem Antrieb

Gezeugt, selbstgebildet im luftigen Himmel der Erde,

Die, zu unzähligen Formen geformt,

Werden in die Höhe getragen und, so fließend sie auch sind,

Hören Sie auf, Ihr Aussehen nicht zu verändern und sich umzudrehen

In neue Umrisse aller möglichen Formen;

Während wir sehen, werden die Wolken in der Höhe immer dichter

Und verspotte die heitere Vision der Welt,

Mit Bewegungen die Luft streicheln. Denn oft werden sie gesehen

Die Gesichter der Riesen fliegen weit

Und eine Schattenausbreitung hinter sich herziehend; und manchmal

Die mächtigen Berge und von Bergen zerrissenen Felsen

Vor der Sonne hingehen und sie überqueren,

Daraufhin schleppt ein monströses Biest das Haupt hinter sich her

Und führend in den anderen Gewitterwolken.

Hören Sie nun, wie einfach und schnell sie sind

Entstanden und fließt fortwährend ab

Von den Dingen und dem Gleiten vergehen....

Für immer strömt alles Draußen davon

Von allen Gegenständen, da sie entladen können;

Und wenn dieses Außen andere Dinge erreicht,

Da es hauptsächlich aus Glas besteht, dringt es hindurch; aber wo

Es erreicht die rauen Felsen oder Holzstücke,

Die Miete ist so groß, dass sie nichts zurückgeben kann

Ein Bild. Aber wenn glänzende Objekte dicht sind,

Da ihm vor allem Spiegel vorgesetzt wurden,

Nichts dergleichen passiert. Denn das geht nicht

Gehen Sie wie durch Glas, noch zerreißt es – seine Sicherheit,

Aufgrund dieser Geschmeidigkeit, sicher sein.

Daher stammen von ihnen die Bilder

Streamen Sie zurück zu uns; und wieso plötzlich

Du platzierst jederzeit und überall etwas

Vor einem Spiegel zeigt sich ein Bild;

Das jemals von der Oberfläche eines Körpers aus beweisen

Fließen Sie von dünnen Texturen und dünnen Formen von Dingen ab.

So viele Bilder in kurzer Zeit

Sind geschlechtsspezifisch; so wird ihr Ursprung benannt

Zu Recht ein Speedy. Und sogar wie die Sonne

Muss in kurzer Zeit nach unten zur Erde geschickt werden

So viele Balken, um alles so voll zu halten

Von unaufhörlichem Licht; also, aus denselben Gründen,

Von den Dingen muss in vielerlei Hinsicht getragen werden,

Zu jeder Viertelrunde, im Moment,

Die vielen Bilder der Dinge; Weil

Welchem Gesicht auch immer wir uns zuwenden

Der Spiegel, Dinge in Form und Farbe gleich

Antworten. Außerdem ist es nur einen Moment her

Am ruhigsten war das Wetter am Himmel,

So plötzlich ist es widerlich dick

Damit ihr vielleicht denkt, das sei alles Unklare

Hatte sich von Acheron getrennt und erfüllt

Die mächtigen Gewölbe des Himmels – so schmerzlich,

Als sich so die grausige Nacht der Sturmwolken sammelt,

Hängen Gesichter des schwarzen Grauens in der Höhe –

Wie klein ein Teil eines Bildes ist

Es gibt nichts, was man mit Worten sagen oder abschätzen könnte.

Komm jetzt; mit welcher schnellen Bewegung werden sie getragen,

Diese Bilder und was die Geschwindigkeit zugewiesen hat

Zu ihnen über die Brisen hinweg, die weiterschwimmen –

So dass über weite Strecken eine kleine Stunde reicht

Allein ist verschwendet, egal in welche Region

Jeder mit seinem unterschiedlichen Impuls tendiert – ich werde es sagen

In Versen, die süßer sind als viele andere;

Auch wenn die leichte Schwanennote bei weitem besser ist

Dann zerstreute sich das Geschrei der Kräne

Unter den luftigen Wolken des Südwinds. Und zuerst,

Man kann oft sehen, dass Objekte leicht sind

Und aus winzigen Körpern bestehen die Schnellen;

Zu welcher Klasse gehört das Licht und die Wärme der Sonne?

Da es aus kleinen Urelementen besteht

Die sozusagen nach vorne mitgerissen werden

Und durch die Zwischenräume der Luft

Um nicht vorbeizukommen, verzögern Sie sich nicht, gedrängt durch Schläge von hinten;

Denn Licht für Licht wird sofort geliefert

Und ein Strahl nach dem anderen wird angespornt und angetrieben.

Daher müssen auch die Bilder Macht haben

Durch unvorstellbaren Raum zur Geschwindigkeit

Innerhalb eines bestimmten Zeitpunkts — erstens seit einer Ursache

Übermäßig klein gibt es, was auf ihrem Rücken liegt

Weit vorwärts treibt sie und treibt sie an, wohin auch

Sie werden mit solch geflügelter Leichtigkeit getragen;

Und zweitens, seit dem Abschied eingerichtet,

Mit einer Textur, die so selten ist, dass sie es können

Durch Objekte jeglicher Art dringen

Und sickern, als wären sie, durch die dazwischenliegende Luft.

Außerdem, wenn diese feinen Partikel von Dingen

Die aus so tiefem Inneren ins Ausland geschickt werden,

Wie Licht und Hitze der Sonne gleiten sie

Und sie verbreiten sich über den ganzen Raum des Himmels

In einem Moment des Tages und fliegen

Über Meer und Länder und den Himmel überfluten, was dann?

Von denen, die draußen bereit stehen,

Wenn sie weggeschleudert werden, ohne etwas zu überprüfen

Sie gehen aus? Siehst du es tatsächlich nicht?

Wie schneller und wie weiter müssen sie gehen

Und rase durch ein Vielfaches der Länge des Raums

Mit der Zeit das gleiche wie von der Sonne die Strahlen

Den Himmel überdecken? Das scheint auch der Fall zu sein

Beispiel Chef und wahr mit welcher schnellen Geschwindigkeit

Die Bilder der Dinge werden getragen von:

Das so bald wie nie zuvor unter freiem Himmel

Das leuchtende Wasser breitet sich auf einmal aus,

Wenn am Himmel Sterne sind, die von der Erde aufleuchten,

Ruhig und strahlend im Wasser dort,

Die Konstellationen des Universums —

Nun siehst du nicht, in was für einem Zeitpunkt

Ein Bild von den Ufern des Äthers fällt

An die Küsten der Erde? Deshalb noch einmal:

Und wieder einmal ist es notwendig, etwas zu gestehen

Mit wundersamen...

DIE SINNE UND GEISTLICHEN BILDER

Körper, die ins Auge fallen und das Sehvermögen erwecken.

Aus bestimmten Dingen strömen immer wieder Gerüche,

Wie Kälte von Flüssen, Hitze von Sonne und Gischt

Von Wellen des Ozeans, Fresser aus Wänden

Rund um die Küsten. Hören Sie auch nie auf zu flitzen

Die vielfältigen Stimmen, Geräusche durch die Luft.

Dann kommt es auch manchmal in den Mund

Der nasse Salzgeschmack, wenn man am Meer ist

Wir streifen umher; und so, wann immer wir zuschauen

Das Wurmwort ist gemischt, seine bitteren Stiche.

In diesem Maße ist aus allen Dingen jedes Ding

Stromweise getragen und umhergeschickt

Zu jeder Region rund; und Naturstipendien

Weder Ruhe noch Ruhe des Vorwärtsflusses,

Da es unaufhörlich ist, haben wir das Gefühl,

Und die ganze Zeit wird man gezwungen, es zu erkennen

Und rieche alle Dinge, die in deiner Nähe sind, und höre, wie sie klingen.

Außerdem wurde die Form von unseren Händen untersucht

Im Dunkeln ist bekanntlich dasselbe

Als das, was die Augen im Licht wahrnehmen

Und der Tag muss strahlend sein, sowohl beim Fühlen als auch beim Sehen

Durch einen ähnlichen Grund geweckt. Also, wenn wir testen

Ein Quadrat und holen Sie sich seinen Reiz auf uns

Im Dunkeln, im Licht, was für ein Quadrat

Kann auf unseren Blick fallen, außer einem Quadrat

Das stellt die Dinge dar? Darum scheint es

Die Quelle des Sehens liegt in Bildern,

Auch ohne diese kann nichts besichtigt werden.

Jetzt werden dieselben Filme, die ich nenne, getragen

Und alle in Regionen geworfen und verstreut.

Aber da wir allein durch die Augen wahrnehmen,

Daraus folgt, wohin wir uns wenden

Unser Anblick, dort schlagen alle Dinge dagegen

Mit Form und Farbton. Und wie weit von uns entfernt

Jedes Ding mag weg sein, das Bild gibt nach

Für uns die Kraft zu sehen und die Chance zu sagen:

Denn wenn es gesandt wird, drängt es sofort voran

Und treibt die Luft entlang, die im Raum ist

Zwischen ihm und unseren Augen. Und so diese Luft

Alles gleitet durch unsere Augäpfel, und wie es war,

Streift durch unsere Schüler und so

Geht rüber. Deshalb kommt es, wie wir sehen

Wie weit von uns kann jedes Ding entfernt sein,

Und je mehr Luft vorher getrieben wird,

Und je länger die streichende Brise weht

Vor unseren Augen, je weiter entfernt

Jedes Ding wird als wahrhaftig gesehen, dieses Werk

Mit mächtig schneller Ordnung geht alles weiter,

Damit wir es in einem Augenblick sehen können

Um welche Art von Objekt handelt es sich und wie weit ist es entfernt?

Das darf auch nicht als allzu wunderbar angesehen werden

In diesen Angelegenheiten, obwohl die Filme, die auffallen

Auf den Augen kann man nicht einzeln sehen,

Die Dinge selbst können wahrgenommen werden. Denn so

Wenn der Wind Schlag für Schlag über uns schlägt

Und wenn die scharfe Kälte strömt, ist das nicht unsere Gewohnheit

Jedes einzelne Windteilchen spüren

Oder von dieser Kälte, sondern auf einmal;

Und so sehen wir, wie sich Schläge auf unseren Körper auswirken,

Als würde eins auf dasselbe schlagen

Und uns das Gefühl seines eigenen Körpers geben

Außerhalb von uns. Immer wieder, wann immer wir klopfen

Mit der Fingerspitze berühren wir einen Stein

Aber die Oberfläche des Felsens und der äußere Farbton,

Spüren Sie diesen Farbton auch nicht durch Kontakt, sondern fühlen Sie ihn

Die Härte tief im Inneren des Gesteins.

Nun kommen Sie, und warum jenseits eines Spiegels

Ein Bild kann gesehen, wahrgenommen werden. Für gesehen

Es ist beruhigend, weit im Inneren entfernt.

Es handelt sich um die gleiche Art von Objekten, die angeschaut werden

Draußen in ihrer wahren Form, wenn es eine Tür gibt

Ergibt durch sich selbst einen offenen Aussichtspunkt,

Und lässt uns so viele Dinge draußen sehen

Jenseits des Hauses. Auch dieser Anblick ist gemacht

Durch eine zweifache Zwillingsluft: Zum ersten Mal wird gesehen

Die Luft in den Türpfosten; neben den Türen,

Die beiden nach links und rechts; und danach

Ein Licht darüber dringt durch unsere Augen,

Dann andere Luft, dann angestarrte Objekte

Draußen in ihrer wahren Form. Und so, wann zuerst

Das Bild des Glases projiziert sich selbst,

Was unseren Blick betrifft, so kommt er, er schiebt sich vorwärts

Und treibt die Luft entlang, die im Raum ist

Zwischen ihm und unseren Augen, und es geschieht

Dass wir die Luft noch vor dem Glas wahrnehmen.

Aber wenn wir auch das Glas selbst gesehen haben,

Sofort das Bild, das von uns getragen wird

Erreicht das Glas und wird dort wieder zurückgeworfen

Kommt zurück zu unseren Augen und treibt Rollen

Vor sich liegt also eine weitere Luft

Das ist es, was wir vor uns sehen, und zwar so

Es sieht so weit entfernt hinter dem Glas aus.

Deshalb gibt es wiederum keinen Grund, sich zu wundern

In denen, die aus der Spiegelebene rendern

Eine Vision zurück, denn alles geschieht

Mittels der beiden Airs. Jetzt im Glas

Der richtige Teil unserer Mitglieder wird beachtet

Auf der linken Seite, denn wann kommt das Bild?

Schlagen gegen die Glasebene,

Es ist nicht unverrückt zurückgekehrt; aber abgedrängt

Rückwärts in gerader Linie und nicht schräg, —

Genauso wie seine Gipsmaske

Sollte, bevor es trocken ist, auf Pfosten oder Balken stürzen,

Und es sollte sofort daran festhalten,

Seine Form, umgekehrt, dem Werfenden zugewandt,

Und so die Eigenschaften, die es zurückgibt, neu gestalten:

Es kommt, dass jetzt das rechte Auge das linke ist,

Die Linke die Rechte. Ein Bild kann auch sein

Von Spiegel zu Spiegel weitergegeben,

Bis zu Idol-Filmen sogar fünf oder sechs

Wurden somit geschlechtsspezifisch. Für was auch immer

Wird sich dort hinten im Haus verstecken, derselbe,

Wie weit auch immer es auf verdrehte Weise entfernt ist,

Möge alles noch durch gekrümmte Pfade hervorgebracht werden

Und durch diese sind mehrere Spiegel zu erkennen

Innerhalb des Hauses, da die Natur so zwingt

Alle Dinge werden rückwärts getragen und springen ab

Im gleichen Winkel zu allen anderen Dingen.

In diesem Maße schimmert das Bild durch

Von Spiegel zu Spiegel; wo es noch übrig war

Es kommt zum Recht, und dann noch einmal

Kehrt zurück und wechselt nach links.

Wieder waren die kleinen Seiten der Spiegel gebogen

Proportional zur Ausbuchtung unserer eigenen Flanke

Schicken Sie uns ihre Idole mit dem Recht zurück

Rechts; und das ist so, weil

Entweder wird das Bild weitergegeben

Von Spiegel zu Spiegel und danach,

Wenn wir zweimal davonrennen, fliegt es zu uns selbst zurück;

Oder das Bild dreht sich um,

Wenn es einmal zum Spiegel gekommen ist,

Denn die gekrümmte Oberfläche bringt ihm das Drehen bei

Zu uns. Außerdem könntest du es gut glauben

Dass diese Film-Idole mit uns gehen

Und ihre Füße im Einklang mit unseren setzen

Und ahmen Sie seitdem unsere Kutsche nach

Teil eines Spiegels, aus dem du dich zurückgezogen hast

Eine Rückgabe der Bilder ist grundsätzlich nicht möglich.

Darüber hinaus neigen unsere Augäpfel dazu, das Helle zu meiden

Und meide es, darauf zu blicken; Die Sonne blendet sogar,

Wenn du sie ihm dann vorwirfst,

Denn seine Stärke ist gewaltig, und die Filme

Von oben werden sie stark nach unten getragen

Durch den reinen Äther und die blicklosen Winde,

Und schlage die Augen und schädige ihre Gelenke.

So brennt das Ansetzen von Glanz oft in den Augen,

Weil es viele Feuersamen enthält

Die in die Augen eindringen und Schmerzen verursachen.

Nochmals, was auch immer Menschen mit Gelbsucht sehen

Wird blassgelb, da sie aus ihren Körpern herausragen

Viele hellgelbe Samen strömen hervor, um sich zu treffen

Die Filme der Dinge, und viele auch, sind gemischt

In ihrem Auge, das durch Ansteckung malt

Alles mit Blässe. Wieder sehen wir

Aus dunklen Nischen Dinge, die im Licht stehen,

Denn als Erster eingetreten und besessen ist

Die offenen Augen dieser näheren dunklen Luft,

Schnell die leuchtende Luft und leuchtend

Es folgt eine Reinigung, die dann die Augen reinigt

Und zerstreut diese andere Luft

Die Zobelschatten in großen Abstufungen

Diese Luft ist flinker, schöner und stärker.

Und bald wie immer ist es mit Licht gefüllt und geöffnet

Die Bahnen der Augäpfel, die vorher

Die schwarze Luft war blockiert, es folgte sofort

Diese Filme von Dingen, die im Licht herausragen,

Visionen provozieren — was wir nicht können

Aus dem Licht mit Gegenständen im Dunkeln,

Wegen der dichteren, dunklen Luft dahinter

Folgt hinein und füllt jede Öffnung

Und blockiert so die Bahnen der Augen

Dass es keine Bilder von irgendwelchen Dingen gibt

Kann hineingeworfen werden und die Augen bewegen.

Und wenn wir aus der Ferne schauen

Die quadratischen Türme einer Stadt, oft

Abgerundet wirken sie – aus diesem Grund, weil

Jeder entfernte Winkel wird stumpf wahrgenommen,

Oder besser gesagt, es wird überhaupt nicht wahrgenommen;

Und sein Schlag vergeht noch vor unserem Blick

Kommt zu seinem Schlaganfall, denn durch eine solche Länge der Luft

Entlang der Idole werden die Luft getragen

Macht das Idol der Winkelspitze stumpf

Durch zahlreiche Kollisionen. Wenn so

Die Winkel des Turms alle und alle

Ganz dem Sinn entgangen sind die Steine zum Vorschein gekommen

Wie auf der Drehscheibe gerieben und gerundet –

Doch nicht wie Objekte, die nah und wirklich rund sind,

Aber mit einer Ähnlichkeit zu ihnen, schattenhaft.

Ebenso erscheint unser Schatten in der Sonne

Weitergehen und unseren eigenen Schritten folgen

Und ahmen Sie unsere Haltung nach – wenn Sie möchten

Luft, die so lichtlos ist, kann gehen,

Dem Gang und der Bewegung der Menschheit folgen.

Sicherlich für das, was wir als Schatten bezeichnen

Ist nichts anderes als Luft ohne Licht. Kein Wunder.

Weil die Erde von Punkt zu Punkt gebrochen wird

Nach und nach das Licht der Sonne, wann immer

Wenn wir uns bewegen, geraten wir ihm in den Weg,

Während jeder Fleck der Erde von uns verlassen wurde

Ist aus diesem Grund wieder mit Licht gefüllt

Es begab sich, dass es sich um den Schatten des Körpers handelte

Scheint uns immer noch dasselbe zu folgen

In einem geraden Kurs. Seitdem immer mehr hineinströmen

Neue Lichterstrahlen, und dann sterben die Alten,

Genau wie die Wolle, die in die Flamme gezogen wird.

Deshalb wird die Erde leicht vom Licht verwöhnt

Und leicht nachfüllbar und von selbst

Wäscht die schwarzen Schatten ganz weg.

Und doch geben wir darin keineswegs nach

Diese Augen werden betrogen. Für ihre Aufgabe ist es

Zu bemerken, dass an jedem Ort Licht ist,

In was ist Schatten: ob es glänzt oder nicht

Sei immer noch derselbe, und ob der Schatten welcher

Gerade eben war da derjenige, der dort vorbeikam,

Oder ob die Fakten das sind, was wir oben gesagt haben,

Es ist schließlich die Überlegung des Geistes

Das muss entscheiden; noch können unsere Augäpfel es wissen

Die Natur der Realität. Und so

Befestige diesen Fehler des Geistes nicht an den Augen,

Denken Sie auch nicht leichtfertig an unsere Sinne

Wackeln. Das Schiff, in dem wir segeln

Wird getragen, obwohl es zu stehen scheint;

Das Schiff, das auf Reede wartet, soll sein

Da, um vorbeizukommen. Und Hügel und Felder

Scheint schnell nach hinten zu fliehen, an dem wir vorbei drängen

Das Schiff und die Fliege unter den bauschenden Segeln.

Die Sterne, jeder einzelne, scheinen innezuhalten, fixiert zu sein

Zu den ätherischen Höhlen, obwohl sie alle

Für immer sind sie in Bewegung und erheben sich

Und von dort aus kehren sie zu ihren fernen Abstammungen zurück

Wenn sie mit hellem Körper gemessen haben

Die Spanne des Himmels. Und ebenso Sonne und Mond

Scheint auf einer Reede zu warten – Gegenstände, die,

Wie die klare Tatsache beweist, werden sie wirklich mitgetragen.

Zwischen zwei weit entfernten Bergen

Aus der Mitte des Wasserwirbels erschließen sich Lügen

Ein klaffender Ausstieg für die Flotte, und doch

Sie scheinen auf einer einzigen Insel vereint zu sein.

Wenn die Jungen selbst aufgehört haben, sich zu drehen,

Die Hallen scheinen immer noch zu wirbeln und Pfosten zu taumeln,

Bis jetzt müssen sie fast an die Dächer denken

Droht ihnen der Untergang.

Und jetzt, wo die Natur beginnt, sich in die Höhe zu erheben

Der rote Glanz der Sonne und die zitternden Feuer,

Und erhebe ihn über die Berggipfel, diese Berge –

Über dem, was er dann für dich zu sein scheint,

Sein strahlendes Selbst wurde hart, indem er sie aß

Mit seinem eigenen Feuer – sind noch von uns entfernt

Tatsächlich kaum zweitausend Pfeilschüsse

Oftmals knapp fünfhundert Pfeilreihen;

Allerdings zwischen diesen Bergen und der Sonne

Darunter liegen die riesigen Ebenen des Ozeans

Die weiten Ufer des Äthers und greifen ein

Tausend Länder, besessen von vielen Völkern

Und Generationen wilder Tiere. Wieder,

Ein Wasserbecken von nur einer Fingertiefe,

Das zwischen den Steinen entlang des Pflasters liegt,

Bietet eine Sicht nach unten in die Erde

So weit, wie von der Erde in der Höhe ausgebreitet

Die Abgründe des Himmels; Das scheinst du so zu sehen

Wolken unten und Himmelskörper stürzten herab

Wunderbar im Himmel unter der Erde.

Dann auch, wenn man mitten im Bach ist

Steckt unser schneidiges Pferd fest, und wir blicken hinab

In den schnellen Wellen des Flusses etwas Kraft

Scheint dann den Körper des Pferdes zu tragen,

Obwohl er stillstand, umgekehrt von seinem Kurs,

Und schnell stromaufwärts schieben. Und wo auch immer

Wir blicken hinüber, alle Gegenstände scheinen

So weitergetragen werden und weiterfließen

Genauso wie wir. Ein Portikus,

Obwohl es von Ende zu Ende gut gestützt steht

Auf gleichen Säulen, parallel und groß,

Stufenweise Verträge in einem engen Kegel,

Wenn von einem Ende das lange, lange Ganze gesehen wird, –

Bis, die Decke mit dem Boden verbindend,

Und die ganze rechte Seite mit der linken wird gezeichnet

Zusammen zum nahezu aussichtslosen Punkt eines Kegels.

Für Segler auf dem Main scheint er die Sonne zu sein

Von draußen steigen die Wellen und in den Wellen

Um sein Licht zu setzen und zu begraben – denn tatsächlich

Sie blicken auf nichts als Wasser und den Himmel.

Nochmals für Betrachter, die das Meer nicht kennen:

Schiffe im Hafen scheinen wie mit zerbrochenen Poops,

Sich auf das Wasser zu stützen, ganz aufgeregt;

Für jeden Teil der Ruder, der angehoben ist

Oben ist die salzige Gischt gerade und gerade

Die Ruder von oben. Aber andere Teile,

Diejenigen, die unter der Wasserlinie versunken sind,

Scheint alles gebrochen und verbogen und geneigt zu sein

Nach oben geneigt und zum Schweben zurückgedreht

Fast über dem Wasser. Und wenn der Wind weht

Tragen Sie die verstreuten Verwehungen am Himmel entlang

In der Nacht scheinen sie dann dahinzugleiten

Die strahlenden Sternbilder gewinnen die Wolken

Und dort in der Höhe, um einen ganz anderen Weg einzuschlagen

Von da an werden sie tatsächlich geboren. Und dann,

Wenn unsere Hand vielleicht unter ein Auge gelegt wird

Und drücken Sie unten darauf, dann auf unseren Blick

Jedes Objekt, das wir betrachten, scheint

Durch eine Empfindung zwei — dann zwei Lichter

Von Lampions, die in Flammenblumen blühen,

Und zwei Möbel im ganzen Haus,

Verdoppeln Sie die Gesichter Ihrer Mitmenschen,

Und ihre Körper verdoppeln. Und wieder, wenn ich schlafe

Hat unsere Mitglieder sanft in den Schlaf gefesselt

Und der ganze Körper liegt in tiefer Ruhe,

Doch dann scheinen wir selbst wach zu sein

Und bewegen Sie unsere Mitglieder; und in der blinden Dunkelheit der Nacht

Wir denken, das Tageslicht und die Sonne zu markieren;

Und in einem Raum eingeschlossen, scheinen wir doch immer noch

Um unseren Himmel, unsere Ozeane, Flüsse, Hügel zu verändern,

Die Ebenen zu Fuß durchqueren und neue Geräusche hören,

Obwohl immer noch die strenge Stille der Nacht

Bleibt um uns herum und spricht Antworten,

Obwohl stimmlos. Andere Fälle dieser Art

Wunderbar viele sehen wir, und zwar alle

Versuchen Sie sozusagen, den Glauben an die Sinne zu verletzen –

Vergebens, denn der größte Teil davon

Täuscht durch bloße Meinungen des Geistes,

Was wir selbst hinzufügen und so tun, als ob wir es sehen würden

Was mit den Sinnen überhaupt nicht gesehen wird.

Denn nichts ist schwerer als sich zu trennen

Klare Fakten aus zweifelhaften, die der Verstand sofort erkennt

Fügt sich von selbst hinzu.

Nochmals, wenn man annimmt

Dass nichts bekannt ist, weiß er nicht, ob das so ist

Selbst kann erkannt werden, da er

Gesteht nichts zu wissen. Deshalb mit ihm

Ich verzichte auf die Diskussion – wer hat den Kopf gerichtet?

Sogar dort, wo seine Füße sein sollten. Aber lassen Sie mich zugeben

Dass er das weiß, – ich frage mich: woher er es weiß

Was ist abwechselnd zu wissen und nicht zu wissen?

Und was hat das Konzept der Wahrheit geschaffen,

Und welches Gerät hat sich als zweifelhaft erwiesen

Vom Sicheren abweichen? – denn in den Dingen

Er hat bisher nichts Wahres gesehen. Du wirst es finden

Das ist zuerst aus den Sinnen erschaffen worden

Konzept der Wahrheit, noch können die Sinne sein

Widerlegt. Dafür muss ein Kriterium gefunden werden

Verdient größeres Vertrauen, das besiegt werden wird

Durch eigene Autorität wird das Falsche durch Wahres ersetzt;

Was muss es dann außer diesen unseren Sinnen geben?

Sind Sie ein größeres Vertrauen wert? Soll argumentieren, entsprungen

Aus einem falschen Sinn heraus zum Widerspruch überreden

Diese Sinne, entsprungen wie die Vernunft überhaupt

Aus den Sinnen? – Damit diese nicht wahr sind,

Auch dann ist alle Vernunft verfälscht.

Oder sollen die Ohren die Macht haben, die Augen zu tadeln,

Oder doch die Ohren berühren? Auch hier wird es schmecken

Beschuldigen Sie diese Berührung, sonst wird die Nase widerlegt

Oder Augen besiegen es? Ich glaube nicht, dass es so ist:

Denn jeder ist abgesondert worden

Seine Funktion ist ganz unterschiedlich, seine Kraft jedem einzelnen;

Und so sind wir immer noch auf die Wahrnehmung beschränkt

Das Weiche, das Kalte, das Heiße getrennt, getrennt

Alle verschiedenen Farbtöne und was es sonst noch alles gibt

Verbunden mit Farbtönen. Ebenso die schmeckende Zunge

Hat seine eigene Kraft und riecht anders

Und Geräusche auseinander sind bekannt. Und so ist es

Dass kein Sinn einen anderen verurteilen kann.

Auch soll kein Sinn die Macht haben, sich selbst die Schuld zu geben,

Weil es immer als dasselbe angesehen werden muss,

Verdient das gleiche Vertrauen. Und deshalb was

Zu jeder Zeit zeigten sich diese Sinne,

Das Gleiche gilt. Und wenn der Grund dafür ist

Wir konnten die Ursache nicht herausfinden

Warum Gegenstände, die zur Hand waren, quadratisch waren, weit entfernt

Scheint rund, aber es nützt uns mehr,

Es fehlt der Grund, eine Ursache vorzutäuschen

Für jede Konfiguration, als zu lassen

Aus unseren Händen entgehen die offensichtlichen Dinge

Und den ursprünglichen Glauben an den Sinn verletzen und ruinieren

All diese Fundamente, auf denen sie ruhen

Unser Leben und unsere Sicherheit. Nicht nur aus gutem Grund

Würde umfallen; sondern sogar unser Leben

Würde sofort zusammenbrechen, wenn wir es nicht wagten

Unseren Sinnen vertrauen und Abstand halten

Aus stürmischen Höhen und Orten, die man meiden sollte

Von einer ähnlichen Gefahr und schnell zu suchen

Ihre Gegensätze! Wieder, wie in einem Gebäude,

Wenn das erste Lot schief ist und wenn

Das trügerische Quadrat weicht von exakten Linien ab,

Und wenn das Niveau doch am wenigsten schwankt

In jedem Teil dann die gesamte Konstruktion

Muss sich als fehlerhaft herausstellen — Regale und schief,

Nach hinten und vorne geneigt, unpassend,

Dass jetzt einige Teile zu fallen scheinen,

Und schon bald fällt das Ganze — in der Tat verraten

Durch zunächst trügerische Schätzungen: auch

Deine Berechnungen in den Angelegenheiten des Lebens

Muss schief und falsch sein, wenn es für dich entsprungen ist

Aus falschen Sinnen. Also all diese Worttruppe

Gegen die Sinne zu protestieren ist ziemlich vergeblich.

Und jetzt bleibt es, mit Leichtigkeit zu demonstrieren

Wie andere Sinne jeweils ihre Dinge wahrnehmen.

Erstens wird ein Ton und jede Stimme gehört,

Wenn sie in die Ohren gelangen, treffen sie die Sinne

Mit ihrem eigenen Körper. Denn wir müssen gestehen

Sogar Stimme und Ton müssen körperlich sein,

Weil sie in der Lage sind, mit dem Verstand zuzuschlagen.

Außerdem kratzt die Stimme oft am Hals,

Und Schreie beim Ausgehen machen es noch rauer

Die Luftröhre – natürlich, denke ich,

Wenn, durch den schmalen Ausgang hinaufsteigend

In größerer Menge diese Ur-Stimmenkeime

Habe also begonnen, herauszukommen. In Wahrheit,

Auch an der Mundtür wird gekratzt

[Durch nach außen geblasene Luft] aus geblähten [Wangen].

Und so gibt es zweifellos diese Stimme und diese Worte

Bestehen aus körperlichen Elementen,

Mit Kraft zum Schmerz. Du bist dir dessen auch nicht bewusst

Ebenso wie viel vom Körper weggenommen wurde,

Wie viel von den Taten und Kräften der Menschen

Kann durch regelmäßiges, längeres Sprechen zurückgezogen werden

Sogar aus der aufsteigenden Pracht des Morgens

Zu den Schatten des schwarzen Abends – vor allem

Wenn es nicht mit den allergrößten Schreien überschüttet wird.

Deshalb muss die Stimme körperlich sein,

Da verliert der lange Redner seinen Rahmen

Auseinander.

Außerdem Rauheit im Klang

Kommt von der Rauheit in den Urkeimen,

Wie ein sanfter Klang aus sanften entsteht;

Auch sind diese Elemente nicht identisch

Wenn die Trumpf mit hohlem Brüllen poltert,

Wie bei der barbarischen berecynthischen Pfeife

Summen mit lautem Dröhnen oder wenn Schwäne

Bei Nacht von den eisigen Ufern von Helicon

Mit klagenden Stimmen erheben sie ihr flüssiges Klagelied.

Wenn wir also aus der Tiefe unseres Körpers Zwang ausüben

Diese Stimmen und mit dem Mund vertreiben sie sie,

Die bewegliche Zunge, Wortkünstler,

Macht sie artikulierbar und auch die Lippen

Durch ihre Formationen sind sie an der Gestaltung beteiligt.

Daher, wenn der Raum vom Ausgangspunkt aus knapp ist

Dahin, wo diese Stimme ankommt, die Worte selbst

Muss auch deutlich gehört und deutlich markiert werden.

Denn dann behält die Stimme ihre eigene Formation,

Behält seine Form. Aber wenn der Raum dazwischen

Die Worte müssen länger sein, als es passt

Durch die viel verwirrte Luft und die Stimme

Ungeordnet im Flug gegen die Winde —

Und so geschieht es, dass du den Ton wahrnehmen kannst,

Bestimmen Sie jedoch nicht, was die Wörter bedeuten könnten.

In einem solchen Maße verwirrt und belastet

Die Stimme kommt auf uns zu. Nochmals ein Wort,

Aus dem Mund des Ausrufers gesendet, kann es alle Ohren wecken

Unter der Bevölkerung. Und damit eine Stimme

Zerstreut sich in viele Stimmen,

Da es sich in verschiedene Ohren teilt,

Prägende Wortform und klarer Ton.

Aber irgendein Teil der Stimmen trifft nicht

Die Ohren selbst sterben, darüber hinaus getragen,

Müßig zwischen den Winden verteilt. Auseinander,

Auf solide Portiken schlagen, zurückgeworfen

Gibt einen Ton zurück; und manchmal spottet das Ohr

Mit einem bloßen Phantom eines Wortes. Wenn das

Du hast gut notiert, du kannst zählen

Für dich selbst und andere, warum es so ist

Entlang der einsamen Orte, die die Felsen sind

Gib ähnliche Formen von Wörtern zurück, in der Reihenfolge wie:

Bei der Suche suchen wir nach umherziehenden Kameraden

Zwischen den schattigen Bergen und laut

Rufe sie an, die Zerstreuten. Ich habe gesehen

Spots, die sogar sechs oder sieben Stimmen zurückgaben

Für jemanden, der hinausgeworfen wurde – für so die Hügel selbst,

Wir schleuderten sie gegen die Hügel zurück und machten weiter

Mit ihrem Nachhall. Und diese Flecken

Das Nachbarland tut so, als wäre es so

Spukorte der Ziegenfuß-Satyrer und Nymphen;

Und sagt euch, dass es Faune gibt, durch deren Nachtlärm

Und dort verkünden sie ausgelassene Feste

Das stimmlose Schweigen wird oft gebrochen,

Und Streicherklänge erklingen und süßes Wehklagen

Was die Pfeife, von den Fingerspitzen der Spieler geschlagen,

Ergießt sich; und weit und breit die Bauernrasse

Beginnt zu hören, wann die Kleidungsstücke geschüttelt werden

Aus Kiefernholz auf seinem halben Tierkopf, Gott-Pan

Mit gespitzter Lippe, die oft über und über läuft

Das geöffnete Schilfrohr, damit die Flöte nicht aufhört zu strömen

Die Waldmusik! Andere Wunderkinder

Und Wunder dieser Art erzählen sie gerne,

Damit nicht der Eindruck entsteht, sie würden an einsamen Orten wohnen

Und sogar von Göttern verlassen. Deshalb

Sie rühmen sich in ihren Geschichtenerzählungen mit Wundern;

Oder aus irgendeinem anderen Grund werden sie dazu verleitet –

Gierig, wie die ganze Menschheit je gewesen ist,

Fabeln ins Ohr plappern.

Wieder,

Man muss sich nicht fragen, wie es dazu kommt

Das durch jene Orte (durch die die Augen nicht hindurch können).

(Objekte anzeigen) Geräusche können dennoch vergehen

Und die Ohren angreifen. Denn oft beobachten wir

Menschen unterhalten sich, obwohl die Türen geschlossen sind;

Auch kein Wunder, da alle Stimmen unverletzt waren

Kann sich durch gebogene Öffnungen von Dingen schlängeln,

Während Idol-Filme dies ablehnen – denn sie sind vermietet –,

Sofern sie nicht entlang gerader Öffnungen schwimmen,

Wie solche aus Glas, durch die alle Bilder hindurchgehen

Fliegen Sie hinüber. Und doch ist diese Stimme selbst,

Beim Durchgang durch geschlossene Kammern eines Hauses,

Ist abgestumpft und dringt durcheinander in die Ohren,

Und Geräusche scheinen wir weit mehr zu hören als Worte.

Darüber hinaus ist eine Stimme in alle Richtungen zu hören

Geteilt, da voneinander getrennt

Neue Stimmen entstehen, wenn eine Stimme entsteht

Ist einst hinausgesprungen und in viele hinausgesprungen –

So oft sprüht ein Funke Feuer

Sich selbst in seine mehreren Brände. Und so,

Stimmen füllen die verborgenen Orte dahinter,

Die alle in Aufruhr sind,

Mit Ton umrühren. Aber Idol-Filme neigen dazu,

Wie einst ausgesandt, alles in gerader Richtung;

Darum kann man innerhalb einer Mauer nichts sehen,

Doch fangen Sie die Stimmen von jenseits desselben ein.

Auch nicht Zunge und Gaumen, wo wir den Geschmack spüren,

Präsentieren Sie mehr Probleme für mehr Denkarbeit.

Zuerst spüren wir einen Geschmack im Mund,

Wenn wir es ausdrücken, indem wir unser Essen zerkauen, –

Da fängt vielleicht irgendjemand an zu quetschen

Mit der Hand einen mit Wasser getränkten Schwamm abtrocknen.

Als nächstes wird alles, was wir herausquetschen, verteilt

Entlang der Poren und verschlungenen Pfade

Von der locker strukturierten Zunge. Und so, wenn glatt

Die Körper des schleimigen Geschmacks also

Herrlich berühren sie sich, herrlich

Sie behandeln alle Stellen, egal ob nass oder rieselnd

Einschlüsse der Zunge. Und umgekehrt,

Sie stechen und schmerzen mit ihrem Angriff,

Je nach Rauheit werden sie geliefert.

Als nächstes liegt der Genuss nur noch im Gaumen

Kommt vom Geschmack; denn in Wahrheit, wenn unten

'Das stürzte entlang der Kehle, kein Vergnügen ist,

Während es sich im gesamten Rahmen ausbreitet;

Es spielt auch keine Rolle, welches Futter gefüttert wird

Der Körper, wenn du nur kannst, was du nimmst

Gut verdaut auf dem Rahmen verteilen

Und halten Sie den Magen in einer feuchten Karriere.

Nun, wie es ist, sehen wir etwas zu essen für einige,

Andere für andere....

Ich werde mich entfalten, oder warum was zu manchen

Ist übel und bitter, für andere aber dasselbe

Kann köstlich zu essen sein — warum hier?

So groß ist der Abstand und der Unterschied

Das, was für den einen Nahrung ist, wird für den einen oder anderen

Heftiges Gift, wie es bei einer bestimmten Schlange der Fall ist

Was, berührt vom Speichel eines Mannes, vergeudet wird

Und es endet damit, dass es seine Spirale zernagt.

Auch hier ist die Nieswurz ein starkes Gift

Bei uns aber setzt das Fett auf Ziegen und Wachteln.

Damit du weißt, mit welchen Mitteln das geschieht

Wird zustande gebracht, musst du dich vor allem daran erinnern

Was wir bereits gesagt haben, ist, dass Samen aufbewahrt werden

In verschiedenen Modi gemischt. Wieder,

Wie alle atmenden Lebewesen, die Nahrung aufnehmen

Sind äußerlich unähnlich und haben einen äußeren Schnitt

Und die Kontur ihrer Mitglieder umschließt sie,

Sie unterscheiden sich von Art zu Art und bestehen somit

Aus Samen unterschiedlicher Form. Und außerdem,

Da sich die Samen unterscheiden, muss es auch bei den Tauchern so sein

Die Zwischenräume und Pfade (die wir nennen

Die Öffnungen) in allen Mitgliedern, sogar

Auch im Mund und Gaumen. So muss es bei manchen sein

Kleiner oder doch größer, einige dreieckig

Und andere quadratisch und viele andere rund,

Und einige von ihnen haben auch viele Winkel

In vielen Modi. Denn als Kombination

Und die Bewegung ihrer vielfältigen Formen erfordert,

Die Formen der Öffnungen müssen vielfältig sein

Und die Wege müssen je nach ihren Mauern unterschiedlich sein

Das hat sie gebunden. Wenn also das, was manchen süß ist,

Wird für andere bitter, für wen

Es ist süß, die glattesten Partikel müssen sein

Sind sanft in die Poren des Gaumens eingedrungen.

Und im Gegenteil, mit denen, denen das süß ist

Ist sauer im Mund, ohne Zweifel

Die rauen und stacheligen Partikel sind vorhanden

In die Enge der Öffnungen.

Nun ist es aus diesen Angelegenheiten leicht zu erkennen

Was auch immer...

In der Tat, wo man von überreichlicher Galle heimgesucht wird

Ist an Fieber oder auf andere Weise erkrankt

Spürt die aufgeweckte Gewalt einer Krankheit,

Da ist jetzt der ganze Rahmen umgekippt, und da

Alle Positionen der Samen werden verändert, —

Damit die Körper, die vorher waren, fit waren

Um den Geschmack hervorzurufen, sind wir jetzt nicht mehr fit,

Und jetzt sind andere geeigneter, die dazu in der Lage sind

Um in die Poren zu gelangen und das Geschlecht sauer zu machen.

Tatsächlich sind beide Sorten im Honig vermischt –

Was wir dir oben schon oft bewiesen haben.

Kommen Sie nun, und ich werde Ihnen zeigen, was klug ist

Geruchseinwirkung auf die Nasenlöcher berührt.

Und erstens ist es notwendig, dass es viele Dinge gibt

Von dort strömen die verschiedensten Gerüche

Kann dahinrollen, und wir sind zum Nachdenken gezwungen

Sie strömen und huschen und besprengen sich

Unparteiisch. Aber für einige atmende Kreaturen

Ein Geruch ist passender, ein anderer ein anderer –

Aufgrund unterschiedlicher Formen von Samen und Poren.

So weiter und weiter entlang der Zephyrbienen

Geier werden auch vom Honigduft geleitet

Durch Kadaver. Wieder die Vorwärtskraft

Der Geruch von Hunden führt den Jäger weiter

Wohin auch immer der Spreizfuß des wilden Tieres

Hat seine Karriere beschleunigt; und die weiße Gans,

Der Retter der römischen Zitadelle,

Erahnt in der Ferne den Geruch der Menschheit.

Somit wird vielfältig zu diversen gegeben

Eigenartiger Geruch, der jeden mitreißt

Zu seinem eigenen Essen oder lässt ihn zurückschrecken

Von abscheulichem Gift und auf diese Weise

Die Generationen der Wildnis blieben erhalten.

Doch diese Schärfe ist bei Gerüchen nicht die Einzige

Oder in der Geschmacksklasse; aber ebenso,

Das Aussehen der Dinge und die Farbtöne stimmen nicht alle überein

So gut mit den Sinnen für alle, aber das

Einige werden für einige zum Anschauen sein,

Scharfer und schmerzhafter. Siehe, die tobenden Löwen,

Sie wagen es nicht, dem Hahn ins Auge zu sehen

Wer hat schon Flügel, um die Nacht zu vertreiben?

Von der Bühne und rufen Sie den strahlenden Morgen an

Mit Fanfarenstimme – und Löwen sogleich

Denken Sie an die Flucht, denn, sehen Sie,

Im Körper der Hähne gibt es

Einige bestimmte Samen, die in die Augen der Löwen fallen

Gespritzt, tief in die Pupillen gebohrt

Und so stechende Schmerzen hervorrufen, dass sie nicht aushalten können

Gegen die Hähne, wie wild sie auch sein mögen –

Obwohl diese Samen unserem Blick nicht im Geringsten schaden können,

Entweder weil sie nicht eindringen,

Oder da sie freien Austritt aus den Augen haben

Sobald es durchdringt, so dass es so ist

Sie können unseren Augen in keiner Weise schaden

Bis dahin bleibt es.

Um noch einmal vom Geruch zu sprechen;

Was auch immer die Nasenlöcher befällt, manche können reisen

Ein längerer Weg als andere. Keiner von denen,

Allerdings wird es so weit getragen, wie Ton oder Stimme –

Während ich jede Erwähnung solcher Dinge unterlasse

Wie das Sehvermögen trifft und die Vision angreift.

Denn langsam geht es auf Wanderkurs
Und geht früher zugrunde, nach und nach absorbiert
Leicht in alle Winde der Luft; –
Und erstens, weil es tief im Inneren der Sache steckt
Es wird mit Arbeit entlassen (für die Tatsache
Dass jedes Objekt, wenn es zittert, zermahlen wird,
Oder am Feuer zerbröckelt, wird der Geruch stärker sein
Ist ein Zeichen dafür, dass Gerüche fließen und sich verflüchtigen
Aus inneren Bereichen der Dinge). Und als nächstes,
Du siehst vielleicht, dass Geruch entsteht
Von größeren Urkeimen als die Stimme, weil
Es dringt nicht durch steinige Mauern ein, sondern dadurch
Unfehlbar werden Stimme und Ton getragen;
Darum wirst du außerdem bemerken, dass es nicht so ist
So einfach, wo auch immer, es aufzuspüren
Das riechende Objekt ist. Zum Weitertrödeln
Entlang der Winde kühlen die Partikel ab,
Und dann die huschenden Boten der Dinge
Kommen unsere Sinne an, wenn es nicht mehr heiß ist.
Deshalb geraten Hunde oft auf Abwege und jagen den Geruch.

Markieren Sie nun und hören Sie, welche Objekte den Geist bewegen.
Und lernen Sie in wenigen, woher der Intellekt kommt
Komm, was kommt. Und zuerst sage ich dir Folgendes:
So viele Bilder von Objekten schwirren umher
In vielen Modi zu jeder Region rund –
So dünn, dass das eine leicht mit dem anderen harmoniert,
Wenn sie sich einmal treffen, vereinen sie sich in der Luft,
Wie hauchdünner Stoff oder Blattgold. Denn tatsächlich

Sie sind in ihrem Stoff viel dünner als

Diese Bilder, die den Blick fesseln

Und zerschmettere die Vision, denn durch die Poren des Körpers

Sie dringen ein und regen innerlich auf

Die subtile Natur des Geistes berührt die Sinne.

So, Zentauren und die Gliedmaßen von Skyllas, also

Die Cerberus-Gesichter der Hunde, die wir sehen,

Und Bilder von Menschen, die vorher gegangen sind —

Tote Männer, deren Knochen vor langer Zeit von der Erde erfüllt waren;

Denn die Bilder jeglicher Art

Werden überall um uns herum getragen — teilweise

Diejenigen, die in der Luft geschlechtsspezifisch sind

Aus eigenem Antrieb, zum Teil die anderen welche

Von diversen Dingen trennen sich, und zwar

Die aus ihren Formen zusammengesetzt sind.

Denn es gibt keinen lebenden Zentauren

Dieses Phantom war geschlechtsspezifisch, da es keine Tierrasse gab

Wie er immer war; aber, wenn Bilder

Von Pferd und Mensch kamen zufällig zusammen,

Wie bereits erwähnt, lassen sie sich leicht zusammenfügen.

Auf einmal durch subtile Natur und Stoff dünn.

In der gleichen Art und Weise auch andere dieser Art

Erstellt sind. Und wenn sie schnell getragen werden

In ihrer überragenden Leichtigkeit, leicht

(Wie ich bereits gezeigt habe) ein subtiles Bild,

Zusammengesetzt, bewegt sich durch einen einzigen Schlag ins Gemüt,

An sich so subtil und so seltsam schnell.

Dass diese Dinge geschehen, während ich aufzeichne,

Daraus kannst du leicht verstehen:

Soweit einer dem anderen gleich ist,

Sowohl mit dem Verstand als auch mit den Augen sehen

Das muss in der Mode nicht anders geschehen.

Nun ja, da ich gezeigt habe, dass ich wahrnehme

Glücklicherweise ein Löwe durch diese Idol-Filme

Was meine Augen angreift, das musst du wissen

Auch der Geist wird in gleicher Weise bewegt,

Und sieht, nicht mehr und nicht weniger, als die Augen sehen

(Abgesehen davon, dass es subtilere Filme wahrnimmt)

Der Löwe und alles andere aus Idol-Filmen.

Und wenn der Schlaf unseren Körper überfordert hat,

Die Intelligenz des Geistes ist jetzt wach,

Immer noch aus keinem anderen Grund, außer dass diese —

Die gleichen Filme wie im Wachzustand —

Greifen Sie unseren Geist in einem solchen Ausmaß an

Dass wir den Mann mit Sicherheit zu sehen scheinen

Den, ohne Leben, jetzt Tod und Erde gewonnen haben

Herrschaft vorbei. Und die Natur erzwingt dies

Geschehen, weil die Sinne des Körpers

Ruhen, vereitelt durch die Mitglieder alle,

Unfähig, das Falsche jetzt mit dem Wahren zu besiegen;

Und die Erinnerung liegt anfällig und verkümmert

Im Schlaf, noch protestiert er, der Mann

Wen der Verstand schon lange vortäuscht, lebend zu sehen

War der Gewinn von Tod und Auflösung.

Und außerdem handelt es sich hier nicht um eine Bewegung von Wundergöttern

Und werfen ihre Arme und andere Mitglieder herum

Im rhythmischen Takt – und oft im Schlaf der Männer

Es kann sein, dass dies ein Bild ist;

Wahrlich, wenn das frühere Bild zugrunde geht,

Und andere sind geschlechtsspezifisch und haben eine andere Pose,

Ersterer scheint seine Gesten geändert zu haben.

Natürlich muss der Wandel als schnell gedacht werden;

So toll die Schnelligkeit und so toll der Laden

Von Idol-Dingen und (in Kürze

Soweit ich weiß, ist der Laden wieder einmal großartig

Von separaten Idol-Teilen, um Vorräte zu bringen.

Es kommt auch vor, dass dort geliefert wird

Manchmal ist ein Bild nicht gleich;

Aber was vorher eine Frau war, ist jetzt zur Hand

Man sieht ihn dort stehen, in einen Mann verwandelt;

Oder ein anderes Gesicht, ein anderes Alter ist erfolgreich;

Aber Schlaf und Vergessen kümmern sich darum

Dass wir uns über die Sache nicht wundern werden.

Und vieles in diesen Angelegenheiten erfordert eine Untersuchung,

Und vieles mehr, Erleuchtung – wenn wir uns danach sehnen

Mit Klarheit, Fakten darzustellen. Und zuerst,

Warum verhält sich der Geist eines Menschen nach Lust und Laune?

Zu denken, dass dieses Ding sofort da ist?

Oder wachen die Götzen über unseren Willen,

Und erscheint uns ein Bild,

Direkt wir wünschen – wenn das Herz es vorzieht

Das Meer, das Land oder doch der Himmel?

Bürgerversammlungen, Paraden,

Bankette und Schlachten, dies und alles tut sie,

Natur, nach unserem Wort erschaffen und einrichten?——

Maugre die Tatsache, dass am selben Ort und an der gleichen Stelle

Der Geist eines anderen meditiert über Dinge

Alles ganz anders. Und was ist nochmal damit:

Wenn wir im Schlaf die Schritte der Götzen sehen,

In Maßen vorwärts, geschmeidige Glieder bewegend,

Während sie weitergingen, legten sie nacheinander jeden geschmeidigen Arm hin

Mit schnellen Bewegungen und mit aufmerksamen Köpfen

Wiederholen Sie die Bewegung, da der Fuß den Takt hält?

Wahrlich, die Idole sind von Kunst durchdrungen,

Und wandere wohlerzogen hin und her, —

So auch in der Nachtzeit möglich

Solche Spiele machen! Oder wird die Wahrheit so sein:

Denn in einem kleinsten Moment, den wir bemerken —

Das heißt, das Aussprechen eines einzelnen Lautes —

Es lauern noch viele Momente, die den Grund dafür darstellen

Entdeckt, dass es existiert, daher kommt es

Das, in einem Moment, wie kurz Ihr wollt,

Die Taucher-Idole sind in unmittelbarer Nähe und bereit

Jeder an seinem Platz vielfältig? So groß ist die Schnelligkeit,

Wieder einmal so groß, der Vorrat an Idol-Dingen,

Und so, wenn das frühere Bild zugrunde geht,

Und andere sind geschlechtsspezifisch und haben eine andere Pose,

Ersterer scheint seine Gesten geändert zu haben.

Und da sie so zart sind, kann der Verstand sie markieren

Abrupt allein diejenigen, die es zu sehen versucht;

Und so gehen alle anderen zugrunde,

Bewahre diejenigen auf, auf die sich der Geist vorbereitet.

Darüber hinaus bereitet es sich tatsächlich vor,

Und hofft zu sehen, was nach jedem folgt —

Daher dieses Ergebnis. Denn hast du es nicht beachtet?

Wie Augen, die versuchen, das Feine wahrzunehmen,

Ansonsten wird die Zubereitung anstrengend sein

Überhaupt nicht scharf wahrnehmbar?

Doch wisse, dass du selbst bei einfachen Objekten

Wenn du nicht teilnimmst, ist es genauso

Als wären sie immer weit entfernt.

Was für ein Wunder also, dass dieser Geist den Rest verliert,

Außer jenen, denen es sich hingegeben hat?

Das ist es also, was wir aus kleinen Zeichen vermuten

Dinge, die weit und gewichtig sind und uns selbst einbeziehen

Im Knurren der Selbsttäuschung.

EINIGE WICHTIGE FUNKTIONEN

In diesen Angelegenheiten

Wir sehnen uns danach, dass du leidenschaftlich fliehst

Das eine Vergehen, und ich werde es ängstlich meiden

Der Fehler, die klaren Lichter anzunehmen

Von Augen wurden geschaffen, damit wir sehen könnten;

Oder Oberschenkel und Knie, auf den Füßen gestützt,

So können wir uns beugen, damit wir treten können

Mit guten Schritten vorwärts; oder Unterarme verbunden

Bis hin zu den robusten Oberteilen oder Servierhänden

Auf beiden Seiten wurde gegeben, dass wir es tun könnten

Eigene Anforderungen des Lebens. Alles solche Interpretation

Ist hin und her mit umgekehrtem Denken,

Da nichts im Körper geboren wird, so dass wir

Kann das Gleiche verwenden, aber die Geburt erzeugt die Verwendung:

Kein Sehen, bevor die Lichter der Augen geboren wurden,

Kein Sprechen, bevor die Zunge erschaffen wurde;

Aber der Ursprung der Zunge liegt schon lange zurück

Es wurden Diskurse aus Worten und Ohren geschaffen

Viel früher, als irgendein Ton zu hören war;

Und alle Mitglieder waren, so scheint es, da

Bevor sie ihren Nutzen bekamen: und deshalb, sie

Konnte aus Nutzungsgründen nicht geschlechtsspezifisch sein.

Aber im Gegenteil, im Kampf kämpfen

Mit Hand in Hand und Zerreißen der Gelenke,

Und die Gliedmaßen waren mit Blut verunreinigt,

O lange bevor die glänzenden Speere flogen;

Und die Natur veranlasste den Menschen, eine Wunde zu meiden,

Vor dem linken Arm mit Hilfe der Kunst

Konfrontiert mit dem Abschirmungsziel. Und wahrlich,

Den müden Körper zur Ruhe bringen,

Viel älter als Kissen weicher Betten,

Und den Durst zu löschen ist früher als Tassen.

Diese Gegenstände dienen also dem Gebrauch und dem Leben

Wurden erdacht, können als gefunden gedacht werden

Aus Gründen der Nutzung. Aber abgesehen davon

Sind alle, die zuerst geboren wurden und danach

Vermittelte Wissen über ihren eigenen Nutzen –

Hauptsächlich in welcher Art notieren wir die Sinne, Gliedmaßen:

Darum wiederum liegt es völlig außerhalb deiner Macht

Zu behaupten, dass diese auf diese Weise entstanden sein könnten

Für das Dienstamt.

Ebenfalls,

Es ist nichts Seltsames, dass all die atmenden Kreaturen

Suchen Sie, auch aufgrund der Natur ihres Körpers, nach ihrer Nahrung.

Ja, denn das habe ich dir von den Dingen her beigebracht

Unzählige Körper strömen und verlassen

Auch in unzähligen Modi; aber am meisten

Es müssen die Körper sein, die von den Lebenden strömen –

Welche Körper, immer mehr von Bewegung geplagt,

Werden unzählige durch den Mund ausgeatmet,

Wenn müde Wesen keuchen oder schwitzen

Unzählige aus tiefstem Inneren hervorgequetscht.

So verdünnt sich der Körper, so wird er untergraben

In seiner ganzen Natur, und Schmerz begleitet seinen Zustand.

Und so wird das Essen in die Unterschicht gebracht

Die schwankenden Gelenke und ihre Durchdringung

Um ihre Kräfte wiederherzustellen und dort aufzuhören

Die Sehnsucht, mit offenem Mund durch Glieder und Adern,

Für Essen. Und die Feuchtigkeit verschwindet nicht weniger

In alle Regionen, die Feuchtigkeit verlangen;

Und viele aufgehäufte Partikel heißer,

Die solch ein Brennen in unseren Bäuchen verursachen,

Beim Eintreffen löst sich die Flüssigkeit auf

Und erlischt wie ein Feuer, diese sengende Hitze

Der Rahmen kann jetzt nicht mehr verbrennen. Und so,

Du siehst, wie der keuchende Durst weggespült wird

Aus unserem Körper, wie der Hunger wehtut

Auch das beruhigte.

Wie kommt es nun, dass wir,

Wann immer wir wollen, können wir mit großen Schritten voranschreiten,

Und wie ist es gegeben, unsere Glieder zu bewegen,

Und welches Gerät wird gerne vorantreiben?

Das ist die große Last unseres körperlichen Körpers,

Ich sage dir: Achte darauf, was gesagt wird.

Ich sage das zuerst ein paar Idol-Filme über das Gehen

In unseren Geist fallen und den Geist schlagen,

Wie schon gesagt. Danach entsteht der Wille;

Denn niemand fängt vorher an, etwas zu tun

Der Intellekt sieht voraus, was er will;

Und was es da vorsieht, hängt davon ab

Worum es bei diesem Bild geht. Wenn also, Geist

Er regt sich so sehr, dass er es tut

Dahingehen und mitschreiten, es fällt sofort auf

Diese Seelenenergie, die ausgesät wird

Im ganzen Körper durch die Gliedmaßen und den Körper —

Und das ist von der Leistung her einfach

Die Seele ist eng mit dem Geist verbunden.

Als nächstes trifft die Seele wiederum auf den Körper, und zwar nach und nach

Dadurch wird die gesamte Masse mitgeschoben und bewegt.

Dann wird auch der Körper dünner und die Luft,

Wahrlich wie immer von solcher Beweglichkeit,

Kommt und dringt reichlich ein

Durch geöffnete Poren und somit rundherum verstreut

An alle kleinsten Orte in unserem Rahmen.

Durch diese beiden Faktoren also, einzeln,

Der Körper wird wie ein Schiff mit Rudern und Wind getragen.

Auch in diesen Angelegenheiten gibt es keinen Grund zum Staunen

Dass so feine Teilchen herumwirbeln können

So ein großartiger Körper und unser Gewicht;

Für den Wind, so zart mit seinem subtilen Körper,

Doch drängt und treibt das mächtige Schiff voran

Von gewaltiger Masse; eine Hand dirigiert dasselbe,

Was auch immer sein Schwung sein mag, und ein Ruder

Wirbelt es herum, wohin es euch gefällt; und Lasten,

Viele und riesige, werden bewegt und in die Höhe gehievt

Durch die Technik von Flaschenzügen und Rädern,

Mit nur leichter Belastung.

Nun, nach welchen Modi dieser Schlaf

Ergießt Wasser der Ruhe durch unsere Mitglieder

Und befreit die Brust von Sorgen des Geistes, das sage ich

In Versen, die süßer sind als viele andere;

Auch wenn die leichte Schwanennote bei weitem besser ist

Dann zerstreute sich das Geschrei der Kräne

Unter den luftigen Wolken des Südwinds. Tu es

Gib mir scharfe Ohren und einen klugen Verstand, –

Damit du die existierenden Dinge nicht leugnest

Davon spreche ich und gehe nicht weg

Mit Brustverachtung verachtend diese die gesprochenen Wahrheiten,

Du selbst bist schuld und kannst es nicht wahrnehmen.

Schlaf entsteht hauptsächlich, wenn die Energie der Seele kommt

Ist jetzt durch den Rahmen verstreut und teilweise

Ins Ausland ausgewiesen und weggegangen und getrennt

Zurückgedrängt und tief im Rahmen verankert –

Danach sinken unsere gelockerten Mitglieder.

Denn Zweifel entstehen nicht durch das Werk der Seele

Existieren in uns in diesem Sinne, und zwar im Schlaf

Dieser Sinn wird durchkreuzt, denken wir zwangsläufig

Die Seele beschämt und ins Ausland vertrieben –

Allerdings nicht ganz, sonst würde der Rahmen lügen

Durchtränkt von der ewigen Kälte des Todes.

In Wahrheit, wo kein Teil der Seele übrig blieb

Unter den Mitgliedern lauernd, sogar als Feuer

Lauert unter viel Asche begraben, woher

Könnte ein neu entfachtes Gefühl in den Mitgliedern spüren,

Wie kann eine Flamme aus unsichtbarem Feuer neu aufsteigen?

Mit welchen Mitteln dieser seltsame Zustand und neu

Kann Anlass sein, und durch was die Seele

Kann verwirrt sein und der Rahmen wird schwächer,

Ich werde es entwirren: Sorge dafür, dass ich

Gieße meine Worte nicht in leere Winde aus.

Erstens, der Körper in seinen äußeren Teilen —

Da diese von benachbarten Luftböen berührt werden —

Muss dort von Luftstößen geschlagen und gestreichelt werden?

Wiederholt. Und deshalb fast alle

Sind entweder mit Häuten oder mit Muscheln bedeckt,

Oder mit der Hornhaut, oder mit Rinde.

Doch dieselbe Luft peitscht ihre inneren Teile,

Wenn Lebewesen einatmen oder ausblasen.

Deshalb wird der Körper gleichermaßen ausgepeitscht

Von innen und außen und von Schlägen

Treten Sie durch die kleinen Poren in uns ein

Sogar im Inneren bis zu den Urteilen unseres Körpers

Und es entstehen Urelemente

Nach und nach, entlang unserer Mitglieder,

Eine Art Sturz; denn dann verwirrt

Sind das Anordnungen der Urkeime?

Von Körper und Geist. Es geschieht

Dass als nächstes ein Teil der Seele ins Ausland vertrieben wird,

Ein Teil zieht sich in versteckte Nischen zurück,

Auch ein Teil war über den ganzen Rahmen verstreut,

Es ist nicht möglich, sich zu einigen und sich nicht zu engagieren

Im Bewegungsaustausch. Natur jetzt

So werden Zugänge und Wege abgesichert;

Und so waren der Sinn und seine Bewegungen völlig durcheinander,

Zieht sich tief ins Innere zurück; Und da es nichts gibt,

Da der Körper geschwächt wird, um den Rahmen zu stützen,

Und alle Mitglieder schmachten und die Waffen

Und die Augenlider fallen, und während ihr im Bett liegt,

Selbst dort werden die Houghs zusammenbrechen und ihre Kräfte verlieren.

Auch hier folgt der Schlaf nach dem Essen, denn

Das Essen erzeugt das gleiche Ergebnis wie Luft,

Während es durch alle Adern verstreut wird;

Und am schwersten ist der Schlaf, der

Ob satt oder müde, du nimmst; denn das ist es dann

Dass sich die meisten Körper durcheinander bringen,

Von der harten Arbeit zerschlagen. Und in gleicher Weise,

Diese dreifache Veränderung: ein Zwang der Seele

Tiefer hinab, eher ein Auswurf davon,

Ein in seine Teile geteilter Umzug

Und noch mehr verstreut.

Und zu was auch immer

Ein Mann, der am meisten versunken ist, oder was die Angelegenheiten sind

Worauf wir bisher lange gezögert haben,

Und der Geist scheint sich umso mehr angestrengt zu haben

Im Schlaf kommt es nicht selten vor, gleichzeitig zu gehen.

Die Anwälte scheinen zu plädieren und Dekrete zu zitieren,

Kommandeure, sie sollen kämpfen und in die Schlacht ziehen,

Seeleute, die im Kampf mit den Winden leben,

Und wir selbst haben tatsächlich dieses Buch gemacht,

Und immer noch auf der Suche nach der Natur der Welt

Und legen Sie es hier ab, wenn Sie es einmal entdeckt haben

In diesen Blättern meines Landes. So alle Beschäftigungen,

Alle Künste im Allgemeinen scheinen im Schlaf zu verspotten

Und beherrsche den Geist der Menschen. Und wer auch immer

Tag für Tag haben lange Spiele stattgefunden

Ungeteilte Aufmerksamkeit, trotzdem behalten sie es

(Wie wir oft bemerken), auch wenn sie nicht mehr begreifen

Diese Spiele mit den eigenen Sinnen eröffnen Wege

Im Kopf, wodurch die Idol-Filme entstehen

Aus genau diesen Spielen kann es kommen. Und so ist es

Viele Tage später erscheinen diese

Vor den Augen schwebend, die sogar wach sind

Sie glauben, die Tänzer zu sehen, die sich umherbewegen

Ihre geschmeidigen Gliedmaßen lassen sich mit beiden Ohren fangen

Das flüssige Lied der Harfe und der sprechenden Akkorde,

Und sehen Sie sich die gleiche Versammlung auf den Sitzen an,

Und mannigfaltige strahlende Pracht der Bühne –

So groß ist der Einfluss von Streben und Eifer,

Und von den Angelegenheiten, bei denen das üblich war

Von Männern, die verlobt werden sollen – nicht nur von Männern,

Aber beruhigend alle Tiere. Erblicken,

Du wirst die kräftigen Pferde sehen, obwohl ausgestreckt,

Doch schwitzend im Schlaf und ständig keuchend,

Und mit aller Kraft, als ob es um einen Preis ginge,

Als ob die Barrieren jetzt geöffnet wären ...

Und Hunde von Jägern, die oft sanft ruhen

Doch werfen sie plötzlich alle ihre Beine hin und her,

Und knurren und bellen und schnüffeln mit ihren Nasenlöchern

Die Winde wieder, wieder, als ob tatsächlich

Sie hatten die duftenden Fußabdrücke wilder Tiere gefangen,

Und selbst wenn sie wach sind, verfolgen sie sie oft

Die Phantombilder von Hirschen, als ob

Sie haben sie schon früher auf der Flucht bemerkt,

Bis die Illusion abgeschüttelt ist und Hunde

Kommen Sie wieder zu sich selbst. Und kriecherische Rasse

Von hausgezüchteten Welpen verspüren sie den plötzlichen Drang

Um ihre Körper zu schütteln und vom Boden aus zu starten,

Als würde er fremde Gesichter erblicken.

Und je heftiger die Aktie, desto mehr

Im Schlaf muss das Gleiche stets toben.

Aber flieht vor den verschiedenen Vogelstämmen und Ärgernissen

Mit plötzlichen Flügeln in der Nacht die Haine der Götter,

Als sie sanft schlummerten, träumten sie

Von Falken auf der Jagd, die sich zum Kampf stürzen.

Auch hier handelt es sich um den Geist der Sterblichen, der Leistung erbringt

Mit mächtigen Bewegungen, mächtigen Unternehmungen,

Oft wird man im Schlaf das Gleiche tun und wagen

In gewisser Weise wie. Könige erobern die Städte im Sturm,

Erliegen Sie der Gefangennahme, dem Kampf auf dem Feld,

Erhebe einen wilden Schrei, als ob ihnen die Kehle durchgeschnitten wäre

Auch damals und dort. Und viele ringen weiter

Und stöhne vor Schmerzen und erfülle alle Regionen ringsum

Mit gewaltigem Geschrei und wild, als ob dann angenagt würde

Durch die Reißzähne eines Panthers oder eines wilden Löwen.

Viele reden im Schlaf darüber

Ihre mächtigen Unternehmungen, und das schon oft

Genug werden zum Beweis ihrer eigenen Verbrechen.

Viele finden den Tod; viele, wie kopfüber

Von hohen Bergen, die auf die Erde stürzen

Trotz ihrer ganzen Statur sind sie rasend vor Angst;

Und nach dem Schlaf, als wäre er immer noch verrückt im Kopf,

Sie kommen kaum zu sich, so verwirrt sie auch sind

Durch die Gärung ihres Körpers. Der durstige Mann,

Ebenso sitzt er neben dem herrlichen Frühling

Oder er fließt und schluckt mit klaffender Kehle hinunter

Nahezu der ganze Strom. Und oft die unschuldigen Jungen,

Durch den Schlaf überwältigt, denken Sie, sie heben ihr Kleid

Per Eimer oder öffentlich und dann ungültig

Das Wasser sickerte vollständig durch ihren Körper

Und die babylonischen Bettdecken durchnässen,

Herrlich hell. Wieder diese Männer

In die wogenden Kanäle dessen Jahre

Jetzt ist erst einmal der Samen (erzeugt) weitergegeben

Innerhalb ihrer Mitglieder durch die reifen Tage)

Werden im Schlaf von außen konfrontiert

Durch Götzenbilder irgendeiner schönen Form —

Botschaft von herrlichem Gesicht und schöner Blüte,

Was die Regionen jetzt aufrüttelt und anspornt

Mit reichlich Samen; sozusagen

Nachdem die Angelegenheit ordnungsgemäß geklärt war,

Sie ergießen die Wogen eines mächtigen Stroms

Und ihr Gewand beflecken.

Und wie schon gesagt,

Dieser Same erwacht in uns, wenn er einmal reif ist

Hat unseren Körper stark gemacht...

Wie verschiedene Ursachen verschiedenen Dingen geben

Impuls und Irritation, also eine Kraft

In der Menschheit erwacht der menschliche Samen

Aus dem Menschen herausspritzen. Sobald es darauf ankommt,

Aus seinen ersten Wohnstätten vertrieben, geht es weiter

Im ganzen Körper durch die Gliedmaßen und den Körper,

Treffen in bestimmten Regionen unserer Städte,

Und erregt die Genitalien des Menschen.

Die angestachelten Regionen schwellen mit Samen an und dann

Da kommt die Freude, gleich auf was zu schießen

Das wahnsinnige Verlangen sehnt sich so sehr und der Körper sucht

Dieses Objekt, von dem aus der Geist von der Liebe durchdrungen wird.

Denn fast jeder fällt seiner Wunde entgegen,

Und unser Blut strömt bis zu der Stelle, von der es kommt

Der Schlag, mit dem wir gestrichen werden, und wenn überhaupt

Der Feind ist nah, der rote Strahl erreicht ihn.

Wer also einen Schlaganfall von den Pfeilen der Venus bekommt –

Ob ein Junge mit weiblichen Gliedmaßen

Greife ihn an, oder eine Frau, die sich in die Liebe stürzt

Von ihrem ganzen Körper – das strebt man danach

Sogar bis zu dem Ding, bei dem er getroffen wird und sich danach sehnt

Mit ihm verbinden und in seinen Rahmen eingießen

Die Flüssigkeit stammt sogar aus ihrem eigenen Inneren.

Denn das stumme Verlangen kündigt Freude an.

DIE LEIDENSCHAFT DER LIEBE

Dieses Verlangen ist für uns Venus:

Erzeuge daraus alle Verlockungen der Liebe,

Von hier aus gelangte O zuerst in die Herzen der Menschen

Tröpfelte dieser Tropfen Freude, der nicht lange auf sich warten ließ

Ist durch Kühlpflege gelungen. Da tatsächlich

Obwohl sie, die du liebst, jetzt weit weg ist,

Doch Götzenbilder von ihr sind nahe

Und der süße Name schwebt in deinem Ohr.

Aber es ist angebracht, diesen Bildern zu entfliehen;

Und verscheuche alles, was deine Liebe nährt;

Und wende deine Gedanken woanders hin; und das Sperma ablassen,

In dir versammelt, in verschiedenen Körpern,

Auch wenn deine Gedanken immer noch mit einer Liebe beschäftigt sind,

Bewahren Sie es für einen einzigen Genuss auf und bewahren Sie es auf

Kümmere dich um dich selbst und Schmerzen sind unvermeidlich.

Denn siehe, das Geschwür allein durch Nähren

Wächst mit tiefer Unermüdlichkeit zu mehr Leben,

Und Tag für Tag schwillt die Wut in Flammen an,

Und das Leid wird von Tag zu Tag schlimmer —

Es sei denn, du zerstörst selbst durch neue Schläge

Die früheren Wunden der Liebe und sie heilen

Während sie noch frisch sind, wandern sie frei umher

Nach der frei wandernden Venus, bzw

Kann den Aufruhr deines Geistes nicht woanders hinführen.

Das gilt auch für den Mann, der sich von der Liebe fernhält

Doch es fehlen die Früchte der Venus; nimmt eher

Diese Freuden, die frei von Strafen sind.

Für die Freuden der Venus, wahrlich,

Sind für geistig gesunde Sterbliche ungemischter

Als für diejenigen, die vor Liebeskummer im Herzen leiden.

Ja, im Moment des Besitzens,

Wogt die Hitze der Liebenden hin und her,

Unruhig, unsicher; und sie können es nicht reparieren

Was man als Erstes mit Augen und Händen genießen sollte.

Die Teile, nach denen sie suchten, die sie so fest zusammendrückten,

Und schmerze den Körper der Kreatur, schließe ihre Zähne

Oft gegen ihre Lippen und mit Küssen

Mund in Mund, – weil es die gleiche Freude ist

Ist nicht unvermischt; und darunter sind Stacheln

Was einen Mann dazu anspornt, genau das zu verletzen,

Was auch immer es ist, woher kommt es für ihn?

Diese Keime des Wahnsinns. Aber mit sanfter Berührung

Venus unterdrückt die Schmerzen inmitten der Liebe,

Und die Beimischung einer streichelnden Freude

Zähmt die Bisse der Leidenschaft. Denn sie hoffen

Das durch den Körper selbst, von dem sie gefangen wurden

Die Hitze der Liebe, ihre Flammen können gelöscht werden.

Aber die Natur protestiert, es sei alles ganz anders;

Für diese Liebe ist es das Einzige

Je mehr davon wir haben, desto heftigere Verbrennungen

Die Brust mit versunkenem Verlangen. Für Essen und Trinken

Werden innerhalb unserer Mitglieder übernommen; und, da sie

Dadurch können bestimmte Teile leicht verstopft werden

Das Verlangen nach Wasser ist überfüllt und nach Brot.

Aber siehe da, vom menschlichen Gesicht und der schönen Blüte

Nichts dringt in unseren Rahmen ein, um genossen zu werden

Sparen Sie fadenscheinige Götzenbilder und eitle –

Eine traurige Hoffnung, die der Wind oft zerstreut.

Wie wenn der durstige Mann im Schlaf sucht

Zu trinken und Wasser wird ihm nie gewährt

Womit er die Hitze in seinen Gliedern löscht,

Aber nach Idolen strebt der Flüssigkeiten

Und er arbeitet vergeblich und hat Durst, selbst während er schluckt

Mitten im Strom, also verliebt

Venus täuscht mit Götzenbildern

Die Liebenden. Sie können ihre Lust auch nicht stillen

Durch bloßes Anschauen der Körper, noch

Sie können nicht mit ihren Handflächen und Fingern reiben

Aught von jedem zarten Glied, während sie sich verirren

Unsicher am ganzen Körper. Dann,

Endlich, mit miteinander verflochtenen Mitgliedern, wenn sie

Genießen Sie die Blüte ihres Alters, wenn jetzt

Ihre Körper verkünden süße Freuden,

Und Venus ist dabei, die Felder zu säen

Von Frauen, die gierig ihre Rahmen verschließen,

Und mischen Sie den Sklaven ihrer Münder und atmen Sie

Ineinander, Zähne auf den Mund pressend –

Doch ohne Zweck, da sie machtlos sind

Etwas abreiben oder eindringen und passieren

Mit Körper ganz in Körper – für oft

Sie scheinen sich darum zu bemühen und zu kämpfen;

So eifrig klammern sie sich an die Fesseln der Venus,

Während sie ihre Mitglieder dahinschmelzen lassen, überwinden sie

Durch Gewalt der Freude. Aber wann endlich

Die Lust, gesammelt in den Bäumen, hat sich erschöpft,

Es entsteht eine kurze Pause in der stürmischen Hitze –

Doch dann kehrt der Wahnsinn zurück

Und diese alte Wut besucht sie wieder,

Wenn sie wieder einmal danach streben, etwas zu erreichen

Sie wissen nicht was, alle können es nicht finden

Der Kunstgriff, den Fluch zu unterwerfen.

In solch einem unsicheren Zustand verkümmern sie

Mit unsichtbarer Wunde.

Hinzu kommt noch,

Sie verschwenden Kräfte und mit der Mühe lassen sie nach;

Hinzu kommt, dass sie ihre vergeblichen Jahre verbringen

Unter dem Wink und Ruf eines anderen; ihre Aufgaben

Vernachlässigtes Schmachten und ihr ehrlicher Name

Reeleth ist krank, krank; und inzwischen ihre Güter

Sind in babylonischen Wandteppichen verloren;

Und Salben und zierliche sizyonische Schuhe

Lache auf ihren Füßen; und (wie Sie sicher sein können)

Große Smaragde aus grünem Licht sind in Gold eingefasst;

Und ein sattes meerviolettes Kleid durch ständiges Tragen

Wird schäbig und völlig durchnässt vom Schweiß der Venus;

Und das wohlverdiente angestammte Eigentum

Wird zu Stirnbändern, Hauben und vielem mehr

Die Mäntel oder Kleidungsstücke Alidensian

Oder von der Cean-Insel. Und Bankette, bereit

Mit feinsten Stoffen und Lebensmitteln werden zubereitet –

Und Glücksspiele und so mancher Trinkbecher,

Und Salben, Kronen und Girlanden. Alles umsonst,

Seitdem aus der Quelle der Freuden

Sprudelt ein Tropfen Bitterkeit hervor, um zu quälen

Unter den Blumen selbst – wenn ich glücklich bin

Nagt an sich selbst, jetzt von Reue geplagt

Für träge Jahre und Ruin in Baudels,

Oder weil sie ihn im Zweifel gelassen hat

Indem man ein schlaues Wort ausstößt, das immer noch wie Feuer ist

Lebt wild und hängt an seinem eifrigen Herzen;

Oder weil er denkt, dass sie ihm in die Augen schießt

Zu viel herum und Blicke auf einen anderen, –

Und in ihrem Gesicht sieht man Spuren eines Lachens.

Diese Übel finden sich in gedeihender und wahrer Liebe;

Aber in gekreuzter Liebe und Hilflosigkeit gibt es solche

Wie durch geschlossene Augenlider kannst du immer noch wahrnehmen –

Unzählige Krankheiten; Damit es bei weitem besser ist

Um vorher zuzusehen, wie ich es gezeigt habe,

Und hüte dich vor Verlockungen. Um zu meiden

Ein Sturz in die Jagdfallen der Liebe

Ist nicht so schwer, wieder rauszukommen,

Wenn sie sich in den Netzen verheddern und platzen

Die fest geknüpften Schnüre der Aphrodite.

Doch selbst wenn es mit verhedderten Füßen verstrickt ist,

Immer noch kannst du der Gefahr entkommen – aus Angst

Du stehst deinem eigenen Wohl im Weg,

Und übersehen Sie zunächst alle Schönheitsfehler

Von Geist und Körper deines vielbevorzugten,

Begehrenswerte Dame. Denn das tun Männer,

Augenlos vor Leidenschaft und ihnen zuweisen

Gnaden gehören ihnen tatsächlich nicht. Und so sehen wir

Kreaturen in vielerlei Hinsicht krumm und hässlich

Die wohlhabenden Liebsten werden hoch geschätzt;

Und Liebende gürten einander und beraten sich

Um Venus zu besänftigen, da ihre Freunde verärgert sind

Mit einer niederträchtigen Leidenschaft – elende Dummköpfe

Die sich selten selbst den schlimmsten Fluch von allen bescheren.

Das schwarzhäutige Mädchen ist „gelbbraun wie der Honig“;

Das „Negligé“ des Schmutzigen und des Stinkenden;

Mit den Katzenaugen ist sie „ein kleiner Pallas“, sie;

Der sehnige und schrumpelige Mensch ist eine „Gazelle“;

Der Pummel und das Pummelchen sind „pikant,

Sicher eine der Grazien; die große und massige

O sie ist „eine Bewunderung, imposante“;

Das stotternde und sprachlose „süße Lispeln“;

Das stumme Mädchen ist „bescheiden“; und die Geschwätzigen,

Der boshafte Spießfeuer ist „ein funkelnder Witz“;

Und sie, die kaum für Dürre lebt

Wird „ein schlanker Liebling“; "empfindlich"

Ist sie es, die an einem Hustenanfall fast gestorben ist?

Das zierliche Weibchen mit hervorstehenden Brüsten

Sie ist „wie Ceres, als die Göttin gab. “

„Der junge Bacchus saugt“; die stupsnasige Geliebte

„Eine Satyresse, ein weiblicher Silenus“;

Der blubbernde ist „alles ein üppiger Kuss“ –

Es wäre eine ermüdende Zeit gewesen, das Ganze zu erzählen.

Aber lass ihr Gesicht so viel Charme besitzen, wie du willst,

Lass die Herrlichkeit der Venus aus allen ihren Gliedern aufsteigen, –

Wahrlich, es gibt noch andere; und wahrlich

Wir haben vorher ohne sie gelebt; und wahrlich

Sie tut die gleichen Dinge – und wir wissen, dass sie es tut –

Alles, wie das hässliche Geschöpf, und sie riecht,

Ja, sie, ihr elendes Selbst mit abscheulichen Düften;

Vor dem sogar ihre Dienerinnen fliehen und kichern

Hinter ihrem Rücken. Aber er, der Liebhaber, in Tränen

Denn ausgesperrt, deckt ihre Schwelle ab

Oft mit Blumen und Girlanden und Salbungen

Ihre hochmütigen Türpfosten mit dem Majoran,

Und Fingerabdrücke, armer Kerl, Küsse an den Türen –

Endlich zugegeben, wenn auch nur ein Hauch

Als er sich ihm näherte, würde er suchen

Gute Ausreden, um sofort auszugehen;

Und dann würde seine Klage, über die er lange nachgedacht hatte, verstummt sein

Ihm auf den Fersen; und da würde er sich selbst verdammen

Für seine Dummheit, zu beobachten, wie

Er hatte derselben Dame mehr zugewiesen –

Als es angemessen ist, den Sterblichen zuzugestehen.

Und unsere Venusfrauen sind sich dessen bewusst.

Deshalb sind sie umso mehr bemüht, sich zu verstecken

Alle Einblicke hinter die Kulissen des Lebens von diesen

Wen sie in Banden der Liebe halten wollen –

Vergebens, denn du kannst es trotzdem durch Gedanken

Ziehe die ganze Materie ans Licht

Und wir werden die Ursache für all dieses Lächeln herausfinden.

Und wenn sie einen anmutigen Geist hat und gütig ist,

Übersiehst du wiederum dasselbe,

Und ermöglichen somit eine geringe Sterblichkeit.

Auch seufzt die Frau nicht immer mit vorgetäuschter Liebe,

Wer verbindet ihren Körper um den Körper des Mannes, verschlossen

Und hält ihn fest und macht seine Küsse feucht

Mit Lippen in Lippen gesaugt; denn oft handelt sie

Auch aus Verlangen und auf der Suche nach gegenseitigen Freuden,

Spornt ihn dazu an, den Wettlauf der Liebe zu durchlaufen.

Auch sonst können Vieh, Vögel, wilde Tiere,

Und Schafe und Stuten unterwerfen sich den Männchen,

Außer dass ihre eigene Natur in Hitze liegt,

Und brennt reichlich und mit Freude nimmt

Noch einmal die Venus der aufsteigenden Männchen.

Und du siehst nicht, wie diejenigen, die sich gegenseitig erfreuen

Wurden die Gefesselten in ihren gemeinsamen Banden gefoltert?

Wie oft hecheln Hunde an der Kreuzung

Um auseinanderzukommen, zerren Sie eifrig auseinander

Mit größter Kraft? – Dabei sind sie immer schnell

In den starken Verbindungen der Venus. Aber das würden sie nie tun

Also ziehen Sie, außer sie kannten diese gegenseitigen Freuden –

So mächtig, dass sie sie in Schlingen werfen können

Und halte sie gefesselt. Deshalb noch einmal, noch einmal,

Wie gesagt, es gibt eine gemeinsame Freude.

Und wenn er zufällig Samen mit seinem vermischte,

Das Weibchen hat die Kraft des Mannes überwältigt

Und durch einen plötzlichen Schlag hat er es schnell ergriffen,

Dann sind die Nachkommen mehr aus dem Samen der Mütter,

Eher wie ihre Mütter; als aus väterlichem Samen,

Sie sind wie Väter. Aber wer scheint das zu sein?

Teilnehmer jeder Form, eine gleiche Mischung

Diese werden aus den Merkmalen der Eltern generiert

Aus dem Körper des Vaters und aus dem Blut der Mutter,

Wenn gegenseitige und harmonische Hitze entbrannt ist

Zusammen Samen, geweckt entlang ihrer Rahmen

Durch die Anstöße der Venus und keines von beiden

Mastereth oder wird gemeistert. Kommt auch vor

Dass manchmal Nachwuchs entstehen kann

In Anlehnung an ihre Großväter und zurückbringen

Oft sind die Formen der Väter der Großväter, weil

Ihre Eltern bleiben oft in ihren Körpern erhalten

Verborgen viele Urkeime, vermischt

In vielen Modi, die, beginnend mit der Aktie,

Der Vater vererbt sich an den Sohn, der selbst ein Vater ist.

Woher Venus durch einen variablen Zufall

Erzeugt Formen und bringt sie auf vielfältige Weise wieder zurück

Ahnenmerkmale, auch Stimmen und Haare.

Eine weibliche Generation erhebt sich

Vom Samen väterlicherseits und vom Körper der Mutter

Es gibt erschaffene Männchen: da geht der Sex weiter

Nicht mehr aus der Einzigartigkeit des Samens als aus Gesichtern

Oder Körper oder Gliedmaßen von uns: für jede Geburt

Ist aus einem zweifachen Samen; und was entsteht

Hath, von dem Elternteil, dem es ähnlicher ist,

Mehr als der gleiche Anteil; wie du merken kannst, —

Ob es sich bei der Rasse um männliche oder weibliche Tiere handelt.

Auch die göttlichen Mächte sind keinem Menschen grollig

Die Früchte seiner Aussaat, also niemals

Er wird von seinen süßen Kindern „Vater" genannt,

Und seine Tage für immer in unfruchtbarer Liebe beenden.

Was viele Männer vermuten; und düster

Sie besprengen die Altäre mit reichlich Blut,

Und die hohen Plattformen mit verbrannten Geschenken riechen lassen,

Um ihre Frauen durch reichlichen Samen groß zu machen —

Und plage mit eitlen Gottheiten und heiligen Losen.

Denn unfruchtbar sind diese Männer durch zu dicke Samen,

Oder aber viel zu wässrig und dünn.

Denn das Dünne ist machtlos, es zu spalten

Schnell an die richtigen Orte, sofort

Es rieselt von ihnen, und, wieder zurückgekehrt,

Geht fehlgeschlagen in den Ruhestand. Und dann seit Samen

Es wird mehr Grobheit und Solidität ausgegeben, als es passt

Bei manchen Menschen fliegt es entweder nicht weiter

Wenn der Schub lange genug anhält, sonst schlägt er fehl

Um die richtigen Orte angemessen zu betreten,

Oder der Samen ist nach dem Eintritt schwach gemischt

Mit Samen der Frau: Harmonien der Venus

Werden hier als sehr wichtig angesehen; und einige

Einige sind leichter zu imprägnieren, andere wiederum

Manche Frauen werden leichter schwanger und werden schwanger

Schwanger. Und viele Frauen waren zuvor unfruchtbar

In mehreren Ehebetten habe ich danach noch geschlafen

Habe die Partner gefunden, von denen sie schwanger werden konnten

Die kleinen Jungen und mit süßen Nachkommen

Werde reich. Und selbst für Ehemänner (deren eigene Frauen,

Obwohl sie fruchtbare Gebärmutter haben, haben sie für sie gezeugt

Es werden auch keine Babys im Haus gefunden

Einvernehmliche Naturen, damit sie endlich

Kann sein Alter mit guten Söhnen absichern.

Eine Angelegenheit von großer Bedeutung, es ist in Wahrheit,

Dass sich Samen leicht mit Samen vermischen können

Zur Fortpflanzung geeignet und so dick

Sollte mit flüssigen Samen vermischt werden, wobei die Flüssigkeit dicker wird.

Und in diesem Geschäft ist das von einiger Bedeutung

Von welcher Ernährung ernährt sich das Leben:

Manche Lebensmittel verdicken die Samen in unseren Mitgliedern,

Und andere verdünnen sie und verkümmern.

Und in welchen Modi vergnügt sich der Fond

Wird weitergeführt — auch das ist von enormer Bedeutung.

Denn im Allgemeinen wird angenommen, dass Frauen schwanger werden

Bereitwilliger in der Art wilder Tiere,

Nach dem Brauch der Vierfußrassen

Weil so eine Haltung, mit den Brüsten darunter

Und dann hochgezogen, können die Samen aufgenommen werden

Ihre richtigen Plätze. Es ist auch nicht das geringste Bedürfnis

Für Frauen, die Gesten der Schmeichelei nutzen;

Denn so behindert und leistet die Frau Widerstand

Ihre eigene Vorstellung, wenn auch zu freudig

Sie selbst behandelt die Venus des Mannes

Mit hebenden Hüften und mit ihrer ganzen Brust

Jetzt nachgebend wie die Wogen des Meeres —

Ja, vom gleichmäßigen Kurs und der gleichmäßigen Spur der Pflugschar

Sie wirft die Furche, und zwar an den richtigen Stellen

Lenkt den Samenstrahl ab. Und Kurtisanen

Sind auf diese Weise gewohnt, für ihre eigenen Zwecke zu handeln,

Um Schwangerschaft und Liegezeit zu vermeiden,

Und die ganze Zeit, um Venus mehr darzustellen

Ein Vergnügen für die Männer — das scheint mir

Unsere Frauen haben es nie nötig.

Manchmal auch

Es geschieht – und zwar durch keine Göttlichkeit

Auch keine Pfeile der Venus – das ist ein trauriger Blödsinn

Von der spärlichen Gnade wird der Mensch geliebt;

Denn manchmal sie selbst durch ihre Taten,

Durch ihr fügsames Verhalten und ihre ordentlichen Gewohnheiten,

Wird dich leicht daran gewöhnen, vorbeizukommen

Mit ihr dein Leben – und außerdem, siehe,

Lange Gewohnheit kann menschliche Liebe hervorbringen,

Sogar als ein Objekt, das immer wieder geschlagen wird

Durch Schläge, wie sanft sie auch sein mögen, doch endlich

Wird überwältigt und schwankt. Siehst du nicht,

Außerdem, wie Wassertropfen herunterfallen

Gegen die Steine endlich die Steine durchbohren?

Buch V

EINLEITUNG

O WER kann mit mächtiger Brust ein Lied erbauen

Sind Sie der Majestät dieser großartigen Funde würdig?

Oder wer in Worten so stark ist, dass er ihn einrahmen kann

Die verdienten Lobeshymnen von ihm

Wer hat uns als Erben so großer Preise hinterlassen?

Von seiner eigenen Brust entdeckt und aufgesucht? –

Ich denke, es wird niemanden von sterblicher Abstammung geben.

Denn für ihn muss der Name genannt werden

Gefordert von der jetzt bekannten Majestät

Von diesen hohen Dingen war er dann ein Gott, –

Höre mich, berühmter Memmius – ein Gott;

Wer war der Erste und Chef, der diesen Lebensplan herausgefunden hat?

Was jetzt Philosophie heißt, und wer

Durch listiges Handwerk, aus so mächtigen Wellen,

Aus solch mächtiger Dunkelheit, verankertes Leben

In so ruhigen Häfen, in so klarem Licht.

Vergleichen Sie diese alten göttlichen Entdeckungen

Von anderen: siehe, der Geschichte zufolge,

Ceres wurde für die Sterblichkeit gegründet

Das Korn und der Bacchus-Saft der Weintraube,

Auch wenn das Leben ohne diese Dinge noch bestehen könnte,

Sogar wie der Bericht sagt, leben jetzt einige Völker.

Aber das Wohlergehen des Menschen war unmöglich

Ohne Brust alles frei. Deshalb umso mehr

Dieser Mann scheint uns mit Recht ein Gott zu sein,

Von wem der süße Trost des Lebens in der Ferne liegt

Über bevölkerungsreiche Gebiete verteilt,

Beruhige nun die Gemüter der Menschen. Aber wenn du denkst

Die Arbeit des Herkules übertrifft das Gleiche,

Du bist viel weiter von der wahren Vernunft entfernt.

Denn was könnte uns jetzt noch schaden, dieser mächtige Schlund

Vom Nemeäischen Löwen oder vom Eber

Wer sträubte sich in Arcadia? Oder noch einmal:

O was könnte der kretische Stier oder die Hydra angreifen

Von Lerna, eingezäunt mit giftigen Vipern?

Oder was für eine dreireihige Kraft sie hat

Der dreifache Geryon...

Die Wanderer im Stymphalischen Moor

Beleidigt uns oder die Rosse so furchtbar

Vom thrakischen Diomedes, der Feuer spuckt

Aus ihrer Nase streifen sie die Zonen entlang

Bistonianer und Ismarier? Und die Schlange,

Der furchterregende, wilde Betrachter, Hüter des Goldenen

Und glänzende Äpfel der Hesperiden,

Mit enormer Masse um den Baumstamm gewickelt,

Oh, was könnte er uns noch antun?

Entlang der Atlantikküste und den Meereswüsten?—

Wo sich keiner von uns nähert

Auch keine barbarischen Unternehmungen. Und der Rest

Von all den getöteten Monstern, selbst wenn sie leben,

Welchen Schaden könnten sie anrichten, wenn sie noch immer unbesiegt sind?

Keine, wie ich vermute. Denn so die überflutete Erde

Noch heute wimmelt es von wilden Bestien

Ist voller ängstlicher Schrecken durch den Wald

Und mächtige Berge und die Waldtiefen —

Quartiere sollten wir im Allgemeinen meiden.

Aber damit die Brust nicht gereinigt wird, welche Konflikte dann?

Was für Gefahren müssen uns trotz unseres eigenen Trotzes in uns bergen!

O, wie groß und heftig sind dann die Sorgen der Lust

Das spaltete den Mann verzweifelt! Wie groß sind die Ängste!

Und siehe da, der Stolz, die grimmige Gier und die Übermut —

Wie groß war das Gemetzel in ihrem Zug! und siehe da,

Ausschweifungen und jede Art von Faultier!

Deshalb der Mann, der diese unterworfen hat,

Und aus dem Geist vertrieben, tatsächlich durch Worte,

Keine Waffen, oh soll es ihm nicht gebührlich sein

Sich würdigen, indem man sich den Göttern anschließt?—

Und umso mehr, als er es pflegte zu geben,

Was die unsterblichen Götter selbst betrifft,

Viele Äußerungen mit göttlicher Zunge,

Und durch seine Äußerungen alles zu entfalten

Die Natur der Welt.

ARGUMENT DES BUCHES UND NEUES PROEM

GEGEN EINEN TELEOLOGISCHEN BEGRIFF

Und jetzt gehen

Ich trete in seine eigenen Fußstapfen

Seine Überlegungen und seine Aussagen lehren

Der Bund, der alle Dinge festlegt,

Wie sehr sie sich an diesen Bund halten müssen

Niemals durchsetzen, die Äonen aufzuheben.

Unerbittliche Verordnungen — wie (wie wir herausgefunden haben),

In der Klasse der sterblichen Objekte, über alles andere,

Der Geist besteht aus einem erdgeborenen Rahmen

Und unfähig, unversehrt zu bleiben

Über die mächtigen Äonen hinweg, und wie kam es dazu?

Im Schlaf diese Götzenerscheinungen,

Das ist so täuschende Intelligenz, wenn wir

Scheint einen Mann zu sehen, den das Leben verlassen hat.

Bisher sind wir gegangen; die Reihenfolge meines Plans

Hat mich jetzt an den Punkt gebracht, an dem ich

Wie auch das Universum berichten muss

Besteht aus einem sterblichen Körper, der in der Zeit geboren wurde,

Und in welchen Modi hat das Zeug versammelt?

Hat sich als Erde und Himmel etabliert,

Ozean und Sterne und Sonne und Mondball;

Und was für Lebewesen sind daraus hervorgegangen?

Die alten tellurischen Orte und welche

Wurden überhaupt nie geboren; und in welchem Modus

Die Menschheit begann, ihren Dingen Namen zu geben

Und nutzen Sie die vielfältige Sprache von Mann zu Mann;

Und auf welche Weise hat es in ihren Brüsten gewirkt?

Diese Ehrfurcht vor Göttern, die in allen Ländern heiligt

Fanes, Altäre, Haine, Seen, Götzenbilder der Götter.

Auch ich werde durch welche Kraft entwirren

Der Steuermann der Natur lenkt die Bahnen der Sonne,

Und die Mäanderungen des Mondes, damit wir nicht

Vielleicht sollte man sich das aus freien Stücken vorstellen

Sie umkreisen ihre mehrjährigen Gänge,

Timing ihrer Bewegungen zur Steigerung der Ernte

Und Lebewesen, oder damit wir nicht denken

Sie folgen jedem Plan der Götter.

Auch für die Männer, die es gut gelernt haben

Dass Gottheiten ein langes, sorgenfreies Leben führen,

Wenn sie sich doch inzwischen fragen, nach welchem Plan

Es kann weitergehen (und vor allem mit den hohen Dingen).

Oben an den ätherischen Küsten beobachtet),

Wieder eilen die Ängste zurück

Von alter Religion und wieder adoptieren

Harte Herren, die als allmächtig gelten – elende Männer,

Ohne zu wissen, was sein kann und was nicht,

Und durch welches Gesetz ist jedem sein Geltungsbereich vorgeschrieben?

Sein Grenzstein, der so tief in der Zeit haftet.

Aber im Übrigen – damit wir dich hier nicht aufhalten

Länger durch leere Versprechungen – siehe,

Vor allem die Meere, die Länder, der Himmel:

O Memmius, ihre dreifache Natur, siehe,

Ihre Körper drei, drei Aspekte so unähnlich,

Drei Bilder, so groß, dass ein einziger Tag sie ergeben wird

Zur Vernichtung! Dann wird es abstürzen

Diese gewaltige Form und Struktur der Welt

So viele Äonen durchgehalten! Ich auch nicht

Ich begreife nicht, wie seltsam und wunderbar

Diese Tatsache muss den Verstand des Menschen treffen, –

Vernichtung von Himmel und Erde

Das soll so sein – und mit welcher Mühe der Worte

Es liegt an mir, das Gleiche zu beweisen. wie es oft passiert

Wenn ihr es einmal den hörenden Ohren der Menschen darbietet

Etwas noch nie dagewesenes, vielleicht aber auch nicht

Unterwerfen Sie es der Sicht der Augen für ihn

Noch lege es in die Hand – den Anblick und die Berührung,

Wobei die eröffneten Autobahnen des Glaubens

Führt am direktesten in die menschliche Brust

Und Regionen der Intelligenz. Aber jetzt

Ich werde mich zu Wort melden. Die Tatsache selbst, vielleicht

Ich werde den Glauben an diese meine Worte und dich erzwingen

Vielleicht sehen Sie in kurzer Zeit enorm

Mit steigender Aufregung der Länder alle Dinge

In Stücke zitternd – weit weg von uns

Möge sie, der Steuermann der Natur, führen: und möge

Vernunft, o eher als die Tatsache selbst,

Überzeugen Sie uns, dass alle Dinge zerstört werden können

Und sinke mit einem furchtbar klingenden Zusammenbruch!

Aber bevor ich das sage, gehe ich einen Schritt weiter

Orakel sind heiliger und fundierter

Als je zuvor wurde der Pythianer für Männer ausgesprochen

Aus dem Dreifuß und dem Delphischen Lorbeer,

Ich werde mich mit gelehrten Worten für dich entfalten

Manch ein Trost, damit nicht vielleicht

Vermutlich immer noch von der Religion gezügelt

Länder, Sonne und Himmel, Meer, Sternbilder, Mond,

Muss ewig dauern, vom Rahmen her göttlich –

Daraus schließen wir, dass es einfach so ist,

(Nach der Art der Riesen), sollten alle

Zahlen Sie die hohen Strafen für monströse Verbrechen,

Die durch ihre Überlegungen überwältigen

Die Wälle des Universums und des Wunsches

Dort, um die herrliche Sonne des Himmels zu erhellen,

Branding mit sterblichen Worten unsterblicher Dinge –

Obwohl diese gleichen Dinge sogar noch so weit entfernt sind

Von jeder Berührung von Gottheit und Schein

Bisher unwürdig, zu den Göttern gezählt zu werden,

Man könnte also davon ausgehen, dass sie eher als Einrichtung dienen

Ein gutes Beispiel für solche Dinge

Dem fehlt die lebendige Bewegung, der lebendige Sinn.

Sicherlich ist das völlig daneben zu denken

Dieses Urteil und die Natur des Geistes

In jeder Art von Körper kann es existieren —

So wie im Äther kein Baum existieren kann,

Keine Wolken im Salzmeer, noch auf den Feldern

Können Fische leben und Blut im Holz sein?

Noch Saft in Felsbrocken: fixiert und angeordnet

Wo alles wachsen und seinen Platz haben kann.

Daher kann die Natur des Geistes nicht allein entstehen

Ohne den Körper, noch ist sein Sein weit

Von Thews und Blut. Doch wenn es möglich wäre?—

Viel eher könnte es diese Geisteskraft sein

Sei im Kopf, den Schultern oder den Fersen,

Und doch, egal wo, geboren

Im selben Mann, im selben Gefäß bleiben

Aber da innerhalb dieses Körpers sogar von uns

Steht fest und wirkt sicher arrangiert

Wo Seele und Geist jeweils existieren und wachsen können,

Wir müssen mehr leugnen, als sie ertragen können

Außerhalb des Körpers und der Atemform

In verrottenden Erdklumpen, im Feuer der Sonne,

Im Wasser oder an den Himmelsküsten des Äthers.

Deshalb sind diese Dinge nicht eingerichtet

Mit göttlichem Sinn, da sie niemals sein können

Mit beschleunigter Lebenskraft.

Ebenso kannst du nie

Glauben Sie, dass sich hier die heiligen Sitze der Götter befinden

In allen Regionen dieser alltäglichen Welt;

Tatsächlich ist die Natur der Götter, so subtil,

So weit von diesen unseren Sinnen entfernt, knapp

Wird sogar durch die Intelligenz des Geistes gesehen.

Und seitdem haben sie sich jemals jeder Berührung und jedem Stoß entzogen

Menschenhände können sie nicht erreichen, um sie zu greifen

Für uns greifbar. Für was auch immer

Sich selbst wiederum kann man niemals berühren.

Deshalb müssen auch ihre Sitze sein

Im Gegensatz zu diesen unseren Sitzen, sogar subtil,

Wie für die subtile Essenz geeignet — wie ich beweisen werde

Im Folgenden mit großer Rede zu dir.

Darüber hinaus möchte ich das zum Wohle der Menschen sagen

Sie wollten die Pracht dieser Welt vorbereiten,

Und das ist daher Pflicht und Pflicht

Das Werk der Götter als lobenswert loben,

Und das ist ein Sakrileg für Männer

Immer mit Gewalt von ihren Sitzen

Was wurde durch die Vorsehung des Alten festgestellt?

Auf ewig für die Rassen der Menschheit,

Und es ist ein Sakrileg, mit Worten anzugreifen

Und stürzen Sie alles von der Basis bis zum Balken um, —

Memmius, solche Ideen zum Zusammenbrauen und Stapeln,

Ist wahrlich — zu lieben. Unsere Dankbarkeit,

O welche Bezüge könnte es bringen

Auf Unsterbliche und auf die Seligen

Dass sie einen Schritt unternehmen sollten, um irgendetwas in den Griff zu bekommen

Für uns? Oder welcher neue Faktor könnte,

Nach so langer Zeit, verführen Sie sie –

Das bisher Ruhevolle – begehren

Um ihr früheres Leben zu ändern? Eher er

Wem alte Dinge auf die Nerven gehen, dürfte sich freuen

Im Neuzustand; aber eines, das in längst vergangener Zeit

Hat in guten Jahren nichts Böses erlebt,

O was könnte in so einem Menschen jemals etwas entfachen?

Leidenschaft für seltsame Experimente? Oder was

Das Böse für uns, wenn wir nie geboren worden wären?—

Als ob, wahrlich, in finsteren Reichen und Leid

Unser Leben lag, bis es endlich dämmerte

Der Morgen der Schöpfung! Wer auch immer

Der gezeugte Wille muss unbedingt bleiben

Im Leben, solange die liebevolle Freude anhält;

Aber wer noch nie die Liebe zum Leben gekostet hat,

Und niemals zählte man die Lebewesen,

Was tut ihm weh, dass er nie geboren wurde?

Von hier aus wurde weiter zuerst in den Göttern gepflanzt

Der Archetyp für die Geschlechterbestimmung der Welt

Und die Vorahnung davon, wie der Mensch ist,

Damit sie es wussten und mit Verstand vorfaßten

Genau das, was sie machen wollten? Oder wie wurden bekannt

Immer die Energien der Urkeime,

Und was für Keime, durch Ortswechsel,

Könnte so produzieren, wenn das Selbst der Natur es nicht getan hätte

Gegebenes Beispiel für die Erstellung aller?

Denn in solch weisen Urformen der Dinge,

Viele in vielen Modi, durch Schläge aufgewühlt

Seit Urzeiten, auch in Bewegung

Durch ihr eigenes Gewicht ist es seit jeher üblich

So mitgetragen zu werden und in allen Formen

Um sich zu treffen und alles mögliche auszuprobieren

Indem sie das eine mit dem anderen kombinieren, können sie

Sind mächtig zu erschaffen, dass es so ist

Kein Wunder, wenn sie jetzt auch gefallen sind

In solche Vereinbarungen und wenn sie bestanden haben

In Schwingungen wie solche, bei denen

Diese Summe wird heute weitergeführt

Durch feste Verlängerung. Aber ich wusste nie, was

Die Samen waren ursprünglich, und doch würde ich es wagen

Dies zu bekräftigen, basiert auch auf tiefen Urteilen

Über die Wege und das Verhalten des Himmels —

Dies wird außerdem durch viele Tatsachen bestätigt:

Das ist keineswegs die Natur aller Dinge

Denn uns wurde von einer göttlichen Macht geformt —

So groß sind die Fehler, mit denen es belastet ist.

Markieren Sie zunächst alle Bereiche, die überspannt sind

Bei den gewaltigen Weiten des Himmels:

Ein gähnender Teil davon sind die Bergketten

Und Wälder der Tiere haben und halten;

Und Klippen und Wüstenmoore und Meereswüsten

(Die in der Ferne die Strände der Länder zerschneiden)

Besitze es einfach; und noch einmal davon

Fast zwei Drittel unerträgliche Hitze

Und ein ewiger Frostfall raubt

Von sterblicher Art. Und was bleibt noch zu bestellen,

Sogar, dass die Naturgewalt überhand nehmen würde

Widersetzte sich nicht menschliche Kraft mit Brombeersträuchern, –

Ich bin seit langem daran gewöhnt, für meinen Lebensunterhalt zu stöhnen und zu schwitzen

Über die zweizinkige Hacke und zum Spalten

Der Boden wird durch Drücken des Pfluges zerkleinert.

Es sei denn, die Pflugschar wendet die fruchtbaren Erdklumpen

Und indem wir die Form kneten, beschleunigen wir die Geburt,

[Die Ernte] konnte spontan nicht aufgehen

In die freie, helle Luft. Selbst dann manchmal,

Wenn Dinge durch härteste Mühe erworben werden

Sind jetzt im Blatt, sind jetzt im Blühen alle,

Entweder die Himmelssonne mit ihrer unheilvollen Hitze

Trockenheit, plötzlicher Regen oder eisiger Raureif

Zerstörungen oder Windböen mit wütendem Wirbel

Qual und Wendung. Abgesehen von diesen Dingen, warum

Nährt und pflegt die Natur an Land und im Meer?

Die schreckliche Rasse wilder Bestien, der Feinde

Vom menschlichen Clan? Warum bringen die Jahreszeiten

Staupes mit ihnen? Darum schleicht er auf freiem Fuß umher

Tod, so unzeitgemäß? Dann wieder das Baby,

Wie der Schiffbrüchige der tosenden Brandung,

Liegt nackt am Boden, sprachlos, in Not

Von jeder Hilfe fürs Leben, wenn die Natur zuerst kommt

Hat ihn an die Ufer des Lichts gegossen

Mit Geburtswehen aus dem Mutterleib,

Und mit einem klagenden Wehklagen erfüllt er den Platz, –

Auch standesgemäß einer, für den bleibt

Im Leben eine Reise durch so viele Übel.

Sondern alle Herden und Rinder und alle wilden Tiere

Komm hervor und wachse, ohne die kleinen Rasseln zu brauchen,

Auch die humorvolle Krankenschwester muss nicht behandelt werden

Liebes, gebrochenes Geschwätz; Sie suchen auch nicht nach anderer Kleidung

Passend zum wechselnden Himmel; noch brauchen, in Ordnung,

Weder Waffen noch hohe Wälle

Ihr Eigentum, das es zu bewachen gilt – weil die Erde selbst

Und die Natur, die Schöpferin der Welt, bringt hervor

Im Überfluss alles für alle.

DIE WELT IST NICHT EWIG

Und zuerst,

Da Körper aus Erde und Wasser, der leichte Atem der Luft,

Und feurige Ausatmungen (davon vier

Diese Summe der Dinge wird als kompakt angesehen)

So haben alle Geburt und vergänglichen Körper,

So die ganze Natur der Welt selbst

Muss auch als vergänglich angesehen werden.

Denn wahrlich, die Dinge, die wir sehen

Die Teile und Mitglieder müssen rechtzeitig geboren werden

Und vergängliche Formen, die gleichen, die wir markieren

Ausnahmslos rechtzeitig geboren werden

Und geboren, um zu sterben. Und deshalb, wenn ich sehe

Die mächtigsten Mitglieder und die Teile davon

Unsere Welt verzehrte und zeugte wieder,

Es liegt an mir, das auch über den Himmel zu wissen

Und die Erde darunter begann vor langer Zeit

Und wird mit der Zeit in eine Katastrophe verfallen.

Und damit du mich in diesen Angelegenheiten nicht schätzt

Diesen Punkt durch List ausgenutzt zu haben, um ihm zu dienen

Meine eigene Laune — weil ich davon ausgegangen bin

Dass Erde und Feuer tatsächlich sterbliche Dinge sind,

Und habe nicht an Wasser und Luft gezweifelt

Auch beide gehen zugrunde und haben dasselbe bekräftigt

Um wieder gezeugt zu werden und groß zu werden —

Merken Sie sich das Argument gut: Erstens, siehe da,

Einige bestimmte Teile der Erde sind schmerzlich ausgetrocknet

Von unermüdlichen Sonnen und zertrampelt

Atmen Sie durch eine große Schar von Füßen aus

Ein pudriger Dunst und fliegende Staubwolken,

Die kräftigen Winde verteilen sich in der ganzen Luft.

Darüber hinaus ein Teil ihrer Grasnarbe und Erde

Wird durch den Regen zur Überschwemmung gerufen;

Und Flüsse grasen und reißen die Ufer weg.

Außerdem gilt, dass alles, was einen Teil dazu beiträgt, sein Eigenes ist

Bei der Förderung und Steigerung von [etwas] ...

Wird zurückgerendert; und da es keinen Zweifel daran gibt,

Man sieht die Erde, die Allmutter

Ebenso das gemeinsame Grab der Dinge,

Darum siehst du, wie sie ihres Überflusses beraubt wird,

Und dann wieder um neues Wachstum erweitert.

Und im Übrigen das Meer und die Bäche und Quellen

Für immer mit neuem Wasserüberlauf,

Und das ständig die Flüssigkeiten gut,

Braucht keine Worte – der mächtige Fluss selbst

Von zahlreichen Gewässern ringsum

Erklärt dies. Aber was soll's erstmal mit Wasser

Ströme aufwärts werden immer sofort fortgetragen,

Und so kommt es im Großen und Ganzen

Es gibt keinen Überlauf; teilweise weil

Die heftigen Winde (die über uns hinwegfegen)

Und die Himmelssonne (die sich mit ihren Strahlen auflöst)

Minimieren Sie die ebene See; teilweise weil

Das Wasser verteilt sich unter der Erde

Durch alle Länder. Die Sole wird abfiltriert,

Und dann sickert das flüssige Zeug wieder zurück

Und alle versammeln sich an den Flussköpfen,

Von dort fließt es in Süßwasserströmen

Über die Länder, über die Kanäle, die

Wurden einst gespalten und einst getragen

Die flüssigen Überschwemmungen.

Na dann, aus Luft

Ich werde sprechen, was Stunde für Stunde in seinem ganzen Körper geschieht

Wird unzählige Male verändert. Für was auch immer

Strömt als Staub oder Dampf von Dingen auf,

Das Gleiche wird immer und überall mitgetragen

In den mächtigen Ozean der Luft;

Und die Luft wiederum stellte die Dinge nicht wieder her

Körper und rekrutieren sie so, während sie strömen,

Zu diesem Zeitpunkt waren alle Dinge geklärt

Und verwandelte sich in Luft. Deshalb nie

Hört auf, aus Dingen erzeugt zu werden

Und um auf die Dinge zurückzukommen, denn wahrlich

In ständigem Fluss fließen alle Dinge.

Ebenfalls,

Die reiche Quelle des flüssigen Lichts,

Die ätherische Sonne überflutet den Himmel

Mit ständigem Fluss immer neuer Strahlkraft,

Und mit frischem Licht versorgt den Ort des Lichts,

Im Augenblick. Für welchen Glanz auch immer

Hath zuerst abgeströmt, egal wohin es fällt,

Ist der Sonne verloren. Und das ist deins

Anhand dieser Beispiele zu erkennen: bald Wolken

Habe zum ersten Mal begonnen, die Sonne zu unterqueren,

Und sozusagen die Lichtstrahlen zerreißen

In zwei Stück, gleichzeitig der untere Teil davon

Ist ganz verloren und die Erde ist bewölkt

Wohin die Gewitterwolken rollen –

Wisse also, dass du die Dinge für immer brauchen wirst

Eine frische Auffrischung von Glanz und Glanz,

Und jeder Glanz blitzte vor allem hervor,

Einer nach dem anderen geht zugrunde. Auch sonst nicht

Können Dinge im Sonnenlicht gesehen werden, damit sie nicht immer sichtbar sind?

Die Lichtbrunnen sorgen für neues Licht.

Wahrlich, eure irdischen Leuchtfeuer der Nacht,

Die hängenden Lampions und die Fackeln, hell

Mit stechenden Schimmern und dicht mit fahlem Ruß,

Beeilen Sie sich in gleicher Weise mit der Lieferung

Mit spendender Wärme erstrahlt neues Licht;

Sind alle lebendig, um mit ihren Feuern zu zittern, –

Sind so lebendig, dass das Licht niemals verschwindet

Die Stellen, auf denen es scheint, als wären sie in zwei Teile zerrissen:

So schnell wird seine Zerstörung verschleiert

Durch die schnelle Geburt der Flamme aus allen Feuern.

Wir müssen also Sonne und Mond annehmen

Und Sterne strahlen ihr Licht aus Untergeburten aus

Immer und immer wieder neu und was auch immer Flammen

Erster Aufstieg geht immer einer nach dem anderen zugrunde –

Damit du nicht vielleicht denkst, dass sie alle Bestand haben

Unverletzlich.

Auch hier gilt: nicht wahrnehmen

Wie werden Steine auch von der Zeit erobert?—

Nicht wie die hohen Türme einstürzen,

Und Felsbrocken bröckeln? – Nicht wie Schreine der Götter

Und veraltete Idole? – Und auch nicht wie

Der heilige Einfluss hat noch keine Macht

Dort, um die Terminals des Schicksals zu verschieben,

Oder gegen die festen Verordnungen der Natur vorankommen?

Noch einmal: Siehe, wir sind nicht die Denkmäler

Von Helden, die jetzt in Trümmern liegen und uns fragen:

Das Gleiche gilt wiederum, wenn wir nicht glauben

Sie altern auch mit der Zeit? Siehe, wir nicht

Der zerrissene Basalt zerstörte noch immer

Von den hohen Bergen herab, machtlos

Um die mächtigen Kräfte dort zu ertragen und zu drängen

Von endlicher Zeit? – denn sie würden niemals fallen

Plötzlich zerrissen, wenn aus der unendlichen Vergangenheit

Sie hatten sich gegen alle Maschinen durchgesetzt

Von den angreifenden Äonen, ohne Absturz.

Schauen Sie sich nun noch einmal dies an, das oben rund ist.

Enthält die ganze Erde in seiner einen Umarmung:

Wenn es aus sich selbst alles hervorbringt –

Wie einige Männer erzählen – und sie zu sich nimmt

Wenn es einmal zerstört ist, muss es vollständig sein

Von sterblicher Geburt und Körper; für was auch immer

Aus sich selbst ergibt sich etwas für andere Dinge

Zuwachs und Nahrung müssen zwangsläufig gleich sein

Minimiert und dann rekrutiert, wenn es nötig ist
Die Dinge kommen wieder zu sich selbst.

Abgesehen davon,
Wenn es keinen Ursprung in der Geburt gegeben hätte
Von Ländern und Himmel, und das waren sie schon immer
Der ewige, warum, vor dem thebanischen Krieg
Und Trauerfeiern für Troja haben andere Barden
Nicht auch andere hohe Angelegenheiten gesungen?
Wohin sind so viele Taten gesunken
Von Helden? Warum leben diese Taten nicht mehr,
Eingepfropft in ewige Denkmäler
Von Ruhm? Wahrlich, ich denke, weil
Die Summe ist neu und von aktuellem Datum
Die Natur unseres Universums und hatte
Vor nicht allzu langer Zeit ein eigenes Exordium.
Deshalb liegen auch jetzt noch einige Künste still
Verfeinert, noch gesteigert: nun zu Schiffen
Es kommt so manches neue Gerät hinzu;
Und doch neulich Musiker-Leute
Gebar melische Orgelklänge;
Und dann diese Natur, diese Darstellung der Dinge
Wurde kürzlich entdeckt, und ich
Ich selbst wurde erst jetzt entdeckt,
Als Erster unter den Ersten, drehfähig
Das Gleiche gilt für die römische Sprache der Vorfahren.
Doch falls du das schon vorher denkst
Es existierten zwar alle Dinge gleich, aber das
Untergegangen sind die Zyklen der Menschheit

In feurigen Ausdünstungen fielen Städte

Durch ein gewaltiges Beben der Welt,

Oder Flüsse in Wut, nach ständigen Regenfällen,

War durch die Länder der Erde gestürzt

Und die Städte überwältigt – umso mehr musst du

Gestehen Sie, besiegt durch das Argument,

Dass es auch Vernichtung geben wird

Von Ländern und Himmel. Denn in einer Zeit, in der die Dinge

Wurden von so großen Krankheiten belastet,

Und es drohen große Gefahren, wenn es noch mehr gibt

Dann hätten sie sie weit und breit angegriffen

Sind in die Katastrophe und zum völligen Zusammenbruch geraten.

Und aus keinem anderen Grund sind wir es

Als sterblich angesehen, außer uns allen

Erkrankt wiederum an denselben Krankheiten

Womit diese Männer in der Vergangenheit krank geworden sind

Wen die Natur aus dem Leben entfernt hat.

gewinnen,

Was auch immer ewig bleibt, muss in der Tat ewig bleiben

Entweder alle Schläge abwehren, denn es ist gemacht

Von festem Körper und ohne Zutritt

Von irgendetwas mit der Macht, von innen heraus zu spalten

Die Teile verdichten sich – ebenso wie diese Keime

Wessen Natur wir schon einmal gezeigt haben;

Oder aber in der Lage sein, die Zeit zu überdauern

Dafür: denn sie sind von Schlägen verschont,

Wie die Leere, die unberührt bleibt,

Lass dich von keinem Schlag entmutigen; oder auch weil

Es gibt keinen Platz umher, wo Dinge hingehen könnten,

Als wären alle in Auflösung gegangen, –

So wie die Summe der Summen ewig ist,

Ohne oder an einem Ort außerhalb dessen, wohin die Dinge gehen könnten

Zertrenne Fliegen oder Körper, die schlagen können,

Und so löse sie durch die Schläge der Macht auf.

Aber nicht aus festem Körper, wie ich gezeigt habe,

Existiert die Natur der Welt, weil

In den Dingen herrscht eine Leere;

Die Welt ist noch nicht leer, noch ist sie leer.

Darüber hinaus fehlen Körper, die, percase,

Aus dem Unendlichen aufsteigend, kann es fallen

Mit wütenden Wirbelstürmen all diese Summe von Dingen,

Oder andere Katastrophen über sie bringen

Von seltsamer Gefahr; und auch da drüben bleibt

Der unendliche Raum und der tiefe Abgrund –

Darin, siehe, die Wälle der Welt

Kann noch zittern. Oder eine andere Macht

Kann auf sie einschlagen, bis sie alle umkommen.

So ist die Tür des Untergangs, oh, keineswegs verschlossen

Gegen den Himmel, gegen Sonne und Erde

Und Tiefseewasser, aber weit offene Bestände

Und freut sich über sie, monströs und mit offenem Mund.

Deshalb ist es wiederum notwendig, zu bekennen

Dass dieselben Dinge mit der Zeit geboren werden; für Sachen

Welche von sterblichem Körper sind, könnte es tatsächlich sein

Niemals von der unendlichen Vergangenheit bis heute

Habe die zahlreichen Angriffe verschmäht

Von den unermesslichen Äonen alt.

Wieder einmal, seit so heftig gegeneinander gekämpft wird

Die vier mächtigsten Mitglieder der Welt,

Erregt in einem völlig unheiligen Krieg,

Ich sehe nicht, dass es für sie ein Ende geben könnte

Vom langen Streit? – Oder wenn die Himmelssonne

Und die ganze Hitze hat die Herrschaft über sie gewonnen

Die aufgesaugten Wasser alle? – Und das versuchen sie

Noch zu erreichen, obwohl sie bisher scheitern, –

Denn so reichlich liefern die Bäche

Neuer Wasservorrat, das sind sie eher

Die die Welt mit gewaltigen Überschwemmungen bedrohen

Von hier aus die unerschlossenen Abgründe des Meeres.

Aber vergebens – denn Winde (die über uns hinwegfegen)

Und die Himmelssonne (die sich mit ihren Strahlen auflöst)

Minimieren Sie die flachen Meere und vertrauen Sie ihrer Kraft

Um alles auszutrocknen, bevor das Wasser es kann

Am Ende ihrer Bemühungen angelangt sein.

Sie behaupten, sie atmen so gewaltige Kriegsführung

Im ausgeglichenen Streit der eine mit dem anderen noch

In Bezug auf gewaltige Themen – allerdings in der Tat

Das Feuer war einst umso siegreicher,

Und einmal – so heißt es in der Legende – siegte das Wasser

Ein Königreich auf den Feldern. Für das Feuer überwältigt

Und vieles aufgeleckt und verbrannt,

Wie spät sind die ungestümen Pferde der Sonne?

Hat Phaethon kopfüber von seiner himmlischen Straße gerissen

Im ganzen Äther und über allen Ländern.

Aber der allmächtige Vater in scharfem Zorn

Dann mit dem plötzlichen Einschlag eines Blitzes

Hat den mächtigen Helden abgeschleudert

Diese Pferde zur Erde. Und Sol, sein Vater,

Ihm begegnet, als er fiel, aufgefangen in der Hand

Der ewig leuchtende Lampion der Welt,

Und treibe dort die Wirrwarr-Pferde zusammen

Und spannte sie alle unter ein zitterndes und zitterndes Joch,

Lenke sie auf ihrem eigenen alten Weg,

Den Kosmos wiederhergestellt, wie wir wahrhaftig hören

Aus Liedern antiker Dichter der Griechen –

Eine Geschichte, die zu weit von der Wahrheit entfernt ist, scheint mir.

Denn Feuer kann gewinnen, wenn es aus dem Unendlichen kommt

Eine größere Partikelmenge ist aufgestiegen

Aus feurigem Stoff; und dann erliegen seine Kräfte,

Irgendwie wieder gedämpft, oder endlich

Es schrumpft in heißen Atmosphären die Welt.

Und während auch das Wasser begann zu gewinnen –

Wie die Geschichte erzählt – als es überwältigte

Das Leben von Männern mit Wogen; und danach,

Wenn all diese Kraft des Wassers hervorkommt

Von außen war das Unendliche aufgestiegen

Habe mich jetzt zurückgezogen, wie irgendwie zur Seite gedreht,

Die Regenstürme hörten auf und die Ströme dämmerten ihrer Wut.

BILDUNG DER WELT UND

ASTRONOMISCHE FRAGEN

Aber in welchen Modi dieser Zusammenfluss von First-Stuff

Habe das vielfältige Universum gefunden

Von Erde und Himmel und den unergründlichen Tiefen

Vom Ozean und den Bahnen von Sonne und Mond,

Ich werde es jetzt der Reihe nach erzählen. Für eine Wahrheit

Auch die Urkeime taten es nicht

„Stabilisieren Sie sich wie durch eine scharfe Geisteshaltung,

Jeder an seinem richtigen Platz; noch machten sie es,

Fürwahr, eine kompakte Art und Weise, wie sich jeder Keim bewegen sollte;

Aber siehe da, weil die Urformen der Dinge,

Viele in vielen Modi, durch Schläge aufgewühlt

Seit Urzeiten, auch in Bewegung

Durch ihr eigenes Gewicht ist es seit jeher üblich

So mitgetragen zu werden und in allen Formen

Um sich zu treffen und alles mögliche auszuprobieren

Indem sie das eine mit dem anderen kombinieren, können sie

Sind kraftvoll zu erschaffen: aus diesem Grund

Es stellt sich heraus, dass diese Ursprünglichen,

Über mächtige Äonen hinweg weit und breit verbreitet,

Während die Gewerkschaften und Anträge auch versuchen,

Treffen Sie sich zum letzten Mal, egal welcher Art,

Und so werden oft die Anfänge fit

Von mächtigen Dingen – Erde, Meer und Himmel und Rasse

Von Lebewesen.

Vor langer Zeit

Das Rad der Sonne war nirgends zu erkennen

Fliegt weit hinauf mit seinem überströmenden Feuer,

Noch Konstellationen der mächtigen Welt,

Weder der Ozean, noch der Himmel, noch nicht einmal die Erde, noch die Luft.

Auch nichts von dem, was uns gehört

Man konnte es dann sehen – aber nur einen seltsamen Sturm

Und ein ungeheures Trubel

Zusammengesetzt aus allerlei Urkeimen,

Wessen kämpfende Zwietracht in Unordnung hielt

Zwischenräume und Wege, Zusammenhänge,

Und Gewichte und Schläge, Begegnungen und Bewegungen,

Weil sie aufgrund ihrer Formen anders sind

Und verschiedene Formen, sie konnten nicht alle so sein

Bleiben Sie verbunden oder harmonisch

Haben Sie ein Zusammenspiel der Bewegungen. Aber von dort

Teile begannen auseinanderzufliegen und so weiter

Mit Lust, mitzumachen und eine Welt auszublenden,

Und seine Mitglieder zu teilen und zu entsorgen

Seine mächtigeren Teile — das heißt, sie zu sichern

Die hohen Himmel aus den Ländern und die Ursache

Das Meer breitet sich mit getrenntem Wasser aus,

Und Feuer aus Äther getrennt und rein

Ebenso getrennt versammeln.

Denn siehe da,

Zuerst kamen die Erdpartikel zusammen

(Als schwer und verflochten) dort

In der Mittelregion begann alles zu zunehmen

Die niedrigsten Wohnstätten; und je mehr sie bekamen

Je mehr eins mit dem anderen verflochten ist

Sie haben diese Teilchen aus ihrer Masse herausgepresst

Die das Meer, die Sterne, die Sonne bilden sollten,

Und Mond und Wälle der mächtigen Welt —

Denn diese bestehen aus Samen, die glatter und runder sind

Und aus viel kleineren Elementen als die Erde.

Und so war es dieser Äther voller Feuer,

Zuerst brachen die irdenen Teile heraus,

Durch die unzähligen Poren der Erde,

Und erhob sich in die Höhe und mit sich selbst

Langsam von den vielen Sternenfeuern forttragen;

Und nicht weit sonst sehen wir oft

Und die stillen Seen und die immerwährenden Bäche

Atme einen Nebel aus, und sogar wie die Erde selbst

Man sieht manchmal, dass er raucht, wenn er zum ersten Mal im Morgengrauen auftritt

Das Licht der Sonne, das Vielstrahlige, beginnt

Über dem Gras zu Gold röten

Mit Tau umhüllt. Wenn all dies gebracht wird

Gemeinsam oben, die Wolken hoch oben

Mit dem nun betonierten Körper eine Abdeckung verweben

Unter den Himmeln. Und so auch Äther,

Leicht und diffus, mit betoniertem Körper

Nach allen Seiten ausgebreitet, nach allen Seiten gebogen

In eine Kuppel hinein und weithin verbreitet

In alle Regionen auf allen Seiten,

So war alles andere in seinem gierigen Griff eingeschlossen.

Hart auf Äther kamen die Ursprünge

Von Sonne und Mond, deren Kugeln sich in der Luft drehen

Auf halbem Weg zwischen der Erde und dem mächtigsten Äther, –

Denn keiner nahm sie, weil sie zu wenig wogen

Um zu sinken und sich niederzulassen, aber zu viel zum Gleiten

Entlang der obersten Küste; und doch sind sie es

Auf so weise Art und Weise auf halbem Weg zwischen den beiden

Wie immer, um ihre lebenden Körper herumzuwirbeln,

Und immer als Teile des großen Ganzen bestehen;

Auf die gleiche Weise, wie es bestimmte Mitglieder tun können

In uns bleiben wir in Ruhe, während andere sich bewegen.

Als diese Substanzen dann zurückgezogen wurden,

Amain die Erde, wo sich jetzt die Weite erstreckt

Himmelblaue Zonen aller Ebenenmeere,

Es stürzte ein und ergoss sich entlang der Mulden

Die Strudel ihrer Sole; und Tag für Tag

Je mehr die Gezeiten des Äthers und die Sonnenstrahlen

Auf jeder Seite zu einer Masse zusammengeschnürt

Die Erde, indem man sie immer wieder peitscht,

An seinen Außenkanten (sodass dann

Auf diese Weise wurde alles verdichtet

Über sein eigentliches Zentrum), umso mehr

Der salzige Schweiß, der aus seinem Körper gepresst wurde,

Augmentierter Ozean und die Schaumfelder

Indem es durch seinen Rahmen sickert, und umso mehr

Diese vielen Wärme- und Luftpartikel

Als er entkam, begann er in die Höhe zu fliegen und sich zu formen.

Durch Kondensation dort weit weg von der Erde,

Die hohen, leuchtenden Kreise des Himmels.

Die Ebenen begannen zu sinken und die Hänge windig

Von den hohen Bergen zu wachsen; für Steine

Konnte nicht absinken, auch nicht alle Teile des Bodens

Stellen Sie sich dort auf die gleiche Ebene ein.

So blieb das gewaltige Gewicht der Erde standhaft

Mit jetzt betoniertem Körper, als (wie 'twere)

Der ganze Schleim der Welt, schwer und eklig,

Sind zusammengelaufen und haben sich unten niedergelassen,

Wie Hefe oder Bilge. Dann Ozean, dann die Luft,

Dann war der Äther selbst, der Feuergeladene, alles

Zurückgelassen mit ihren flüssigen Körpern rein und frei,

Und einer leichter als der nächste unten;

Und Äther, der leichteste und flüssigste der drei,

Schwebt über den langen Luftwinden,

Auch nicht mit dem Tosen der Luftwinde

Vermischt seinen flüssigen Körper. Es geht

Alles da – diese Unterwelten unter ihren Höhen –

Es gibt wilde Wirbelstürme, –

Lässt man alles da, um sich in wilden Böen zu streiten,

Während ich mit einem festen Impuls immer noch gleite,

Selbst trägt es seine Feuer mit sich. Denn siehe da,

Dieser Äther kann so stetig weiter fließen,

Mit einem unveränderten Drang beweist der Pontus:

Das Meer, das mit festen Gezeiten hervorströmt,

Behalten Sie einen Tenor bei, während er gleitet.

Und dass die Erde dort in Ruhe bleibe

In der mittleren Region der Welt braucht es

Müssen Stück für Stück an Gewicht verschwinden und abnehmen,

Und eine andere Substanz darunter haben,

Von frühester Kindheit an damit verbunden

Im Einklang mit der riesigen Welt

Bereiche der Luft, in denen es wurzelt und lebt.

Aus diesem Grund ist die Erde keine Last,

Noch drückt es auf die Luftwinde darunter;

So wie einem Menschen seine Glieder seien

Ohne alles Gewicht – der Kopf ist keine Last

Bis zum Hals; wir spüren auch nicht das Ganze

Das Körpergewicht soll auf die Füße zentriert werden.

Aber was für Lasten kommen von außen auf uns,

Lasten, die uns auferlegt werden, diese belästigen und scheuern,

Allerdings oft viel leichter. Denn in diesem Ausmaß

Es kommt immer darauf an, was die angeborenen Kräfte sind

Von jedem gegebenen Ding mag sein. Die Erde

Wurde also keine fremde Substanz zurückgeholt?

Und von keinem fremden Firmament niedergeworfen

Auf fremder Luft; aber wurde gezeugt, wie Luft,

Im ersten Ursprung dieser Welt,

Als fester Bestandteil desselben, wie jetzt

Unsere Mitglieder werden als Teil von uns gesehen.

Außerdem bebte die Erde plötzlich

Beim großen Donner zittert sie bei ihrer Bewegung

Alles, was über ihr liegt – was sie nie tun könnte

Auf jeden Fall wäre die Erde nicht fest gebunden

Zu den Reichen der Luft und des Himmels der großen Welt:

Denn sie verbinden gemeinsame Wurzeln,

Beide waren schon in frühester Kindheit miteinander verbunden.

Im verbundenen Gleichklang. Ja, das siehst du nicht

Das ist diese subtilste Energie der Seele

Unterstützt unseren Körper, obwohl er so schwer ist –

Weil es in der Tat so eng damit verbunden ist

Im verbundenen Gleichklang? Was für eine Macht, zusammenfassend,

Kann unseren Körper mit agilen Sprüngen in die Höhe heben,

Energie des Geistes sparen, der die Gliedmaßen steuert?

Jetzt siehst du nicht, wie mächtig es sein kann

Eine subtile Natur, wenn sie verbunden ist

Mit schwerem Körper, wie Luft mit der Erde

Verbunden und geistige Energie mit uns?

Jetzt lasst uns singen, was die Sterne bewegt.

Erstens, wenn die mächtige Sphäre des Himmels

Dreht sich um die Bedürfnisse, die wir erfüllen müssen

Das an der oberen und unteren Stange

Drückt eine gewisse Luft, und zwar von außen

Begrenzt sie und umschließt sie an jedem Ende;

Und darüber hinaus noch eine Luft oben

Ströme entlang der Oberseite der Kugel und tendieren dazu

In die gleiche Richtung wie entlang gerollt

Die glitzernden Sterne der ewigen Welt;

Oder dass unten noch ein anderer streamt

Die Kugel von unten nach oben und weiter wirbeln

In die entgegengesetzte Richtung – wie wir sehen

Die Flüsse drehen die Räder und Wasserschöpfer.

Es kann auch sein, dass die Himmel alles tun

Bleiben Sie in Ruhe, während Sie dennoch getragen werden

Die klaren Konstellationen; entweder weil

Schnelle Ätherfluten werden vom Himmel umschlossen,

Und wir wirbeln herum und suchen einen Ausweg,

Und überall rollen die Sternenfeuer

Durch die summanischen Himmelsregionen;

Oder weil etwas Luft mitströmt

Aus einem ewigen Viertel jenseits,

Während die angetriebenen Feuer, oder, dann, weil

Die Feuer selbst haben die Macht, weiterzukriechen,

Sie gehen dorthin, wo ihr Essen einlädt und ruft,

Und sie ernähren sich überall von ihren brennenden Körpern

Überall am Himmel. Doch welches davon ist die Ursache?

In unserer Welt lässt sich das schwer mit Sicherheit sagen;

Aber was kann im ganzen Universum sein,

In verschiedenen Welten nach verschiedenen Plänen erschaffen,

Das zeige ich nur und folge weiter

Den Bewegungen der Sterne zuordnen

Es sind sogar mehrere Ursachen möglich

Existieren im gesamten universellen All;

Wovon aber auch hier eine Ursache sein muss

Was unsere Konstellationen in Bewegung setzt.

Ich muss mich noch entscheiden, welcher von ihnen es sein soll

Ist nicht die geringste Angelegenheit eines Mannes

Schritt für Schritt voranschreiten, wie ich.

Das Rad der Sonne kann auch nicht viel größer sein

Auch sein eigenes Feuer ist nicht viel geringer, als es den Anschein hat

Zu unseren Sinnen. Für aus welchen Räumen auch immer

Feuer haben die Macht, ihre Strahlen auf uns auszustrahlen

Und blase ihre sengenden Ausdünstungen aus

Gegen unsere Mitglieder gelten die gleichen Distanzen

Nehmen Sie in diesen Abständen nichts weg

Aus der Masse der Flammen; und zum Anblick des Feuers

Ist nichts geschrumpft. Daher seit der Hitze

Und das ergießende Licht der Himmelssonne

Erreichen Sie unsere Sinne und streicheln Sie unsere Glieder,

Auch Form und Größe der Sonne müssen aussehen

Sogar hier von der Erde, so wie sie wirklich sind,

Damit du kaum etwas nehmen oder hinzufügen kannst.

Und ob der reisende Mond erleuchtet

Die Regionen mit Bastardstrahlen runden oder werfen

Aus ihrem eigenen Körper ihr eigenes Licht, –

Was auch immer es sein mag, sie reist mit einer Form

Nichts scheint größer als die Form zu sein

Was wir mit unseren Augen wahrnehmen. Für alle

Die weit entfernten Objekte unseres Blicks

Durch viel Luft scheinen sie in ihrem Blick verwirrt zu sein

Ere in ihrer Größe minimiert. Darum, Mond,

Da sie ein helles Aussehen und eine klare Form aufweist,

Möge es dort in der Höhe von uns auf der Erde gesehen werden

So wie sie mit extremen Grenzen definiert ist,

Und gerade von der Größe. Und zu guter Letzt, was auch immer brennt

Aus Äther siehst du diese von der Erde

Sie können die Größe als möglich erachten

Das kleinste bisschen kleiner oder um ein Haar größer

Dann erscheinen sie – seit was für Feuer wir sehen

Hier in den Ländern der Erde kann man Veränderungen beobachten

Von Zeit zu Zeit wird ihre Größe kleiner oder größer

Nur die wenigsten, wenn sie mehr oder weniger weg sind,

Solange sie sich immer noch streiten, und zwar immer noch

Ihr Leuchten wird wahrgenommen.

Auch für Männer muss es keine geben

Erstaunen, dass die Sonne dort so klein ist

Kann noch ein so großes Licht aussenden, wie es erfüllt

Ozeane und alle Länder und der Himmel überschwemmt,

Und mit seinen feurigen Ausdünstungen steilt es

Die Welt im Großen und Ganzen. Denn es kann tatsächlich sein,

Diese eine gewaltige, fließende Quelle des Ganzen

Von hier aus hat sich die weite Welt geöffnet und ergossen,

Und strahlte sein Licht ins Ausland; denn soweise

Die Elemente feuriger Ausdünstungen

Aus der ganzen Welt kommen wir zusammen,

Und so in eine so große Masse fließen

Das mag aus einer einzigen Quelle strömen

Diese Wärme und dieses Licht. Und du siehst es tatsächlich nicht,

Wie weit kann eine kleine Wasserquelle nass werden?

Die Wiesen landen zeitweise und überschwemmen die Felder?

Das ist sogar möglich, außerdem die Hitze

Von hier aus das eigene Feuer der Sonne, wenn auch dieses Feuer

Seien Sie nicht großartig, kann die Luft durchdringen

Mit der heftigen Hitze — wenn nicht sogar der Luft

Seien Sie dann konditionell und entsprechend temperiert

Wie man sich entzündet, auch wenn man darauf schlägt

Nur durch kleine Wärmeteilchen —

So wie wir manchmal das stehende Korn sehen

Oder Stoppelstroh in Feuersbrunst

Von einem einsamen Funken. Und möglicherweise die Sonne,

Strahlend in der Höhe mit rosigem Lampion,

Besitzt unsichtbare Hitze um ihn herum

Ein reichliches Feuer, von keinem Glanz geprägt,

Damit er, er, der Feuergeschwänger,

Erhöhen Sie die Kraft der Strahlen um ein solches Maß.

Es gibt auch keine einzige sichere Ursache, die den Menschen offenbart wird

Wie die Sonne von ihren Sommerplätzen abweicht

Auf zu den Wendepunkten im mittleren Winter

Im Steinbock dreht sich die Umkehrung

Zurück zu den Sonnenzielen des Krebses; noch

Wie ist es, dass der Mond jeden Monat überquert?

Genau die Distanz, die beim Überqueren entsteht

Die Sonne verbraucht das Maß eines Jahres.

Ich sage, es wurde kein eindeutiger Grund genannt

Für diese Angelegenheiten. Doch die größte Wahrscheinlichkeit

Scheint die Lehre zu sein, die der Heilige dachte

Der große Demokrit legt fest: das jemals

Je näher die Sternbilder an der Erde sind

Umso weniger können sie den Himmel durchwirbeln

Seien Sie mitgetragen, denn diese himmlischen Kräfte

Die Geschwindigkeit in der Höhe verschwindet und nimmt ab

In Unterregionen ist die Sonne also vorhanden

Nach und nach zwischen diesen Zeichen zurückgelassen

Das folgt danach, seit der Sonne liegt er

Tief unten leuchten die Sternenzeichen;

Und der Mond bleibt noch später zurück als die Sonne:

Insofern ist ihr Kurs entfernt

Vom oberen Himmel bis in die Nähe der Länder,

Nur insoweit gelingt es ihr nicht, das Tempo zu halten

Mit Sternenzeichen oben; bis jetzt

Je schwächer der Wirbel ist, der sie trägt,

(In der Tat immer noch niedriger als die Sonne),

In nur so weit tun alle sternenklaren Zeichen,

Wir kreisen um sie herum, überholen sie und überqueren sie.

Deshalb kommt es vor, dass der Mond erscheint

Schnellere Rückkehr zu jedem Zeichen

Entlang des Tierkreises, als die Sonne,

Weil diese Zeichen sie wieder besuchen

Schneller als sie die große Sonne besuchen.

Es können auch zwei Luftströme sein

Abwechselnd zu festen Zeiten

Aus den Querregionen der Welt ausblasen,

Davon kann man die Sonne vertreiben

Von Sommerzeichen bis hin zu mittelschweren Winterzielen

Und die Strapazen der Kälte und das andere dann

Kann ihn aus eisigen Schatten der Kälte zurückwerfen

Auch in die hitzebelasteten Regionen und die Schilder

Das Feuer entlang des Zodiac. So zu,

Wir müssen annehmen, dass der Mond und alle Sterne

Welches durch die mächtigen und siderischen Jahre

Rollen Sie in mächtigen Umlaufbahnen und lassen Sie sich beschleunigen

Durch Luftströme wechseln sich Regionen ab.

Siehst du auch nicht, wie die Wolken sich bewegen?

Durch entgegengesetzte Winde zu entgegengesetzten Regionen,

Die unteren Wolken unterscheiden sich von den oberen?

Warum gibt es dann dort Sterne im Äther?

Entlang ihrer mächtigen Umlaufbahnen lassen sie sich nicht tragen

Durch entgegengesetzte Strömungen?

Doch die Nacht überzieht das Land mit gewaltiger Dunkelheit

Entweder wenn die Sonne nach ihrem Tageslauf

Hath die letzten Regionen des Himmels beschritten

Und müde keuchte er seine Feuer,

Zitternd von ihrer langen Reise und erschöpft

Indem wir die vielfältige Luft durchqueren,

Oder weil es dieselbe Kraft ist, die es antreibt

Seine Kugel über den Ländern zwingt

Dann wendet er seinen Kurs unter das Land.

Matuta auch zu einer festen Stunde

Breitet den rosigen Morgen aus

Die Küsten des Himmels und entfaltet das Licht,

Entweder, weil dieselbe Sonne zurückkehrt

Unter den Ländern strebt er danach, den Himmel zu erobern,

Bemüht, es mit seinen Strahlen zum Leuchten zu bringen

Bevor er selbst erscheint, oder weil

Dann werden sich Feuer und viele Samen versammeln

Von Hitze wird nicht einmal zu einem festen Zeitpunkt berichtet,

Gemeinsam streamen – Gendering immer mehr

Neue Sonnen und Licht. Nur so geht die Geschichte

Das kann man von den Idäischen Berggipfeln aus sehen

Zerstreute Brände bei Tagesanbruch

Die sich von da an wie zwei zu einer Kugel verbinden

Und forme eine Kugel. Noch nicht in diesen Angelegenheiten

Kein Wunder, dass diese Samen des Feuers

Kann somit zeitlich so fix zusammen streamen

Und den Glanz der Sonne neu gestalten.

Denn viele Tatsachen sehen wir, die eintreten

Zu fester Zeit in allen Dingen: sprießende Sträucher

Zu einer festen Zeit und zu einer festen Zeit

Sie werfen ihre Blumen nieder; und Eld befiehlt die Zähne,

Zu einer sicher festgelegten Zeit, wegzufallen,

Und die Jugend befiehlt dem heranwachsenden Jungen, aufzublühen

Mit dem weichen Flaum und von beiden Wangen lassen

Der weiche Bart fällt. Und schließlich, Donnerschläge,

Schnee, Regen, Wolken, Winde, zu jeder Jahreszeit

Keineswegs unfixiert, alles geschieht.

Denn wo, sogar von ihrem alten ursprünglichen Ursprung an

Ursachen haben jemals so funktioniert,

Und wo, schon seit dem ersten Ursprung der Welt,

So ist es auch jetzt geschehen

Nach einer festen Reihenfolge kommen sie vorbei

Auch der Reihe nach.

Ebenso können die Tage länger werden

Während die Nächte schwinden und das Tageslicht schwindet

Während die Nächte ihre Verstärkungen nehmen,

Entweder weil die gleiche Sonne kursiert

Unter den Ländern und darüber in zwei Bögen,

Ein längeres und ein kürzeres unterscheiden sich

Die Küsten des Äthers teilen sich in zwei Teile

Seine Umlaufbahn ist völlig ungleich und fügt hinzu:

Rundherum wird er getragen, bis zur einen Hälfte dort

So viel wie von der anderen Hälfte ist er ta'en,

Bis er dann dieses Zeichen des Himmels erreicht

Wo der Jahresknoten die Schatten der Nacht wiedergibt

Gleich den Lichtperioden.

Denn wenn die Sonne auf halbem Weg ist

Zwischen den Böen des Nordwinds und des Südens,

Der Himmel hält seine beiden Ziele gleichmäßig getrennt,

Aufgrund der festen Position alt

Von dem ganzen sternenklaren Tierkreis, durch den

Diese Sonne braucht ein Jahr, um sich weiterzuentwickeln,

Erleuchtet den Himmel und alle Länder

Mit schrägem Licht – wie uns die Menschen erklären

Die durch ihre Diagramme gut kartiert haben

Diese Regionen des Himmels, die geschmückt werden sollen

Mit den arrangierten Tierkreiszeichen.

Oder aber, weil in bestimmten Teilen die Luft

Unter dem Land ist es dichter, das Zittern

Helle Feuerstrahlen schwanken langsam,

Auch diese Luft kann nicht leicht durchdringen

Noch nicht zu ihrem Aufgangsort auftauchen:

Dafür sind es die Nächte im Winter

Verweilen Sie lange, bevor das Vielstrahlige kommt

Rundes Abzeichen des Tages. Oder weil, wie gesagt,

Im Wechsel der Jahreszeiten

Feuer, mal schneller, mal langsamer, sind üblich

Zusammen strömen – die Feuer, die die Sonne machen

An einer Stelle aufstehen – deshalb ist es so

Dass diese Männer die Wahrheit zu sagen scheinen [die halten

Mit jedem neuen Tagesanbruch wird eine neue Sonne geboren.

Der Mond scheint möglicherweise, weil

Von den Sonnenstrahlen gestreichelt und Tag für Tag

Möge sie ihr Licht auf unseren Blick richten, umso mehr

Sie weicht von der Sonnenkugel zurück, bis

Ihm gegenüberstehen auf der ganzen Welt,

Sie hat mit vollem Glanz nach außen gestrahlt,

Und wenn sie sich erhebt, während sie nach oben schwebt,

Hat dort seinen Untergang beobachtet; von dort ebenfalls

Sie muss ihr Licht hinter sich verstecken

Langsam, je näher sie nun gleitet,

Entlang des Kreises des Tierkreises,

Von ihrem fernen Ort zu den Feuern der Sonne dort —

Wie jene Männer meinen, die den Mond vortäuschen

Genau wie ein Ball und um einen Kurs zu verfolgen

Zwischen Sonne und Erde. Es gibt wieder einmal

Es gibt Grund zur Annahme, dass der Mond rollen könnte

Mit Licht ihr ganz persönliches und somit zur Schau stellen

Die vielfältigen Formen ihrer Pracht dort.

Denn in ihrer Nähe befindet sich möglicherweise ein anderer Körper,

Unsichtbar, weil lichtlos,

Getragen und gleitend mit ihr,

Was in drei Modi ihre Festplatte blockieren und beflecken kann.

Auch hier könnte sie sich um sich selbst drehen,

Wie eine Kugelkugel — wenn überhaupt —

Eine Hälfte von ihr ist mit leuchtendem Licht überfärbt,

Und durch die Revolution dieser Sphäre

Sie kann für uns ihre unterschiedlichen Formen hervorbringen,

Bis sie diesen feurigen Teil von sich verwandelt

Voller Anblick und offene Augen der Menschen;

Von dort wirbelt sie in langsamen Schritten hin und her,

Dadurch wird der leuchtende Teil zurückgezogen

Von ihrer kugelförmigen Masse und Kugel, wie wahrlich

Die babylonische Lehre der Chaldäer,

Widerlegung der Kunst griechischer Astrologen,

Arbeitet im Gegensatz, um sicher zu sein —

Als ob tatsächlich das, wofür jeder kämpft,

Könnte nicht einmal wahr sein — oder irgendetwas anderes

Deshalb könntest du das Risiko eingehen, einen zu umarmen

Mehr als die andere Vorstellung. Dann wieder,

Warum ein Neumond vielleicht nicht für immer ist

Dort werden mit festen Abfolgen erstellt

Von Formen und mit festen Konfigurationen,

Und warum jeden Tag dieser helle Mond erschaffen wurde

Könnte nicht eine Fehlgeburt und eine andere sein,

An seiner Stelle und Stelle, neu erzeugt,

Es ist schwer, es mit Vernunft oder Worten zu zeigen

Um sich als absurd zu erweisen – denn siehe da, so viele Dinge

Kann mit festen Reihenfolgen erstellt werden:

Der Frühling und die Venus kommen und der Junge der Venus,

Der geflügelte Vorbote tritt vor,

Und hart auf Zephyrs Fußspuren Mutter Flora,

Es besprengt die Wege vor ihnen und erfüllt alles

Mit Farben und Gerüchen ausgezeichnet;

Danach folgt trockene Hitze und er

Begleitet wird sie von Ceres, der Staubigen,

Und durch die Etesian-Brise des Nordens;

Dann kommt der Herbst und mit ihm Schritte

Lord Bacchus und dann auch andere Jahreszeiten

Und andere Winde folgen – das hohe Brüllen

Vom großen Volturnus und dem starken Südwind

Mit Blitzen. Endlich der kürzeste Tag der Erde

Bringt den Menschen den Schnee und bringt ihn wieder

Die betäubende Kälte. Und der Winter folgt ihr,

Seine Zähne klappern vor Kälte. Deshalb ist es so

Umso weniger ein Wunder, wenn zu einer festen Zeit

Ein Mond wird so immer wieder gezeugt

Zur festgelegten Zeit zerstört, da es so viele Dinge gibt

Kann so zu einem bestimmten Zeitpunkt entstehen.

Ebenso die Sonnenfinsternisse und die Mondfinsternisse

Weit entfernte Verdeckungen magst du zu Recht annehmen

Dies hat mehrere Ursachen. Denn tatsächlich

Warum sollte der Mond ausschalten können?

Erde vom Licht der Sonne und von der Seite

Um ihr hohes Haupt unter der Sonne zur Erde zu strecken,

Im Gegensatz zu seinen leuchtenden Strahlen eine dunkle Kugel —

Und doch vermutet man gleichzeitig die Wirkung

Könnte nicht von einer anderen Person stammen

Welches gleitet für immer ohne Licht?

Noch einmal: Warum konnte die Sonne nicht in geschwächtem Zustand

Zu festgesetzter Zeit seine Feuer verlieren, und dann,

Wenn er durch die Luft gegangen ist

Jenseits der Regionen, feindlich gegenüber seinen Flammen,

Dass er seine Feuer löschen und töten konnte, warum konnte er das nicht?

Sein Licht erneuern? Und warum sollte die Erde wiederum

Habe die Macht, dem Mond das Licht zu rauben, und dort,

Sich selbst in der Höhe, halte die Sonne darunter verborgen,

Während der Mond in seinem monatlichen Lauf gleitet

Durch die starren Schatten des Kegels? —

Und doch gleichzeitig ein anderer Körper

Ich habe nicht die Kraft, den Mond zu durchqueren,

Oder gleiten Sie über der Sonnenkugel entlang,

Seine Strahlen brechen und das Licht ausbreiten?

Und dennoch, wenn der Mond selbst strahlend sei

Warum konnte sie das bei ihrem eigenen Glanz manchmal nicht auch?

In irgendeinem Viertel der mächtigen Welt

Werde schwach und müde, während sie hindurchgeht

Regionen, die den Balken ihrer eigenen unfreundlich gegenüberstehen?

Ursprünge des pflanzlichen und tierischen Lebens

Und nun zu dem, was bleibt! – Da ich es mir vorgenommen habe

Durch welche Vorkehrungen geschehen alle Dinge?

Durch die blauen Regionen der mächtigen Welt, –

Wie wir wissen können, welche Energie und Ursache

Begann die verschiedenen Sonnenläufe

Und das Mondgeschehen und mit welchen Mitteln

Sie können untergehen, während das Licht vereitelt wird,

Und verhülle die ahnungslosen Länder mit Schatten,

Wenn sie sozusagen blinzeln, und dann noch einmal

Mit einer offenen Augenuntersuchung in allen Regionen,

Strahlend weiß – das tue ich jetzt

Kehren Sie in das Urzeitalter der Welt zurück

Und erzähle, was zuerst die weichen jungen Felder der Erde sind

Mit der frühesten Geburt war beschlossen worden

In die Luft steigen zu den Ufern des Lichts

Und den widerspenstigen Winden anzuvertrauen.

Am Anfang gab die Erde rundherum nach

Die Hügel und die ganze Länge der Ebenen,

Das Rennen der Gräser und das leuchtende Grün;

Die Blumenwiesen erstrahlten in strahlendem Glanz

Mit grüner Farbe, und danach, siehe,

Den verschiedenen Baumarten wurde gegeben

Ein emulierender Impuls, mächtig zu schießen,

Mit freiem Lauf in die Lüfte.

Wie Federn, Haare und Borsten gezeugt werden

Das erste über Mitglieder der Vierfußrassen

Und auf den Körpern der Starkflügeligen,

So entstand zunächst die neue Erde

Gräser und Sträucher und später gezeugt

Die sterblichen Generationen, dort aufgewachsen –

Unzählig in unzähligen Modi –

Nach unterschiedlichen Moden. Denn vom Himmel

Diese atmenden Kreaturen können niemals gefallen sein,

Auch die Landbewohner sind nie heraufgekommen

Aus Meeressalzbecken. Wie wahr bleibt,

Wie verdienstvoll ist dieser angenommene Name!

Von der Erde – „Die Mutter!“ – da aus der Erde

Sind alle gezeugt. Und auch jetzt aufstehen

Wie viele Lebewesen aus dem Lehm –

Durch den Regen und die Hitze der Sonne zubetoniert.

Daher ist es weniger ein Wunder, wenn sie sprangen

Vor langer Zeit waren es mehr und mehr,

Gereift aus diesen Tagen in den jungen Jahren

Von Erde und Äther. Zunächst einmal das Rennen

Von den geflügelten und bunten Vögeln,

Im Frühling geschlüpft, ihre Eier zurückgelassen;

Wie heutzutage im Sommer die Baumgrillen

Lassen Sie ihre glänzenden Schalen aus eigenem Antrieb zurück,

Auf der Suche nach ihrer Nahrung und ihrem Leben. Dann war es soweit

Diese deine Erde hat dem Tag zuerst gegeben

Die sterblichen Generationen; für sich durchgesetzt

Unter den Feldern ist es heiß und nass.

Und daher, wo irgendein passender Platz gegeben wurde,

Es konnten Gebärmutterhöhlen durch Wurzeln entstehen

An der Erde befestigt. Und wenn die Zeit reif ist

Das Alter der Jungen im Inneren (die die Luft suchten).

Und flohen aus den Feuchtigkeiten der Erde) hatten diese Gebärmutter geplatzt, oh dann

Würde die Natur die Poren der Erde dorthin drehen?

Und lass sie aus offenen Adern einen Saft spritzen

Wie Milch; auch als Frau jetzt

Wird bei der Geburt mit der süßen Milch gefüllt,

Wegen all dem schnellen Strom an Nahrungsmitteln

Ist dort den Mutterbrüsten zugewandt.

Dort würde die Erde den Kindern Nahrung liefern;

Wärme war ihr Wickeltuch, das Gras ihr Bett

Reich an weichen Daunen. Die Neuheit der Erde also

Würde keine trüben Anfälle der bitteren Kälte wecken,

Weder extreme Hitze noch mächtige Winde –

Denn alle Dinge wachsen und gewinnen mit der Zeit an Stärke

In gleichen Proportionen; und dann war die Erde jung.

Deshalb, noch einmal, wie verdient es

Ist dieser angenommene Name der Erde – Die Mutter! –

Da sie selbst die Menschheit gezeugt hat,

Und zu einem fast festgelegten Zeitpunkt hervorgebracht

Jede Brust, die tosend umherreicht

Auf den mächtigen Bergen und allen Vögeln

Antenne mit vielen abwechslungsreichen Formen.

Aber siehe, weil ihre gebärenden Jahre enden müssen,

Sie hörte auf, wie eine Frau, die von Ältesten getragen wird.

Im Laufe der Äonen verändert sich die Natur von

Die ganze weite Welt und alle Dinge müssen mitgenommen werden

Ein Status nach dem anderen, nichts bleibt bestehen

Für immer wie er selbst. Alle Dinge verschwinden;

Die Natur verändert alles, sie zwingt alles

Zur Transformation. Siehe, das verrottet,

A-schlaff mit müdem Feld, und das wiederum,

Gedeiht in Herrlichkeit, hervorgehend aus Verachtung.

Auf diese Weise verändern sich also die vergehenden Äonen

Die Natur der ganzen weiten Welt und der Erde

Nimmt einen Status nach dem anderen an. Und was

Früher hat sie es ertragen, jetzt kann sie es nicht länger ertragen,

Und was sie nie langweilte, kann sie heute.

Damals auch die tellurische Welt

Strebte danach, die Monster zu zeugen, die auftauchten

Mit ihren erstaunlichen Gesichtern und Gliedmaßen –

Der Mann-Frau – ein Ding zwischen den beiden,

Doch weder das eine noch das andere, und von beiden Geschlechtern entfernt –

Einige grausame Boggles, die ihrer Füße verwaist sind,

Einige der Hände sind verwitwet, auch dumme Schrecken

Ohne Mund oder Blinde ohne Auge,

Oder Bulks, alle an Beinen und Armen gefesselt

Vorn und hinten am Körper festklebend,

So konnten sie es niemals tun oder gehen,

Sie meiden weder die Katastrophe noch nehmen sie das Gute an sich.

Und andere Wunderkinder und Monster auf der Erde

War also die Zeugung dieser Art – vergebens,

Da die Natur ihr Wachstum mit Entsetzen verboten hat,

Und machtlos waren sie, dorthin zu gelangen

Die begehrte Blume der schönen Reife,

Oder um Nahrung zu finden oder sich zu verflechten

In Werken der Venus. Denn wir sehen, dass es ein Muss gibt

In vielfältigen Lebensverhältnissen übereinstimmen,

Wenn das Leben jemals durch die Zeugung von Leben entsteht

Um die Generationen eine nach der anderen zu schmieden:

Erstens müssen Lebensmittel sein; und als nächstes ein Weg, auf dem

Die Samen der Imprägnierung im Rahmen

Kann aussickern, von den Mitgliedern alle befreit;

Zu guter Letzt der Besitz dieser Instrumente

Wodurch sich das Männchen mit dem Weibchen vereinen kann,

Das eine mit dem anderen in gegenseitiger Verzückung.

Und in den Zeitaltern nach dem Tod der Monster,

Notgedrungen gingen viele Bestände unfähig um

Durch Vermehrung entsteht eine Nachkommenschaft.

Für alle Kreaturen, die du siehst

Den Atem des Lebens atmend, war es dasselbe

Auch von frühester Kindheit an lebendig erhalten

Durch List oder durch Tapferkeit, oder zumindest

Durch Fuß- oder Flügelgeschwindigkeit. Und so manche Aktie

Bleibt noch, wegen des Nutzens für den Menschen,

Und so der Vormundschaft des Menschen verpflichtet.

Tapferkeit hat wilde Löwenrassen am Leben gerettet

Und viele andere terrorisierende Rassen,

List die Füchse, fliehe die geweihten Hirsche.

Leicht schlafende Hunde mit treuem Herzen in der Brust,

Doch und jede Art zeugte aus Samen

Von Zugtieren, wie auch von den Wollherden

Und gehörntes Vieh, alles, mein Memmius,

Wurden der Vormundschaft über Männer verpflichtet.

Denn ängstlich flohen sie vor den wilden Tieren,

Und Frieden suchten sie und ihre reichlichen Nahrungsmittel,

Ohne eigene Mühe erlangt,

Die wir ihnen als angemessene Belohnung sichern

Für ihren guten Service. Aber diese Tiere wem

Die Natur hat nichts davon gewährt —

Tiere, die aufgrund ihres freien Willens völlig unfähig sind, zu gedeihen

Und vergebens für jeden Dienst an uns

Als Dank dafür, dass wir ihre Art zulassen sollten

Um uns zu ernähren und in unserem sicheren Schutz zu sein —

Diese wurden in der Tat gerne entlarvt,

Gefesselt in den grausamen Fesseln des Untergangs,

Als Beute und Beute für den Rest, bis

Die Natur hat diesen Bestand bis zum völligen Tod reduziert.

Aber Zentauren hat es nie gegeben und kann es auch nie geben

Geschöpfe aus doppeltem Schaft und doppeltem Rahmen,

Vertrag von Mitgliedern fremder Natur,

Dennoch mit gleicher Funktion und gleicher Kraft geformt

In jedem Körperteil — eine Tatsache, die du vielleicht hast,

So dumm dein Verstand auch sein mag, lerne daraus:

Das Pferd, wenn seine drei Jahre vergangen sind,

Blumen in seiner Blütezeit; aber der Junge

Nicht so, denn selbst dann tappt er oft im Schlaf

Nach den milchigen Brustwarzen,

Noch ein Kleinkind. Und später, wann endlich

Die lustvollen Kräfte von Pferden und kräftigen Gliedmaßen,

Jetzt schwach durch das verfallende Leben, scheitern Sie mit dem Alter,

Siehe, erst dann kommt die Jugend mit blühenden Jahren

Beginnen Sie für Jungen und kleiden Sie ihre roten Wangen

Mit der weichen Daune. Denken Sie also niemals, percase,

Das aus einem Menschen und aus dem Samen eines Pferdes,

Das Biest der Zugluft, kann Zentauren komponieren

Oder jemals lebend existieren, noch Scyllas –

Die Halbfischkörper, umgürtet mit tollwütigen Hunden –

Noch andere dieser Art, die wir markieren

Die Mitglieder sind miteinander nicht einverstanden; für nie

Gleichzeitig erreichen sie ihre Blütezeit

Oder die volle Kraft ihres Körpers gewinnen und verlieren,

Und brenne niemals vor derselben Gier der Liebe,

Und niemals stimmen sie in ihren Gewohnheiten überein,

Ich finde auch nicht, dass die gleichen Speisen gleichermaßen köstlich sind –

Sooth, wie man oft die bärtigen Ziegen sehen kann

Latte auf der Hemlocktanne, die dem Menschen dient

Ist heftiges Gift. Noch einmal, seit Flamme

Es neigt dazu, die gelbbraunen Massen zu versengen und zu verbrennen

Von den großen Löwen ebenso wie von anderen Arten

Von Fleisch und Blut, das in den Ländern existiert,

Wie konnte es sein, dass sie, die einsame Chimaera,

Mit dreifachem Körper – vorne ein Löwe;

Und hinten ein Drache; und dazwischen eine Ziege –

Könnte aus dem Mund aus dem Körper rülpsen

Flamme wütend machen? Deshalb der Mann, der vortäuscht

Solche Wesen könnten entstanden sein

Als die Erde neu war und der junge Himmel frisch war

(Er stützt sein leeres Argument auf Neues)

Kann mit gleichem Grund viele Launen plappern

In unsere Ohren: Das wird er dann vielleicht sagen

Flüsse aus Gold flossen durch jede Landschaft,

Dass Bäume mit Edelsteinen zum Blühen pflegten,

Oder dass in jenen fernen Äonen der Mensch geboren wurde

Mit solch gigantischer Länge und Hebung der Gliedmaßen

Um auf der Grundlage seiner Füße in der Lage zu sein,

Tiefe Ozeane zum Besteigen oder mit seinen Händen

Das Firmament um seinen Kopf herumwirbeln.

Denn obwohl es auf der Erde viele Samen der Dinge gab

In der alten Zeit, als diese tellurische Welt

Zuerst wurden die Tierrassen ins Ausland gegossen,

Dennoch ist das kein Zeichen dafür

Solche Mischwesen könnten gezeugt worden sein

Und die Gliedmaßen aller Tiere sind heterogen

Habe zusammengestrickt; denn in der Tat,

Die verschiedenen Arten von Gräsern und Körnern

Und die entzückenden Bäume – die auch jetzt noch

Entspringt in Hülle und Fülle aus dem Inneren der Erde –

Kann noch nie mit ihren Stämmen gezeugt werden

Eingepfropft in eins; aber jedes einzelne Ding

Es handelt nach seinen Sitten und Gebräuchen

Und alle behalten ihre eigenen Unterscheidungen bei

Im festen Dekret der Natur.

Ursprünge und wilde Zeit der Menschheit

Aber sterblicher Mann

War damals im alten Champaign viel härter,

Das sollte er auch sein, da die Erde härter ist

Hatte ihn gezeugt? auch gebaut war er

Von größeren und festeren Knochen im Inneren,

Und mit starken Sehnen durch das Fleisch stricken,

Weder Hitze noch Kälte lassen sich leicht angreifen,

Oder außerirdisches Essen oder irgendein Ärgernis oder Ärger.

Und dabei so viele Glanzlichter der Sonne

Über den Himmel gerollt, führten Männer ein Leben

Nach der umherziehenden Gewohnheit wilder Tiere.

Damals gab es noch keine robusten Führer für gebogene Pflüge,

Und niemand wusste damals, wie man die Felder mit Eisen bearbeitet,

Oder pflanzen Sie junge Triebe in Löcher aus gegrabenem Lehm,

Oder hacken Sie mit Hakenmessern von hohen Bäumen

Die Äste von gestern. Was für Sonne und Regen

Welche Erde hatte man ihnen aus eigenem Antrieb gegeben

Damals erschaffen, war Segen genug, um zu erfreuen

Ihre einfachen Herzen. Mittlerweile mit Eicheln bewachsene Eichen

Würden sie ihren Körper einmal erfrischen?

Und die wilden Beeren des Arbutebaums,

Was du jetzt purpurrot reifen siehst

Im Winter der alte Tellurboden

Würde dann reichlicher und größer gebären.

Und auch viele grobkörnige Lebensmittel sind schon lange her

Die blühende Frische der jungen Welt

Produziert, genug für die armen Kerle dort.

Und Flüsse und Quellen riefen sie einst herbei

Um den Durst zu stillen, wie jetzt von den großen Hügeln

Das herabstürzende Wasser ruft laut und weithin

Die durstigen Generationen der Wildnis.

So suchten sie auch die Grotten der Nymphen auf –

Die Waldplätze, die sie entdeckten, als sie umherstreiften –

Von hier aus wussten sie, dass es gleitende Bäche gab

Mit Schwall und Plätschern überschwemmte er die Felsen,

Die tropfenden Steine und tröpfelten von oben

Über dem grünen Moos; und hier und da

Aufgequollen und über die offene Ebene geplatzt.

Sie wussten noch, dass sie kein Feuer entfachen sollten

Gegen die Kälte, noch haariges Fell verwenden

Und bekleiden ihre Körper mit der Beute der Tiere;

Aber zusammengedrängt in Hainen, Berghöhlen und Wäldern,

Und inmitten des Dickichts versteckten sie ihre schmutzigen Rücken,

Wenn man getrieben wird, um den Peitschenhieben des Windes zu entkommen

Und die großen Regenfälle. Sie konnten es dann auch nicht beachten

Das Gemeinwohl wussten sie auch nicht zu nutzen

Gemeinsam sind alle Bräuche, alle Gesetze:

Was auch immer das Beutevermögen für jeden ist

Hätte es angeboten, würde jeder allein nachgeben,

Durch den Instinkt darauf trainiert, sich selbst zu gedeihen und zu leben.

Und Venus in den Wäldern würde sich dann verbinden

Die Körper der Liebenden; denn die Frau gab nach

Entweder aus der gemeinsamen Flamme oder aus der des Mannes

Ungestüme Wut und unersättliche Lust,

Oder aus einer Bestechung – wie Eichelnüsse, erlesene Birnen,

Oder die wilden Beeren des Arbuta-Baums.

Und im Vertrauen auf die wundersame Kraft der Hände und Beine,

Sie jagten die Waldwanderer, die Bestien;

Und viele würden sie erobern, aber einige wenige flohen,

A-schleichen in ihre Verstecke ...

Mit den geschleuderten Steinen und mit der gewaltigen Schwere

Aus knorrigem Ast. Und spätestens in der Nacht

Überholt würden sie wie borstige Wildschweine werfen,

Die Glieder ihres wilden Mannes liegen nackt auf der Erde,

Sie rollten sich in Blättern und bewedelten Zweigen zusammen.

Sie würden auch nicht mit lautem Wehklagen rufen

Um die Felder herum für Tageslicht und Sonne,

Zittern und Zauberstabklingeln in den Schatten der Nacht;

Aber schweigend und im Schlaf versunken warteten sie

Bis die Sonne mit rosigem Flambeau brachte

Die Herrlichkeit dem Himmel. Von Kindheit an nicht

Immer die Dunkelheit und den gezeugten Tag zu sehen

In wechselnden Zeiten könnten sie es nie sein

Verwildert von wilder Besorgnis, damit nicht eine Nacht

Der Ewige sollte die Länder mit Licht besitzen

Von der Sonne für immer zurückgezogen. Aber ihre Fürsorge

War eher der Clan wilder Tiere

Würde ihre Schlafzeit oft schrecklich machen

Für diese armen Kerle; und von zu Hause aus y-gesteuert,

Bei Annäherung flüchteten sie aus ihren Felsunterkünften

Vom Eber, vom Schaumlippigen oder vom starken Löwen,

Und in der Mitternacht geben wir vor Schrecken nach

Für diese wilden Gäste ihre Betten aus ausgebreiteten Blättern.

Und doch damals nicht viel mehr als heute

Würde Generationen der Sterblichkeit

Lassen Sie das süße Licht des verblassenden Lebens hinter sich.

Tatsächlich gab es damals hier und da einen Mann,

Öfter von Reißzähnen ergriffen und verschlungen,

Gewährte den Tieren eine Nahrung, die bei lebendigem Leib brüllte,

Echo durch Haine und Hügel und Waldbäume,

Sogar als er sein lebendiges Fleisch begraben sah

In einem lebenden Grab; während diejenigen, die fliehen

Hatte gerettet, mit Knochen und Körper gebissen, geschrien,

Sie drücken ihre zitternden Handflächen auf abscheuliche Wunden,

Mit schrecklichen Stimmen für den ewigen Tod —

Bis, auf Hilfe angewiesen und sinnlos was

Könnte ihre Wunden heilen, die sich windenden Schmerzen

Nahm sie aus dem Leben. Aber nicht in jenen fernen Zeiten

Würde eines einsamen Tages dem Untergang geweiht sein?

Eine Soldatentruppe zu Tausenden marschiert weiter

Unter den Kampfbannern würde das auch nicht der Fall sein

Die brandenden Wellen der Hauptmeere rasen los

Ganze Argos und Mannschaften auf den Felsen.

Aber der Aufstand des Ozeans tobte oft vergebens,

Ohne jedes Ende oder Ergebnis, und aufgeben

Seine leeren Drohungen sind ebenso leichtfertig;

Noch sanfte Verführungen eines ruhigen Meeres

Könnte jeden Mann durch schallendes Lachen anlocken

Raus in die Katastrophe: für die mutige Wissenschaft

Das Schiffssegeln lag in jenen fernen Zeiten im Dunkeln.

Dann war es wieder so, dass der Mangel an Nahrung nachließ

Männer ohnmächtige Glieder zur Auflösung: jetzt

Es ist eine Menge Überwältigendes. Unvorsichtig, sie

Oftmals würde es dann für sich selbst ausströmen

Das Gift; jetzt, mit schönerer Kunst, sich selbst

Sie geben die Entwürfe an andere weiter.

ANFÄNGE DER ZIVILISATION

Nachher,

Als sie Hütten, Felle und Feuer besorgt hatten,

Und als die Frau sich dem Mann anschloss,

zog sich mit ihm in eine Wohnung zurück,

Bekannt waren; und als sie sahen, dass ein Nachwuchs geboren wurde

Aus sich selbst heraus, dann zuerst die Menschheit

Begann weicher zu werden. Denn jetzt war es dieses Feuer

Hat ihre zitternden Körper weniger standhaft gemacht,

Unter dem Baldachin des Himmels die Kälte;

Und die Liebe reduzierte ihre zottige Winterhärte;

Und Kinder, mit dem Geplapper und dem Kuss,

Bald brach das hochmütige Temperament der Eltern zusammen.

Dann schlossen sich auch die Nachbarn zu Freunden zusammen,

Eifrig, nicht mehr Unrecht zu tun oder Unrecht zu erleiden,

Und gefordert für Kinder und die Frau

Barmherzigkeit der Väter, mit Schreien und Gesten

Sie stammelten Andeutungen, wie treffend das alles sei

Sollte Mitleid mit den Schwachen haben. Und weiterhin,

Obwohl die Eintracht damals nicht in jeder Hinsicht möglich war

Gezeugt sei ein guter, ein guter Teil

Habe den Glauben unantastbar gehalten — sonst die Menschheit

Längst war es unaussprechlich abgeschnitten,

Und die Fortpflanzung hätte es nie bringen können

Die Art im Laufe der Zeit.

Damit nicht, vielleicht,

Über diese Angelegenheiten denkst du nach

In stiller Meditation, sagen wir mal

Es war ein Blitz, der ursprünglich auf die Erde gebracht wurde

Das Feuer für die Sterblichen und von dort aus hat sich ausgebreitet

Über allen Ländern die Flammen der Hitze. Denn so

Auch jetzt noch sehen wir so viele berührte Objekte

Bei den himmlischen Flammen, die glühend aufblitzen,

Wenn der Blitz sie mit Hitze erfüllt hat.

Doch auch wenn ein vielzweigiger Baum,

Von Winden geschlagen, sich windende, hin und her schwankende,

Gegen die Zweige eines Nachbarbaums drücken,

Dort durch die Kraft mächtigen Reibens und Reibens

Wird Feuer erzeugt? und manchmal überflackert es

Die sengende Hitze der Flamme, wenn Äste scheuern

Gegen die Stämme. Und aus diesen Gründen auch nicht

Möglicherweise hat er den sterblichen Menschen das Feuer gegeben.

Als nächstes kochen und erweichen die Speisen in der Flamme

Die Sonne belehrte sie, denn so oft sahen sie

Wie Gegenstände milder werden, wenn sie von Wärme gedämpft werden

Und durch die regnenden Schläge feuriger Strahlen,

Durch alle Felder.

Und jeden Tag mehr und mehr

Würden die Menschen stärker im Verstand und weiser im Herzen sein?

Bringen Sie ihnen bei, ihre frühere Lebensweise und ihr Leben zu ändern

Durch Feuer und neue Geräte. Könige begannen

Städte zu gründen und Zitadellen zu errichten,

Als Festungen und Zufluchtsorte für sich selbst,

Und Schafe und Felder, aufgeteilt für jeden Mann

Nach der Schönheit, Stärke und dem Sinn eines jeden —

Für Schönheit wurde dann viel importiert und Kraft

Hatte seine eigenen Rechte oberste Priorität. Danach Reichtum

Entdeckt wurde, und Gold wurde ans Licht gebracht,

Was bald die Ehre sowohl der Starken als auch der Schönen beraubte;

Für Männer, egal wie schön die Form ist

Oder tapfer, wird im Wesentlichen folgen

Die Party des reichen Mannes. Doch der Mensch musste steuern

Er würde sein Leben durch fundiertere Überlegungen anerkennen

Reichtümer im Überfluss, wenn auch mit geistiger Zufriedenheit

Er lebte sparsam; denn niemals, wie ich vermute,

Gibt es einen Mangel an Wenigem auf der Welt?

Aber die Menschen wünschten sich Ruhm und Macht

Auch wenn ihr Vermögen auf festen Fundamenten steht

Könnte für immer ruhen, und dass sie selbst,

Der Opulente könnte ein ruhiges Leben führen —

Vergebens, vergebens; da, im Streben nach oben

Auf die Höhen der Ehre schaffen es Männer

Ihr Weg ist schrecklich; und selbst wenn einmal

Sie erreichen sie, Neid wie der Blitz

Manchmal wird es zuschlagen, wenn du kopfüber nach unten schleuderst

Zum düstersten Tartarus voller Verachtung; denn, siehe,

Alle Gipfel, alle Regionen höher als die anderen,

Rauch, verweht wie von den Blitzen des Neids;

Es ist also besser, in Stille zu gehorchen,

Als den Wunsch nach oberster Beherrschung der Angelegenheiten

Und Besitz von Imperien. Sei es so;

Und lass die Müden ihr Herzblut ausschwitzen

Alles ohne Ende, im Hass kämpfend

Der schmale Weg des menschlichen Ehrgeizes;

Da all ihre Weisheit aus den Lippen anderer kommt,

Und alles, was sie suchen, erfahren sie aus dem, was sie gehört haben

Und weniger von dem, was sie gedacht haben. Das ist auch keine Torheit

Größer heute und bald auch nicht größer,

Das war früher so.

Und deshalb wurden Könige getötet,

Und die makellose Majestät goldener Throne

Und hochmütige Zepter lagen umgestürzt im Staub;

Und Kronen, so prächtig auf den Häuptern der Herrscher,

Bald blutig unter den proletarischen Füßen,

Stöhnte darüber, dass ihr Ruhm verschwunden war – zum ersten Mal

Gefürchtet, danach mit noch gierigerem Elan

Mit Füßen getreten unter dem Pöbelabsatz. So Dinge

Bis hin zu den abscheulichsten Windböen streitender Mobs

Unterlag, während jeder nach sich selbst suchte

Herrschaft und Vorherrschaft. Also als nächstes

Einige klügere Köpfe gaben den Männern den Auftrag, zu gründen

Das Amtsamt und der Rahmen

Kodizes, mit denen sie möglicherweise einverstanden sind, Gesetze zu befolgen.

Für die Menschheit, übermüdet vom Leben

Durch Gewalt gefördert, litt es unter seinen Fehden;

Und zwar umso eher aus freien Stücken

Den Gesetzen und strengsten Vorschriften unterworfen. Denn seit

Jede Hand war in ihrem Zorn zum Nehmen bereit

Eine Rache, heftiger als durch die gerechten Gesetze des Menschen

Ist jetzt zugestanden, Männer auf diesem Konto

Ich verabscheute das alte, mit Gewalt geförderte Leben. Es ist von dort

Diese Angst vor Strafen verunreinigt jeden Preis

Von bösen Tagen; für Gewalt und Betrug umgarnen

Jeder Mann ist in der Nähe und im Großen und Ganzen schreckt er zurück

Auf ihm, woher sie kamen. Das ist nicht einfach

Für jemanden, der durch hässliche Taten verstößt

Die Bande des gemeinsamen Friedens, um ein Leben zu verbringen

Gelassen und ruhig. Denn obwohl er 'Scape' ist

Das Geschlecht der Götter und Menschen muss er dennoch fürchten

'Twird nicht für immer verborgen bleiben – denn in der Tat,

So viele, die oft in ihren Träumen plappern

Oder sie sind vor Krankheit tobend und haben sich selbst verraten

(Wie Geschichten erzählen) und endlich veröffentlicht

Alte Geheimnisse und die Sünden.

Aber die Natur war es

Fordert Männer auf, verschiedene Zungenlaute auszusprechen

Und Bedürfnis und Gebrauch formten die Namen der Dinge,

Ungefähr in der gleichen Weise wie die Jahre ohne Sprache

Zwingen Sie kleine Kinder zum Gestikulieren,

Lassen Sie sie hier und da mit dem Finger zeigen

Auf das, was vor ihnen liegt. Denn jedes Lebewesen fühlt

Instinktiv, wofür er seine Kräfte einsetzen kann.

Noch bevor die kaum gezeugten Hörner des Bullenkalbs auftauchen

Projizieren Sie über seine Brauen, mit ihnen „gins“ er

Wütend zum Hintern und wild zum Stoßen.

Sondern Pantherwelpen und Löwenbabys

Mit Krallen und Pfoten und Bissen sind sie am Werk

Schon, wenn ihre Zähne und Krallen knapp werden

Noch erzeugt. Also wieder sehen wir

Alle Arten geflügelter Lebewesen vertrauen auf Flügel

Und aus ihren jungen Trieben streben sie danach, etwas zu bekommen

Eine flatternde Hilfe. Also zu denken

Das hat damals irgendein Mann verteilt

Den Dingen ihre Namen, und das lernten die Menschen von ihm

Ihre erste Nomenklatur ist albern.

Denn warum konnte er alles mit Worten kennzeichnen?

Und sprich die verschiedenen Laute der Zunge aus, zu welcher Zeit

Der Rest mag als machtlos gelten

Das Gleiche tun? Und wenn der Rest es nicht getan hätte

Schon eins mit anderen verwendeten Wörtern,

Woher wurde dem Lehrer dann eingepflanzt,

Vorabwissen über ihre Verwendung und woher wurde gegeben

Ihm allein ist die ursprüngliche Fähigkeit zu eigen

Zu wissen und im Kopf zu sehen, was er wollte?

Außerdem konnte ein einzelner Mann kaum sie bezwingen

Eine überwältigende Menge zur Auswahl

Seine Namen von Dingen auswendig lernen. Eine Aufgabe

Es ist in keiner Weise einfach, es zu unterrichten

Und um die Gehörlosen davon zu überzeugen

Es ist notwendig, dies zu tun. Denn das würden sie nie tun

Erlaube es und duldest es auf keinen Fall

Ständiges eitles Dingdong in ihren Ohren

Von gesprochenen Lauten, die noch nie zuvor gehört wurden. Und was,

Endlich, in dieser Angelegenheit, die so wundersam ist,

Diese menschliche Rasse (in der eine Stimme und eine Zunge vorhanden sind

Wir waren jetzt in voller Kraft) sollten durch verschiedene Worte

Bezeichnen Sie seine Objekte, wie es jeder Taucher empfindet

Könnte eine Aufforderung sein? — seit sogar den sprachlosen Herden, ja, seitdem

Die Generationen wilder Tiere

Sind nicht unterschiedlich und klingen vielfältig

Aus ihnen aufzuwachen, wenn es Angst oder Schmerz gibt,

Und wenn sie vor Freude platzen. Und das, wahrlich,

Es liegt an Ihnen, anhand der klarsten Tatsachen zu wissen: wann zuerst

Riesige schlaffe Wangen verrückter Molosserhunde,

Sie entblößen ihre harten weißen Zähne und beginnen zu knurren.

Sie drohen mit wütend zurückgezogenen Lippen,

In Geräuschen, die ganz anders sind als die, mit denen sie bellen

Und alle Regionen ringsum mit Stimmen füllen.

Und wenn sie mit der Zunge streicheln, fangen sie an zu lecken

Ihre Welpen, oder werfen sie mit den Pfoten herum,

Mit sanften Bissen vortäuschen, klaffen und schnappen,

Sie kriechen mit weit entfernter Stimme

Dann, wenn sie allein im Haus bellen,

Oder wimmerndes Schleichen mit zusammenzuckenden Seiten bei Schlägen.

Wieder das Wiehern des Pferdes

Nicht zu unterscheiden ist auch nicht, wenn der Bolzen

In der lebhaften Blüte seiner jungen Jahre schwärmt er,

Angetrieben von der geflügelten Liebe, inmitten der Stuten,

Und wenn er mit geweiteten Nasenlöchern schnaubt

Der Ruf zum Kampf, und wenn er glücklich ist

Wiehert er manchmal mit vor Schrecken zitternden Gliedern?

Schließlich das fliegende Rennen, die gesprenkelten Vögel,

Falken, Fischadler, Möwen auf der Suche nach Nahrung und Leben

Inmitten des Ozeans wogt die Salzlake,

Zu anderen Zeiten weit andere Schreie ausstoßen

Als wenn sie um Nahrung oder mit ihrer Beute kämpfen

Kampf und Anstrengung. Und es gibt Vögel, die sich verändern

Mit wechselndem Wetter ihre eigenen lauten Lieder –

Als langlebige Generationen der Krähen

Oder Türkenschwärme, wenn man sagt, dass sie weinen

Für Regen und Wasser und um ab und zu anzurufen

Für Winde und Stürme. Ergo, wenn unterschiedliche Stimmungen

Zwinge die Bestien, auch wenn sie immer sprachlos sind,

Um verschiedene Töne auszusenden, oh wahrlich, dann

Wie viel wahrscheinlicher waren das sterbliche Männer

Damals konnte man mit vielen anderen Tönen klingen

Bezeichnen Sie jedes einzelne Ding.

Und nun welcher Grund

Hat die Gottheiten der Götter im Ausland verbreitet

Durch mächtige Nationen und füllte die Städte voll

Von den Hochaltären und zu Praktiken geführt

Von feierlichen Riten zur rechten Zeit – Riten, die still sind

Blühen Sie inmitten großer Staatsangelegenheiten auf

Und inmitten großer Zentren des bürgerlichen Lebens der Menschen,

Die Riten, von denen immer noch eine arme Sterblichkeit herrührt

Ist die zitternde Ehrfurcht eingepfropft, die sich in die Höhe erhebt

Immer noch die neuen Tempel der Götter von Land zu Land

Und treibt die Menschheit dazu, sie in Scharen zu besuchen

An Feiertagen ist es nicht so schwer, etwas zu geben

Begründung dafür in der Rede. Denn tatsächlich,

Sogar in jenen Tagen würde die Rasse der Menschheit

Erleben Sie herausragende Göttergesichter

Mit wachem Geist; und im Schlaf noch mehr –

Körper von wundersamem Wachstum. Und damit zu diesen

Würden Männer Sinn zuschreiben, weil sie so schienen?

Ihre Glieder zu bewegen und laute Aussprüche zu sprechen,

Ein prächtiges Gesicht und gewaltige Kräfte, die ihm angemessen sind.

Und die Menschen würden ihnen ein ewiges Leben geben,

Denn ihre Gesichter sind für immer

Waren vor ihnen da und ihre Formen blieben,

Und vor allem aber, weil die Menschen nicht denken würden

Wesen, die mit so mächtigen Kräften ausgestattet sind

Könnte durchaus von jeder Kraft überwältigt werden.

Und die Männer würden sie in ihrem Glück denken

Weit überragend, weil die Angst vor dem Tod

Keiner von ihnen hat überhaupt geärgert, und seitdem

Zur gleichen Zeit sahen Männer, wie sie es im Schlaf der Männer taten

So viele Wunder und dennoch das Gefühl, daraus hervorzugehen

Selbst keine Müdigkeit. Außerdem markierte Männer

Wie in einer festen Reihenfolge herumgerollt

Die Systeme des Himmels und veränderte Zeiten

Von jährlichen Jahreszeiten waren wir damals noch nicht in der Lage

Die Ursachen dafür kennen. Deshalb war es so

Männer würden Zuflucht darin suchen, alles wegzuwerfen

Den Gottheiten gegenüber und im Vortäuschen aller

Wurde von ihrem Nicken geleitet. Und am Himmel

Sie stellen die Sitze und Gewölbe der Götter auf, weil

Am Himmel sind Nacht und Mond zu sehen

Mitzurollen – Mond, Tag und Nacht und Nacht

Immer wieder alte, ehrfürchtige Konstellationen,

Und die nachtwandernden Feuerbälle des Himmels,

Und fliegende Flammen, Wolken und die Sonne, der Regen,

Schnee und die Winde, die Blitze und der Hagel,

Und das schnelle Grollen und das hohle Brüllen

Von mächtigen Bedrohungen für immer.

O unglückliche Menschheit! – als es zugeschrieben wurde

Den Gottheiten solche großartigen Taten zu verdanken,

Und damit verbunden die Härte des wilden Zorns!

Was für ein Stöhnen erzeugten die Menschen an diesem traurigen Tag

Sogar für sich selbst, und oh was für Wunden für uns,

Was für Tränen für die Kinder unserer Kinder! Noch, oh Mensch,

Liegt darin deine wahre Frömmigkeit: mit Kopf

Unter dem Schleier muss man noch sehen, wie man sich dreht

Vor einem Stein stehen und sich immer nähern

Zu allen Altären; noch so anfällig auf der Erde

Nach vorne fallen, die nach oben gerichteten Handflächen ausbreiten

Vor den Schreinen der Götter, noch vor dem Tau

Altäre mit reichlich Blut von vier Fuß großen Tieren,

Noch Gelübde mit Gelübden zu verbinden. Sondern das hier:

Alle Dinge mit einem Meisterauge betrachten

Und der Geist ist ruhig. Denn wenn wir nach oben schauen

Auf den Himmelsgewölben deiner großen Welt

Und Äther, hoch über funkelnden Sternen fixiert,

Und in unseren Gedanken kommen die Reisen

Von Sonne und Mond, oh dann in unsere Brüste,

Schon überlastet von ihren anderen Übeln,

Beginnt sofort, seinen plötzlichen Kopf zu erheben

Noch eine Sorge: damit wir nicht

Es ist die unermessliche Macht der Götter

Das rollt, mit unterschiedlichen Bewegungen, rund und rund

Die fernen weißen Sternbilder. Für den Mangel

Aus welchen Gründen auch immer, versucht der verwirrte Geist:

Ob jemals eine Geburtszeit der Welt war,

Und ob es auch ein Ende geben wird

Wie weit können die Wälle der Welt noch reichen

Überwinde diese Anstrengung immer erregter Bewegung,

Oder ob göttlich mit ewigem Wohl

Ausgestattet können sie endlose Zeitabschnitte überstehen

Gleiten Sie weiter und trotzen Sie den übermächtigen Mächten

Von den unermesslichen Zeitaltern. Siehe,

Welcher Mensch ist da, dessen Geist von Furcht vor Göttern erfüllt ist?

Zuckt nicht in der Nähe zusammen, dessen Gliedmaßen vor Schreckenszauber stehen

Kauert nicht zusammen, wenn die Erde ausgedörrt ist

Bebt mit dem schrecklichen Donnerschlag,

Und über den mächtigen Himmel läuft das Grollen?

Erschüttern nicht die Völker und Nationen,

Und hochmütige Könige umarmen ihre Glieder nicht,

Von Angst vor den Gottheiten durchdrungen,

Damit nichts Schlimmes getan oder wahnsinnig gesagt wird

Die schwere Zeit ist jetzt zur Hand, um zu bezahlen?

Wenn auch die heftige Kraft der wütenden Winde auf See

Fegt einen Admiral der Marine über die Hauptstraße

Mit seinen starken Legionen und seinen Elefanten,

Sucht er nicht mit Gelübden den Frieden der Götter?

Und betteln im Gebet, zitternde, eingelullte Winde

Und freundliche Stürme? – vergeblich, denn oft eingeholt

In wütenden Wirbelstürmen wird er getragen,

Für all seine Reden, bis hin zu den Untiefen des Untergangs.

Ah, so unwiderruflich eine verborgene Macht

Zertrampelt für immer die Angelegenheiten der Menschen,

Und knirscht sichtbar mit der Ferse im Schlamm

Die herrlichen Ruten und Äxte der Liktoren sind schrecklich,

Ich habe sie verspottet! Noch einmal, wenn die Erde

Von einem Ende zum anderen schaukelt es unter den Füßen,

Und erschütterte Städte ruinieren oder drohen

Was für ein Wunder ist es denn am Rande?

Dass sterbliche Generationen sich erniedrigen,

Und den Göttern in allen Angelegenheiten der Erde

Weisen Sie als letztes Mittel allmächtige Kräfte zu

Und wundersame Energien, um alles zu regieren?

Nun zum Rest: Kupfer und Gold und Eisen

Entdeckt wurden und mit ihnen das Gewicht von Silber

Und die Kraft des Bleis, wenn es mit ungeheurer Hitze verbunden ist

Die Feuersbrünste verbrannten die Waldbäume

Zwischen den mächtigen Bergen, durch einen Bolzen

Von Blitzen vom Himmel, oder auch weil

Männer, die in den Wäldern gegen ihre Feinde kämpfen

Hatte Feuer geschleudert, um Angst und Bestürzung zu erzeugen,

Oder doch, weil der Boden so gut ist

Eingeladene Männer wollten fruchtbare Felder roden

Und das Land in Weideland verwandeln,

Oder töten Sie die Wildnis und gedeihen Sie mit der Beute.

(Denn die Jagd durch Fallgruben und durch Feuer entstand

Vor der Kunst, die verdeckte Runde abzusichern

Mit Netz oder Rühren mit Jagdhunden.)

Wie ist die Tatsache und aus welchem Grund auch immer

Die flammende Hitze mit schrecklichem Krachen und Brüllen

Hatte es bis zu ihren tiefsten Wurzeln verschlungen

Die Bäume des Waldes und die Erde mit Feuer gebacken,

Dann begann aus den kochenden Adern zu sickern

O Bäche aus Silber und Gold,

Auch aus Blei und Kupfer, bald gesammelt

In die Hohlräume des Bodens.

Und als die Männer bald die abgekühlten Klumpen sahen

Mit Prachtglanz auf der Erde leuchten,

Sehr angetan von dieser glänzenden, sanften Freude,

Sie wollten sie heraushebeln und sahen, wie es ihnen ging

Hatte eine ähnliche Form wie seine erdige Form.

Dann würde es ihnen in den Sinn kommen, wie dieselben Klumpen,

Wenn es durch Hitze geschmolzen wird, kann es jede Form annehmen

Oder eine Abbildung der Dinge, die ausgeführt werden, und wie wiederum

Hämmerte man sie aus, ließen sie sich schön zeichnen

Zu den schärfsten Spitzen oder feinsten Kanten und damit

Übergeben Sie die Werkzeuge der Fälscher und geben Sie ihnen Macht

Den Wald abholzen, die Baumstämme fällen,

Zum Schneiden von Balken und Brettern sowie zum Bohren

Und stanzen und bohren. Und Männer begannen mit dieser Arbeit

Zunächst ebenso mit Werkzeugen aus Silber und Gold

Wie bei der ungestümen Stärke des starken Kupfers;

Aber vergebens – seit ihrer übermächtigen Macht

Würde bald nachgeben, unfähig zu ertragen,

Wie Kupfer, so harte Arbeit. In diesen Tagen

Kupfer war es, was den Preis ausmachte;

Und das Gold lag nutzlos da, stumpf und mit stumpfer Kante.

Jetzt liegt das Kupfer niedrig, und Gold ist gekommen

Zu den höchsten Ehren. So ist es

Dass rollende Zeitalter die Zeiten der Dinge verändern:

Was einst teuer war, wird endlich

Ein Abwurf ohne Ehre; während ein anderer

Gelingt dem Ruhm, der aus Verachtung hervorgeht,

Und von Tag zu Tag wird mehr und mehr gesucht,

Und wenn es gefunden wird, erblüht es im Lob der Menschen,

Gegenstände von wundersamer Ehre.

Nun, Memmius,

Wie die Natur des entdeckten Eisens war, erfährst du vielleicht

Von deinem eigenen göttlichen Selbst. Die alten Arme des Menschen

Waren Hände und Nägel und Zähne, auch Steine und Äste —

Bruch von Waldbäumen — und Flammen und Feuer,

Sobald bekannt. Danach Kraft aus Eisen

Und Kupfer wurde entdeckt; und die Verwendung von Kupfer

Bekannt vor Eisen, da besser handhabbar

Seine Natur ist und seine Fülle mehr.

Mit Kupfermännern begann die Bodenbearbeitung,

Mit Kupfer, um die tosenden Wellen des Krieges zu entfachen,

Um die monströsen Wunden abzudecken und zu beseitigen

Die Herden und Felder eines anderen. Denn für sie,

So bewaffnet, alles ohne Verteidigung

Bereitwillig nachgegeben. Dann in langsamen Schritten

Das Schwert aus Eisen war erfolgreich und die Form

Die dreiste Sichel wurde in Verachtung verwandelt:

Mit Eisen, um den Boden von der Erde zu spalten, haben sie begonnen,

Und die Behauptungen eines unsicheren Krieges

Wurden gleichgestellt.

Und siehe da, der Mensch war es gewohnt

Bewaffnet, um auf die Rippen des Pferdes zu steigen

Und führe ihn mit den Zügeln und spiele herum

Mit der rechten Hand frei, oft bevor er es versuchte

Kriegsgefahren im gespannten Streitwagen;

Und nebeneinander gespannte Paare kamen früher

Als Vierergespanne oder Streitwagen mit Sensen

Darin klumpen die bewaffneten Männer. Und als nächstes

Das punische Volk hat die Elefanten trainiert –

Diese abscheulichen lukanischen Ochsen, abscheulich,

Die Schlangenhänder, mit Türmen auf ihren Massen –

Um die Wunden des Krieges und des Panikstreiks zu überstehen

Die mächtigen Truppen des Mars. Daher ist Discord traurig

Erzeugte ein Ding nach dem anderen, um zu sein

Der Terror der Nationen unter Waffen,

Und Tag für Tag zu den Schrecken des alten Krieges

Sie fügte eine Erhöhung hinzu.

Auch Bullen haben sie versucht

Im düsteren Geschäft des Krieges; und Aufsatz zum Versenden

Unverschämte Eber gegen die Feinde. Und einige

Schickt mächtige Löwen vor ihre Reihen

Mit bewaffneten Trainern und mit grimmigen Meistern

Führen und in Ketten halten – und doch vergebens,

Da sie vom wechselvollen Gemetzel fleischgeworden waren, flogen sie wild,

Und blindlings durch die Staffeln Chaos angerichtet,

Die schrecklichen Wappen auf ihren Köpfen schüttelnd,

Jetzt hier, jetzt dort. Auch die Reiter konnten sich nicht beruhigen

Ihre Pferde, die angesichts des Brüllens panische Brüste bekamen,

Und zügel sie, um dem Feind die Stirn zu bieten. Mit Frühling

Die wütenden Löwen würden aufspringen

Mal hier, mal da; und wer kam schnell

Gegen sie würden sie diese ins Gesicht reißen;

Und andere würden unwissentlich von hinten reißen

Runter von ihren Reittieren und umschlingt sie, bringt

Sturzend auf die Erde, überwältigt von der Wunde,

Und mit diesen mächtigen Reißzähnen und Hakenklauen

Befestigt euch an ihnen. Bullen würden ihre Freunde werfen,

Und mit Füßen treten und von unten

Mit ihren Hörnern den Pferden die Flanken und Bäuche zerreißen,

Und mit einer drohenden Stirn den Rasen verstopfen;

Und Eber würden ihre Verbündeten mit starken Stoßzähnen aufspießen,

Sie spritzen voller Wut ihr eigenes Blut auf Speere

Zersplitterte in ihren eigenen Körpern und würde fallen

In der Flucht und Ruine Infanterie und Pferd.

Denn dort versuchten die Satteltiere zu fliehen

Die wilden Stoßzähne schrecken zurück,

Oder sich mit den Hufen in der Luft aufbäumen.

Umsonst – denn dort könntest du sie sinken sehen,

Ihre Sehnen wurden durchtrennt und sie fielen schwer

Den Boden bestreut. Und solche wie Männer

Vermeintlich vor langer Zeit zu Hause gut ausgebildet,

Wir waren mitten im Geschehen und sahen, wie es schäumte

In Wut, vor den Wunden, den Schreien, der Flucht,

Die Panik und der Tumult; Männer konnten es auch nicht

Viele ihrer Zahlen steigen. Für jede Rasse

Und verschiedene der wilden Tiere flohen auseinander

Hin und her, wie so oft in Kriegen heute

Fliehe vor den lukanischen Ochsen mit aller Kraft

Schwer verstümmelt, nachdem sie gewirkt haben

Auf ihre Freunde wartet so viel schreckliches Schicksal.

(Wenn es tatsächlich so wäre, dass sie das überhaupt taten:

Aber ich glaube kaum, dass Männer es nicht könnten

Mit Verstand im Voraus wissen und sehen, wie sicher kommen wird,

Was für ein übles und allgemeines Desaster. – Das

Wir können also im großen All für wahr halten,

In verschiedenen Welten nach verschiedenen Plänen erschaffen,—

Irgendwo weitaus wahrscheinlicher als dort

Eine bestimmte Erde.) Aber die Menschen haben sich dafür entschieden

Weniger in der Hoffnung zu erobern als zu geben

Ihre Feinde sind ein guter Grund zum Kummer,

Auch wenn sie dadurch selbst zugrunde gingen,

Da sie zahlenmäßig schwach sind und seitdem Waffen fehlen.

Nun Kleidung aus grob geflochtenen Strängen

Waren früher als webgewebte Bezüge;

Der Webstuhl ist später als das Eisen des Menschen,

Da in der Webkunst Eisen benötigt wird,

Auch auf andere Weise lässt sich das nicht erreichen

Solche polierten Werkzeuge – die Trittflächen, Spindeln, Schiffchen,

Und klingende Garnbündel. Und die Natur zwang die Männer,

Bevor die Frau freundlich ist, die Wolle zu verarbeiten:

Denn alle männlichen Geschlechter zeichnen sich durch hervorragende Fähigkeiten aus,

Und klüger ist um einiges – bis endlich

Das raue Bauernvolk spottete über solche Aufgaben,

Und so waren wir bestrebt, sie bald zu übergeben

In Frauenhände und in härtere Arbeit

Zur Stärkung von Armen und Händen.

Aber die Natur selbst,

Mutter aller Dinge war die erste Samensäerin

Und Urpfropfer; denn die Beeren und Eicheln,

Von den Bäumen fallend, würde es dort unten sein

Setze zu jeder Jahreszeit Schwärme kleiner Triebe hervor;

Daher auch die Vorliebe der Männer für das Einpflanzen von Slips

Auf den Ästen und in Löcher ausbrechend

Die jungen Sträucher über den Feldern. Dann würden sie es versuchen

Immer neue Arten, ihre geliebten Höfe zu bestellen,

Und sie würden bemerken, wie die Erde den Geschmack verbessert

Von den Wildfrüchten durch liebevolle und pflegende Pflege.

Und Tag für Tag zwangen sie den Wald, sich zu bewegen

Noch höher den Berg hinauf und nachgeben

Der Ort unten für Tilth, damit sie dort könnten,

Auf den Ebenen und im Hochland gibt es Wiesen,

Zisternen und Rinnen, stehende Getreidefelder,

Und glückliche Weinberge, und das die ganze Zeit

Über Hügel, Zwischenräume und Ebenen könnten verlaufen

Der silbergrüne Gürtel der Olivenbäume,

Markieren der geplotteten Landschaft; auch jetzt noch

Du siehst so von vielfältiger Schönheit geprägt

Das ganze Gelände, das Menschen schmücken und bepflanzen

Mit Reihen von schönen Obstbäumen und runder Hecke

Mit blühenden Sträuchern gesät.

Aber durch den Mund

Um die flüssigen Noten von Vögeln zu imitieren

War früher bei weitem der größte Mann als Macht zu machen,

Durch gemessenes Lied, melodische Verse und Geben

Ein Genuss für die Ohren. Und das Pfeifen des Windes

Adurch die Mulden des Schilfs zuerst gelehrt

Die Bauernschaft soll in die Halme blasen

Aus hohlem Hemlockkraut. Dann Stück für Stück

Sie lernten süße Streiche, wie Pfeifenausgießen,

Von den Fingerspitzen singender Männer geschlagen,

Wenn man es durch unbewegte Haine und Waldtiefen hört

Und waldige Wiesen, durch die unbekannten Orte

Von Hirtenvolk und göttlich stillen Flecken.

So treibt die Zeit alles voran

Nach und nach in die Mitte der Menschen,

Und die Vernunft erhebt es an die Ufer des Lichts.

Diese Melodien würden die Gemüter der Sterblichen beruhigen und erfreuen

Wenn man mit Essen satt ist, dann sind Lieder willkommen.

Und oft mit Freunden im weichen Gras faulenzen

Neben einem Wasserfluss, darunter

Die Äste eines großen Baumes, fröhlich würden sie sich erfrischen

Ihre Rahmen, ohne großen Aufwand – vor allem

Wenn das Wetter und die Jahreszeiten lächeln würden

Wir bemalten das Grün des Grases mit Blumen.

Dann Witze, dann Reden, dann fröhliche Schreie

Würde umkreisen; denn dann die rustikale Muse

War in ihrer Herrlichkeit; dann würde Mirth verärgert sein

Fordern Sie sie auf, Kopf und Schultern mit Girlanden zu schmücken

Mit Kränzen aus ineinander verschlungenen Blumen und Blättern,

Und weiterzutanzen, verstimmt, mit Gliedmaßen

Clownisch schwankend und mit clowneschem Fuß

Um unsere Mutter Erde zu besiegen – woher sie kam

Gelächter und Freudenschreie, denn, siehe da,

Solche ausgelassenen Taten waren damals in ihrer Pracht,

Neuer und seltsamer sein. Und wache Männer

Trost für ihre schlaflosen Stunden gefunden

Beim Hervorbringen verschiedener Notizen,

Im Modulieren von Melodien, im Laufen

Mit gespitzten Lippen entlang der gestimmten Stimmzungen,

Daher bewachen auch heute noch die Wächter

Diese alten Traditionen haben wir gut gelernt

Um das wahre Maß zu wahren. Und doch wissen sie nichts

Holen Sie sich eine größere Frucht der Freude

Dann kamen die Ureinwohner des Waldes

In alten Zeiten. Für das, was wir zur Hand haben —

Wenn wir bisher nichts Süßeres gewusst haben —

Das gefällt vor allem und scheint das Beste von allem zu sein;

Aber dann etwas später, wahrscheinlich besser, finden

Zerstört seinen Wert und verändert unsere Wünsche

Bezüglich des Guten von gestern.

Und somit

Begann der Abscheu vor der Eichel; daher

Verlassen waren die mit Gräsern übersäten Beete

Und mit den Blättern beladen. Also noch einmal:

Die Felle der Tiere verfielen in neue Verachtung —

Einstmals ein Ehrengewand, das, schätze ich,

Erregte damals so bösartigen Neid

Dass der erste Träger einen traurigen Tod erlitt

Durch Hinterhalte — und doch dieser haarige Preis,

Dort werden sie von gierigen Feinden in Lumpen geschlagen

Und mit Blut bespritzt, völlig ruiniert

Jenseits jeglichen Nutzens oder Vorteils. So von alters her

Es waren Felle, und heute ist es lila und gold

Das kark das Leben der Menschen voller Sorgen und müde vom Krieg.

Darin liegt meiner Meinung nach die größere Schuld

Bei uns eitlen Männern heute: denn die Kälte würde quälen,

Ohne ihre Felle, die nackten Söhne der Erde;

Aber uns schadet es nicht, darauf zu verzichten

Das purpurne Gewand, mit Gold bestickt

Und das mit imposanten Figuren, wenn wir das noch sagen

Machen Sie Abwechslung mit einem gemeinen Gewand der Plebs.

So arbeitet der Mensch vergeblich weiter

Für immer und verschwendet im Leerlauf kümmert er sich um seine Jahre –

Denn wahrlich, er hat nichts gelernt

Was das wahre Ziel des Erhaltens ist, noch nicht

Wie weit kann das wahre Vergnügen überhaupt wachsen?

Und es ist der Wunsch nach Besserem und nach mehr

Hat nach und nach die Sterblichkeit getragen

Raus in die Tiefe und aufgeweckt

Von ganz unten kommen mächtige Wellen des Krieges.

Aber Sonne und Mond, diese Wächter der Welt,

Mit ihren eigenen Laternen, die herumlaufen

Die Mächtigen, das sich drehende Gewölbe, haben gelehrt

Für die Menschheit, die Jahreszeiten

Kehren Sie noch einmal zurück, und die Sache findet statt

Nach einem festen Plan und einer festen Bestellung.

Schon würden sie ihr Leben abgeschirmt verbringen

Bei den starken Türmen; und eine Erde bebauen

Alles aufgeteilt und abgegrenzt; bereits

Würde das Meer blühen und Schiffe mit Segelflügeln haben?

Die Menschen hatten bereits im Rahmen von Vertragsverträgen

Konföderierte und Verbündete, als die Dichter begannen

Heldentaten in Versen niederschreiben;

Es dauerte nicht lange, bis dieser Brief erfunden worden war —

Daher ist unsere Zeit nicht in der Lage, zurückzublicken

Auf das, was vorher war, außer wo Vernunft liegt

Zeigt uns einen Fußabdruck.

Segeln auf den Meeren,

Bebauung von Feldern, Mauern, Gesetzen und Waffen und Straßen,

Kleidung und dergleichen, alle Preise, alle Freuden

Von schönerem Leben, Gedichten, Bildern, gemeißelten Formen

Von polierten Skulpturen — all diese Künste wurden erlernt

Durch Übung und die Erfahrung des Geistes,

Während die Männer Schritt für Schritt eifrig voranschritten.

So treibt die Zeit alles voran

Nach und nach in die Mitte der Menschen,

Und die Vernunft erhebt es an die Ufer des Lichts.

Denn eins nach dem anderen sahen die Menschen

Werde klar durch den Intellekt bis hin zu ihren Künsten

Sie haben jetzt den höchsten Gipfel erreicht.

Buch VI

EINLEITUNG

Es war Athen zuerst, das glorreiche im Namen,

Das gab er den unglücklichen Menschensöhnen

Die Garben der Ernte und das neu geordnete Leben,

Und erließ Gesetze; und sie war die erste, die gab

Das Leben war sein süßer Trost, als sie zeugte

Ein Mann mit so klugem Herzen, der einschenkte

Alle Weisheit kommt aus seinem wahrheitssprechenden Mund;

Die Herrlichkeit dessen, obwohl tot, noch heute ist,

Wegen dieser göttlichen Entdeckungen

Von jeher berühmt, in den Himmel erhoben.

Denn wann hat er das fast alles gesehen?

Welche Bedürfnisse des Menschen am dringendsten erfordern

War für die Sterblichen griffbereit und das Leben,

Soweit möglich, wurde sicher festgestellt,

Dass Männer Herren in Reichtum, Ehre und Lob waren,

Und vortrefflich im Ruhm der Söhne,

Und dass sie noch, oh noch, innerhalb des Hauses,

Hatte immer noch das ängstliche Herz, das das Leben quälte

Unaufhörlich mit Qualen des Geistes,

Und tobte notgedrungen mit wütenden Klagen, dann er,

Dann erkannte er, der Meister, dass es so war

Das Schiff selbst, das den Fluch wirkte, und alles,

Allerdings gesund, was von hier oder da

Wurde darin gesammelt, war von diesem Fluch

Von innen heraus verwöhnt – zum Teil, weil er sah

Das Gefäß war so gesprungen und undicht, dass man es überhaupt nicht bemerkte

Es könnte jemals bis zum Rand gefüllt sein; teilweise weil

Er bemerkte, wie es mit üblem Geschmack verunreinigt war

Was auch immer es in sich hat. So dass er,

Der Meister, dann durch seine wahrheitssprechenden Worte,

Reinige die Brüste der Männer und setze die Grenzen

Von Lust und Terror und zur Schau gestellt

Das höchste Gut, nach dem wir alle streben,

Und zeigte den Weg, auf dem wir ankommen könnten

Dazu durch einen kleinen Querschnitt gerade,

Und was ist mit den Übeln in allen Angelegenheiten der Sterblichen?

Sprang auf und huschte hinterhältig umher

(Ob durch Zufall oder Gewalt), da die Natur so ist

Hatte es bestimmt; und aus welchen Toren ein Mann

Sollte zu jedem Kampf einen Ausfall machen. Und er hat es bewiesen

Das tut die Menschheit meist vergeblich

In seinem Busen rollen die grimmigen Wellen der Sorge.

Denn so wie Kinder zittern und sich vor allem fürchten

Im aussichtslosen Dunkel, so auch wir zeitweise

Fürchte dich im Licht vor so vielen Dingen

Nichts ist furchteinflößender als das, was Kinder vortäuschen,

Schaudernd wird sie im Dunkeln sein.

Dieser Schrecken dann, diese Dunkelheit des Geistes,

Nicht der Sonnenaufgang mit seinen flackernden Lichtspeichen,

Auch die glitzernden Pfeile des Morgens können sich nicht zerstreuen,

Aber nur der Aspekt der Natur und ihr Gesetz.

Darum werde ich umso mehr weben

In Versen ist dies meine Aufgabe.

Und seit ich dich gelehrt habe, dass die Welt große Gewölbe hat

Sind sterblich und dieser Himmel ist gestaltet

Natürlich wurde er rechtzeitig geboren und so weiter

Darin geht es weiter und muss zwangsläufig weitergehen

Das meiste, was ich herausgefunden habe; Was übrigbleibt

Nimm außerdem auf; seit ein für alle Mal

In diesen berühmten Wagen zu steigen

Von Winden entstehen; und sie sind besänftigt

Damit alles noch einmal...

Was war, wird jetzt verändert, mit gestillter Wut;

Alle anderen Bewegungen durch Erde und Himmel

Welche Sterblichen blicken (O ängstlich oft

In zitternden Gedanken!), und die ihren Geist erniedrigen

Mit Furcht vor den Gottheiten und drücke sie nieder

Bodenständig, weil ihre Unwissenheit

Kosmische Ursachen zwingen sie zum Nachgeben

Alles zum Reich der Götter

Und ihnen die Königsherrschaft zu überlassen.

Auch für die Männer, die es gut gelernt haben

Dass Gottheiten ein langes, sorgenfreies Leben führen,

Wenn sie sich doch inzwischen fragen, nach welchem Plan

Es kann weitergehen (und vor allem mit den hohen Dingen).

Oben an den ätherischen Küsten beobachtet),

Wieder eilen die Ängste zurück

Von alter Religion und wieder adoptieren

Harte Herren, die als allmächtig gelten — elende Männer,

Ohne zu wissen, was sein kann und was nicht,

Und durch welches Gesetz ist jedem sein Geltungsbereich vorgeschrieben?

Sein Grenzstein, der so tief in der Zeit haftet.

Darum werden sie umso mehr auf der Wanderschaft getragen

Aus blinder Vernunft. Und, Memmius, es sei denn

Du sprichst das alles aus deinem Kopf

Und vertreibt alle Gedanken von dir

Unwürdige Götter und ihrem Frieden fremd,

Dann werden es oft die heiligen Majestäten tun

Von den hohen Göttern sei dir Schaden zugefügt,

Wie durch deine Gedanken erniedrigt, – tatsächlich nicht,

Darin könnte die höchste Essenz der Götter liegen

So empört wie im Zorn bis zum Durst nach Suche

Rache scharf; sondern auch, weil du selbst

Du plagst mit der Vorstellung, dass die Götter,

Sogar sie, die Ruhigen in heiterer Ruhe,

Wälze die mächtigen Wellen des Zorns über den Zorn;

Du wirst auch nicht mit ruhiger Brust eintreten

Schreine der Götter; Du wirst es auch nicht können

In ruhiger Seelenruhe zu nehmen und zu wissen

Diese Bilder, die von ihren heiligen Körpern stammen

Werden in den Verstand der Menschen getragen,

Als die Verkünder ihrer göttlichen Form.

Was für ein Leben wird danach folgen?

Es liegt an dir, es zu sehen. Aber das ist weit weg von uns

Der allergrößte Grund kann ein solches Leben vertreiben,

Vieles muss noch verschönert werden

In ausgefeilten Versen, obwohl es herausgekommen ist

So viel von mir schon; siehe da, das gibt es

Das Gesetz und der Aspekt des Himmels

Durch die Vernunft erfasst; Es gibt Sturmzeiten

Und die hellen Blitze, die jetzt gepriesen werden sollen —

Sogar was sie tun und aus welchem Grund soe'er

Sie werden getragen — damit du nicht zitterst,

Abgrenzung prophetischer Himmelsregionen

Für Vorzeichen, oh törichter Verstörter

Sogar woher die fliegende Flamme kommt,

Oder zu welcher Hälfte des Himmels es sich wendet, oder wie

Durch ummauerte Orte hat es sich seinen Weg gewunden,

Oder, nachdem es dort seine Herrschaft bewiesen hat,

Wie es von dort weitergeeilt ist —

Weswegen die Menschen die Ursachen kennen,

Und denken Sie, dass dort Gottheiten am Werk sind.

Tust du, Calliope, geniale Muse,

Trost der Sterblichen und Freude der Götter,

Zeigen Sie die Strecke vor mir, während ich Rennen fahre

Auf zur weißen Linie des höchsten Ziels,

Damit ich mit Signal die Krone lobe,

Mit dir mein Führer!

GROSSE METEOROLOGISCHE PHÄNOMEN USW.

Und so ist es zunächst einmal:

Mit Donner werden die blauen Tiefen des Himmels erschüttert,

Weil die ätherischen Wolken, die in die Höhe strömten,

Zusammen stoßen sie aufeinander, wann immer sie gegeneinander antreten

Die Winde kämpfen. Denn nie kommt ein Ton

Aus den ruhigen Regionen des Himmels;

Aber wo auch immer in einem Wirt dichter ist

Die Wolken versammeln sich, von dort kommt es öfter

Ein Krachen mit mächtigem Grollen. Und wieder,

Wolken können keinen so verdichteten Rahmen haben

Wie Steine und Balken, noch einmal so fein

Als Nebel und fliegender Rauch; denn dann notgedrungen

Sie würden entweder fallen, niedergedrückt von ihrem rohen Gewicht,

Wie Steine oder wie der Rauch wären sie machtlos

Um ihre Masse zu behalten oder in sich zu behalten

Es gab Schnee und Hagel. Und sie geben nach

Über den Himmelsebenen der sich ausbreitenden Welt

Ein Geräusch in der Höhe, als würde sich eine Leinenmarkise ausbreiten

Über mächtige Theater, gibt manchmal nach

Ein krachendes Brüllen, wenn viel gerungen wird

Zwischen den Stangen und Querträgern. Manchmal auch

Von mutwilligen Böen zerrissen, tobt es

Und ahmt das reißende Geräusch von Laken nach

Aus Papier — vielleicht sogar diese Art von Lärm

Hören Sie im Donner — oder klingen Sie, als würden Winde wirbeln

Mit Zurrgurten und in der Luft herumwirbeln

Ein hängendes Tuch und fliegende Papierbögen.

Denn manchmal kann es auch vorkommen, dass die Wolken

Kann nicht zusammen frontal zusammenstoßen, sondern vielmehr

Bewegen Sie sich seitwärts und mit entgegengesetzten Bewegungen

Sich gegenseitig ohne Geschwindigkeit am Körper streifen,

Von woher dieser trockene Klang in unseren Ohren schallt,

So lange, bis die Wolken vorübergezogen sind

Aus ihren nahen Positionen heraus.

Und wieder,

Wenn man dies befolgt, scheint oft alles zu beben

Bei heftigem Donnerschlag und mächtigsten Mauern

Von den Weiten der Oberwelt

Dort im selben Moment, als wäre es auseinandergesprungen,

Zerrissen, wann eine gesammelte Explosion

Der heftige Hurrikan hat alles auf einmal

Verdrehte sich in eine Wolkenmasse,

Und da eingeschlossen, immer mehr

Zwingt die Wolke durch ihren Wirbel

Alles hohl mit einer verdickten Kruste wachsen lassen

Umgebung; denn danach, wenn die Kraft

Und der heftig einsetzende Wind hat nachgelassen

Diese Kruste, siehe da, dann die Wolke, die sich in zwei Teile spaltet,

Gibt einen schrecklichen Krach mit Knall und Boom von sich.

Kein Wunder, das; denn oft ist die Blase klein,

Mit Luft gefüllt, wird es, wenn es plötzlich platzt,

Geben Sie einen ebenso großen Ton von sich.

Es gibt auch einen Grund,

Warum Wolken Geräusche machen, wenn der Wind durch sie weht:

Wir sehen oft Formen von Wolken, die vom Himmel herabgetragen werden

Rauhkantig oder verzweigt, viele verzweigte Wege;

Und es ist dasselbe wie bei plötzlichen Fehlern

Der Nordwestwind weht durch den dichten Wald,

Die Blätter ächzen und die Äste krachen.

Es kommt auch manchmal vor, dass Gewalt geweckt wird

Von dem heftigen Hurrikan, der die Wolke zerreißt,

Mit einem Frontangriff direkt durchbrechen;

Denn was ein Windstoß da oben anrichten kann

Wird aus Tatsachen deutlich, wenn wir hier auf der Erde sind

Ein Hauch sanfter, der aber hohe Bäume in die Höhe treibt

Und saugt sie wahnsinnig aus ihren tiefsten Wurzeln heraus.

Außerdem sind zwischen den Wolken Wellen und diese

Geben Sie, während sie grob zerbrechen, ein polterndes Brüllen von sich;

Wie an tiefen Bächen oder am großen Meer

Bricht die laute Brandung. Es passiert auch, wann immer

Aus einer Wolke fällt in eine andere

Die feurige Energie des Blitzes,

Dass sofort die Wolke, wenn sie voller Nässe ist,

Löscht das Feuer mit gewaltigem Lärm;

Wie Eisen, weiß aus den heißen Öfen,

Es brutzelt, wenn wir schnell in seinen Glanz getaucht sind

Runter ins kalte Wasser. Weiter, wenn eine Wolke

Das Feuer wird trockener, der Köper plötzlich

Zünde Feuer und brenne mit monströsem Geräusch,

Als ob eine Flamme mit Windwirbeln sich ausbreiten sollte

Entlang der mit Lorbeerbäumen bewachsenen Berge weit,

Er brennt mit seinem gewaltigen Angriff auf diese Bäume;

Auch in der knisternden Flamme ist nichts dergleichen zu finden

Verschlingt mit Geräuschen, die für den Menschen schrecklicher sind

Als Delphischer Lorbeer des Apollon-Herrn.

Oft auch das zahllose Krachen des Eises

Und der Hagel des schnellen Hagels gibt ein Geräusch von sich

Zwischen den mächtigen Wolken in der Höhe; für wann

Der Wind hat sie dicht zusammengedrängt, jede Bergmasse

Von Regenwolken erstarrte es völlig

Und gemischt mit Hagelkörnern, Brüchen und Knallen ...

Ebenso wird es heller, wenn die Wolken aufziehen,

Durch ihren Zusammenstoß entstehen die Samen des Feuers:

Als ob ein Stein einen Stein oder Stahl treffen sollte,

Denn dann springt auch das Licht hervor und das Feuer zerstreut sich dann

Die leuchtenden Funken. Aber mit unseren Ohren bekommen wir es

Der Donner, nachdem die Augen den Blitz erblickt haben,

Denn für immer kommen die Dinge an die Ohren

Langsamer als die Augen – wie du vielleicht sehen wirst

Auch aus diesem Beispiel: wann markest du

Ein Mann da draußen fällte einen großen Baum

Mit einer zweischneidigen Axt geschieht es

Dein Auge sieht den schwingenden Schlag vorher

Der Schlag gibt einen Ton durch deine Ohren:

So sehen auch wir das Blitzen hier

Wir hören den Donner, der entladen wird

Zur gleichen Zeit wie das Feuer und aus derselben Ursache,

Geboren aus derselben Kollision.

Im Folgenden weise

Die Wolken überfluten das Land mit springendem Licht,

Und der Sturm blitzt mit zitterndem Elan auf:

Wenn der Wind in eine Wolke eingedrungen ist und dort herumwirbelt,

Hat (wie ich oben gezeigt habe) die Wolke geschaffen

In eine Mulde mit verdickter Kruste,

Es wird aus eigener Geschwindigkeit heiß:

So wie du siehst, wie die Bewegung überhitzen wird

Und alle Gegenstände in Brand stecken — wahrlich

Eine bleierne Kugel, die durch den Raum rast,

Schmilzt sogar. Deshalb, wenn dieser Wind in Flammen steht

Hat die schwarze Wolke gespalten, sie verstreut die Feuersamen,

Die sozusagen mit Gewalt verdrängt wurden

Plötzlich aus der Wolke — und diese machen es

Die pulsierenden Flammenblitze; daraus folgt

Die Detonation, die unsere Ohren angreift

Langsamer als alles, was kommt

Bis zum Anblick der Augäpfel. Dies geschieht —

Wie Sie vielleicht wissen — zu Zeiten, in denen die Wolken dicht sind

Und einer über dem anderen stapelte sich in die Höhe

Mit wunderbaren Umwälzungen — auch nicht du

Getäuscht, weil wir sehen, wie breit ihre Basis ist

Von unten und nicht wie hoch sie ragen.

Machen Sie Ihre Beobachtungen nacheinander

Wenn der Wind das Blau des Horizonts durchkreuzt

Wolken ziehen gerne zu Gebirgszügen,

Oder wenn es um die Seiten mächtiger Gipfel geht

Du siehst sie dicht gedrängt übereinander liegen

Und nach unten belastend, in hoher Ruhe verankert,

Mit den von allen Seiten begrabenen Winden:

Dann kannst du dann ihre gewaltigen Massen kennen?

Ich kann ihre Höhlen nicht sehen, als ob sie dort gebaut wären

Von Käferfelsen; welche, wenn die Hurrikane

Der versammelte Sturm hat sich völlig gefüllt,

Dann toben sie, gefangen in Wolken, herum

Mit mächtigem Gebrüll und in diesen Höhlen

Brüllen wie wilde Tiere, und jetzt von hier aus,

Und nun senden Sie von dort aus Knurren durch die Wolken,

Und auf der Suche nach einem Ventil drehen sie sich umher,

Und aus den Wolken rollen die Samen des Feuers,

Und häuft sie dort in großer Zahl auf,

Und in den hohlen Öfen darin

Drehen Sie die Flamme umher, bis die Wolke platzt

In gabelförmigen Blitzen haben sie hervorgeleuchtet.

Wiederum geschieht es aus folgender Ursache

Dieser schnelle goldene Farbton flüssigen Feuers

Pfeilt zur Erde hinab: denn die Wolken

Sie selbst müssen reichlich Samen des Feuers enthalten;

Denn wenn sie ohne jegliche Feuchtigkeit sind, dann

Sie haben größtenteils einen flammenden Farbton

Und ein strahlendes. Und das müssen sie tatsächlich

Sogar vom Licht der Sonne zu sich selbst

Nehmen Sie zwangsläufig zahlreiche Samen

Erröte und schütte ihre hellen Feuer überall aus.

Und deshalb, wenn der Wind getrieben und gestoßen hat,

Hat diese Wolken an einen Ort gezwungen und zusammengedrückt,

Sie schütten die ausgepreßten Feuersamen aus,

Die diese Farben der Flamme aufblitzen lassen.

Ebenso hellt es sich auch auf, wenn die Wolken aufziehen

Werde seltener und dünner am Himmel entlang; für wann

Der Wind entwirrt sie mit sanfter Berührung

Und zerbricht, während sie sich bewegen, diese Samen

Die die Blitze herbeiführen, müssen von Natur aus fallen;

Zu dieser Stunde hellt sich der Horizont auf

Ohne den schrecklichen Schrecken des schrecklichen Lärms

Und ein gewaltiger Aufruhr.

Um schnell voranzukommen,

Welche Art von Natur haben Blitze?

Wird durch ihre Schläge offenbar gemacht und durch

Die Markenzeichen ihrer sengenden Hitze auf den Dingen,

Und durch die verbrannten Narben, die rundherum ausatmen

Die schweren Schwefeldämpfe. Für all das

Sind Zeichen, nicht von Wind oder Regen, sondern von Feuer.

Auch hier entzünden sie oft sogar die Dächer

Von Häusern und in den Räumen selbst

Mit schneller Flamme halte eine wilde Herrschaft.

Wisse, dass die Natur dieses Feuer geschaffen hat

Subtiler als alle anderen Feuer, mit Minute

Und huschende Körper — ein Feuer, gegen das es nichts gibt

Kann im Geringsten aushalten: der Blitz,

Der Mächtige geht durch die Heckenmauern

Von Häusern, wie Stimmen oder ein Ruf, —

Durch Steine, durch Bronze geht es hindurch und es schmilzt

Im Augenblick Bronze und Gold; und macht,

Ebenso verschwinden die Weine plötzlich,

Die Weinkrüge intakt, denn seht ihr,

Durch die eintreffende Wärme wird es locker und porös

Bereitwillig alle irdenen Seiten des Weinglases,

Und es schlängelt sich nach innen und zerstreut sich

Die Urelemente des Weines

Mit schneller Auflösung – Prozess, der

Selbst in einem Zeitalter, in dem der feurige Dampf der Sonne herrschte

Konnte es nicht erreichen, so mächtig er auch war

Mit seinen heißen Schwärmereien: so viel mehr

Agil und übermächtig ist diese Kraft.

Nun, auf welche Weise werden diese Dinge erzeugt?

Wie geschaffen von so ungestümer Kraft

Um Türme und Häuser zu spalten

Umkippen und auseinanderreißen

Hölzer und Balken und Heldendenkmäler

Um Ruinen anzuhäufen und die Menschen aufzurütteln,

Und um den Menschen für immer den Atem zu rauben,

Und um das Vieh überall niederzuwerfen, –

Ja, mit welcher Kraft tun die Blitze das alles,

All dies und noch mehr werde ich dir offenbaren,

Bewahre dich nicht länger in bloßen Versprechungen.

Die Donnerschläge müssen also erdacht werden

Wie alles in diesen gröberen Wolken gezeugt

Hochgestapelt; denn, vom Himmel heiter

Und aus den Wolken leichterer Dichte,

Keiner wird für immer ausgesandt. Das ist so

Zweifellos besagen die greifbaren Tatsachen:

Nämlich zu einer solchen Zeit die dichten Wolken

Also massieren sie sich durch die ganze obere Luft

Dass wir denken könnten, das sei alles im Dunkeln

Hatte sich von Acheron getrennt und erfüllt

Die mächtigen Gewölbe des Himmels – so schmerzlich,

Während sich so die grausame Macht der Sturmwolken sammelt,

Hängen Gesichter des schwarzen Grauens in der Höhe –

Wenn der Sturm beginnt, seine Blitze zu schmieden.

Außerdem voll oft auch draußen auf See

Eine schwärzeste Gewitterwolke, wie Katarakt

Aus Pech, das vom Himmel herabgeschleudert wurde und weit weg

Voller Trübung, unten auf den Wellen

Fällt mit gewaltigem Aufruhr und zieht sich zurück

Der Dunkelling tobt mit Donnerschlägen

Und Hurrikane, die selbst so überfüllt sind

Enorm bei Feuer und Wind, sogar

Zurück auf dem Land schaudern die Menschen

Und suche Deckung. Deshalb, wie gesagt,

Man muss sich vorstellen, dass der Sturm über unserem Kopf liegt

Am höchsten aufragend; denn niemals würden die Wolken

Überwältige die Länder mit solch einer gewaltigen Dunkelheit,

Es sei denn, ein aufgeschütteter Haufen auf einem hohen Haufen,

Um die runde Sonne auszuschalten. Auch die Wolken konnten nicht,

Wenn sie kommen, werden sie von gewaltigem Regen überwältigt

Um die Flüsse überfluten zu lassen

Und Felder zum Schweben, wenn der Äther nicht so wäre

Ausgestattet mit hochgestapelten Wolken. Siehe, dann,

Hier werden alle Dinge mit Wind und Feuer erfüllt –

Daher die langen Blitze und die lauten Donner.

Denn wahrlich, ich habe dich schon jetzt gelehrt

Wie höhlenartige Wolken unzählige Samen enthalten

Von feurigen Ausdünstungen, und das müssen sie

Von den Sonnenstrahlen und deren Hitze

Nehmen Sie viele noch. Und so, wenn derselbe Wind

(Was wahrscheinlich in eine Region des Himmels geht

Sammelt diese Wolken) hat aus demselben hervorgedrückt

Die vielen feurigen Samen und mit diesem Feuer

Hat sich gleichzeitig vermischt,

O damals und da dieser Wind, jetzt ein Wirbelsturm,

Tief im Bauch dreht sich die Wolke

Auf engstem Raum und dort im Inneren geschärft

In glühenden Öfen der Blitz.

Denn dieser Wind ist es in zweierlei Hinsicht

Alles entzündet: Es zittert vor Hitze

Sowohl durch seine eigene Geschwindigkeit als auch durch

Wiederholte Feuerberührung. Danach, wann

Durch die Energie des Windes wird es erhitzt

Und der heftige Impuls des Feuers hat sich beschleunigt

Tief im Inneren, oh dann der Blitz,

Jetzt ist es sozusagen plötzlich gereift

Zersplittere die Wolke und der erregte Blitz

Springt vorwärts und leuchtet mit gabelförmigem Licht

Alle Plätze rund. Und es folgt bald

Ein so lautes Klatschen, dass der Himmel aufspringt,

Als ob sie auseinanderbrechen würden, scheinen sie aus der Höhe zu kommen

Um die Erde zu verschlingen. Dann ein fürchterliches Beben

Durchdringt die Länder und streckt die hohen Himmel aus

Führen Sie das ferne Rumpeln aus. Denn in einer solchen Zeit

Fast der ganze Sturm bebt, durch und durch erschüttert,

Und aufgeweckt wird das Gebrüll, von dem Schock ausgeht

Es kommt solch ein lauter und reichlicher Regen,

Dass sich der ganze trübe Äther zu drehen scheint

Jetzt regnet es und als es herunterfällt,

Um die Felder wieder in urzeitliche Fluten zu versetzen:

So groß sind die Regenfälle, die auf die Menschen herabgesandt werden

Durch Wolkenbruch und durch den Hurrikan,

Um wie viel Uhr der Donnerschlag vom brennenden Bolzen

Das reißt die Wolke auf, fliegt weiter. Manchmal

Die Kraft des Windes, von außen erregt,

Smiteth in eine bereits heiße Wolke

Mit einem reifen Blitz. Und wenn dieser Wind

Hat diese Wolke zersplittert, und dann spaltet sie sich dort unten sofort

Deine feurige Flammenspirale, die wir immer noch nennen:

Selbst mit dem Wort unserer Väter ein Blitz.

Das Gleiche passiert auf jeder anderen Seite

Wohin diese Kraft gefegt ist. Es kommt auch vor,

Diese manchmal starke Windkraft schoss jedoch hervor

Ohne jegliches Feuer und doch auf seiner Reise durch den Weltraum

Entzündet sich, während es entlanggeht, entlang, —

Verlust einiger größerer Körper, die das nicht können

Gehen Sie, wie die anderen, durch die Luftmassen, —

Und aus der Luft selbst zusammenkratzen

Einige kleinere Körper, trägt sie mit,

Und diese vermischen sich und machen durch ihren Flug Feuer:

Ähnlich wie bei einer bleiernen Kugel

Währenddessen wird es auf seinem luftigen Weg heiß

Es verliert viele Körper der starken Kälte

Und nimmt die Luft in sich auf

Neue Feuerpartikel. Es kommt auch vor,

Diese Schlagkraft selbst erregt Feuer,

Als die Kraft des Windes wehte, wurde es kalt und schoss davon

Ohne alles Feuer hat er irgendwohin gestrichen —

Kein Wunder, denn wenn mit grandiosem Schlaganfall

„Das hat geschlagen, die Elemente des feurigen Stoffes."

Kann aus dem Wind heraus zusammenströmen

Und gleichzeitig aus diesem Ding heraus

Was dann und da den Streich erhält: wie die Fliegen

Das Feuer, wenn wir mit dem Stahl den Stein hacken;

Noch nicht, denn die Kraft des Stahls ist kalt,

Da stürmen die weniger zügigen zusammen

Unter dem Streicheln strahlen seine Samen heiß.

Und deshalb muss auch ein Objekt so sein

Lassen Sie sich, wenn möglich, von einem Blitz entzünden

„Das wurde an die Flammen angepasst und angepasst."

Doch die Stärke des Windes darf nicht vorschnell angenommen werden

Als ganz und gar kalt —

Diese Kraft, die von oben entladen wird

Mit so gewaltiger Kraft; aber wenn nicht

Auf seinem Weg bereits mit Feuer entzündet,

Es kommt jedoch erwärmt und mit Hitze vermischt an.

Und jetzt die Geschwindigkeit und der Schlag des Blitzes

Ist so gewaltig und mit so schnellem Gleiten

Diese Blitze rauschen hin und her, weil

Ihre aufgeweckte Kraft sammelt sich

Zuerst immer in den Wolken, und dann bereitet es sich vor

Für die enorme Anstrengung ihres Vorgehens;

Als nächstes, wenn die Cloud nicht mehr halten kann

Die Zunahme ihres heftigen Impulses,

Ihre Kraft wird verdrängt und fliegt daher

Mit so wundersamem Schwung, wie zu Schüssen

Von den mächtigen römischen Katapulten geschleudert.

Beachten Sie auch, dass diese Kraft aus Elementen besteht

Sowohl klein als auch glatt, und es gibt auch nichts, was das kann

Widerstehen Sie dieser Natur mit Leichtigkeit. Dafür Darts

Zwischen und dringt durch die Poren der Dinge ein;

Und so kommt es nie zu Verzögerungen

Trotz unzähliger Kollisionen, aber

Fliegt mit schnellem Elan vorwärtsschießend.

Weiter, da von Natur aus immer jedes Gewicht

Fällt nach unten, die Geschwindigkeit verdoppelt sich dann

Und dieser Elan ist noch wilder und furchterregender,

Wenn wahrlich zu der Last noch Schläge hinzukommen,

Dann also noch wahnsinniger und heftiger

Der Blitz lässt alle erschauern

Das versperrt ihm den Weg und folgt ihm.

Dann auch, weil es mitkommt, mitkommt

Mit einem anhaltenden Elan muss es sein

Nehmen Sie Geschwindigkeit neu an, neu,

Was im Laufe der Zeit immer weiter zunimmt

Verstärkt die enorme Kraft des Bolzens und die Schlagkraft

Verleiht mehr Kraft; denn es zwingt alles,

Alle feurigen Samen des Donners, um sie zu fegen

In einer geraden Linie zu einem Ort, als wären es zwei, —

Wirf sie einen nach dem anderen, während sie rollen,

In diesen weiteren Kurs. Noch einmal, vielleicht,

Beim Kommen zieht es aus der Luft

Einige bestimmte Körper, die durch ihre eigenen Schläge

Entfachen Sie seine Geschwindigkeit. Und siehe da,

Es kommt durch Gegenstände hindurch und lässt diese unversehrt.

Es durchläuft viele Dinge und lässt sie ganz,

Denn das flüssige Feuer fliegt dahin

Durch ihre Poren. Und vieles, was es durchdringt,

Wenn diese Uratome des Bolzens

Sind auf die Atome dieser Dinge gefallen

Genau dort, wo die Atome miteinander verschlungen sind

Werden zusammengehalten. Und außerdem ganz einfach

Messing löst es und schmilzt schnell Gold,

Weil seine Kraft so minutiös gemacht ist

Aus winzigen Teilen und Elementen, so glatt

So leicht schlängeln sie sich nach innen,

Und wenn Sie einmal drin sind, lösen Sie schnell alle Knoten

Und dort alle Bande der Einheit lockern.

Und am meisten im Herbst wird das Haus des Himmels erschüttert,

Das Haus war so übersät mit glitzernden Sternen,

Und die ganze Erde drumherum – die meisten auch im Frühling

Wenn blumige Zeiten sich entfalten: denn, siehe,

In der kalten Jahreszeit mangelt es an Feuer,

Und in der Hitze und den Wolken sind die Winde spärlich

Habe keine so dichte Masse. Aber wenn tatsächlich

Zwischen diesen beiden liegen die Jahreszeiten des Himmels,

Die verschiedenen Ursachen des Blitzes

Dann sind sich alle einig; denn dann sowohl Kälte als auch Hitze

Sind in den Überseegebieten des Jahres gemischt,

Damit unter den Dingen Zwietracht entsteht

Und die Luft in ungeheurem Aufruhr

Wogen, wütend vor Feuer und Wind —

Davon benötigt die Cloud beides

Zur Herstellung des Blitzes.

Für den ersten Teil der Hitze und den letzten Teil der Kälte

Ist die Zeit des Frühlings; Deshalb müssen die Dinge anders sein

Kämpfe miteinander, und wenn es gemischt ist,

Stürmische Wut. Und wenn es herumrollt

Die neueste Hitze vermischt mit der frühesten Kälte —

Die Zeit, die den Namen Herbst trägt — dann

Ebenso kämpfen heftige Kälteeinbrüche mit heftiger Hitze.

Aus diesem Grund diese Jahreszeiten

Werden „über die Meere" ernannt. — Und kein Wunder

Wenn in diesen Zeiten die Blitze vorherrschen

Und im Himmel toben stürmische Stürme,

Seitdem toben beide Seiten in dubioser Kriegsführung

Tumultierend, das eine mit Flammen, das andere

Mit Winden und mit Wasser vermischt mit Winden.

Das, das ist es, oh Memmius, durchzusehen

Die eigentliche Natur eines feuergeladenen Blitzes;

O das ist es, durch was für eine blinde Kraft gekennzeichnet zu sein

Es macht jede Wirkung und nicht, oh nicht

Um etruskische Orakelrollen abzuwickeln,

Nach Zeichen des okkulten Willens der Götter fragen,

Sogar woher die fliegende Flamme kommt,

Oder zu welcher Hälfte des Himmels es sich wendet, oder wie

Durch ummauerte Orte hat es sich seinen Weg gewunden,

Oder, nachdem es dort seine Herrschaft bewiesen hat,

Wie es von dort weitergeeilt ist,

Oder was der Donnerschlag für Unheil bedeutet

Vom hohen Himmel. Aber wenn Jupiter

Und andere Götter erschüttern diese strahlenden Gewölbe

Mit schrecklichem Nachhall und Schleuderfeuer

Wohin es jedem gefällt, warum schlagen sie es nicht?

Sterbliche rücksichtsloser und abscheulicher Verbrechen,

Dass er aus einer durchbohrten Brust keuchen kann

Vorwärts Flammen des roten Levin – zu den Menschen

Eine drastische Lektion? – Warum ist er eher –

O er ist sich keiner üblen Tat bewusst –

In Flammen verwickelt, aber unschuldig, und umklammert

Im Himmelswirbel und im Feuer gefangen?

Nein, warum zielen sie dann auf ewige Ödnisse?

Und sich umsonst verschwenden? – vielleicht sogar

Um die Arme zu trainieren und die Schultern zu stärken?

Warum ertragen sie den Speer des Vaters?

Auf der Erde so abgestumpft sein? Und warum

Er selbst lässt es zu und verschont es nicht

Auch für seine Feinde? O warum am häufigsten

Zielt er auf hohe Ziele? Warum seht ihr uns?

Spuren seiner Blitze am meisten auf Berggipfeln?

Aus welchem Grund schießt er dann aufs Meer?

Was für ein Sakrileg haben Wellen und Masse an Sole

Und an schwimmenden Schaumfeldern schuld?

Außerdem, wenn es sein Wille ist, hüten wir uns

Warum fürchtet er sich vor dem Blitzschlag?

Um uns die Macht zu geben, den Schuss zu sehen?

Und umgekehrt, wenn er will, dass er uns überwältigt,

Ganz unvorbereitet, mit Feuer, warum donnert er

In deinem Viertel, damit wir meiden können?

Warum weckt er vorher die dunkle Luft?

Und der ferne Lärm und das Grollen? Und oh wie

Kannst du glauben, dass er gleichzeitig schießt?

In verschiedene Richtungen? Oder wagst du es

Behaupte, dass es nie geschehen ist

Dass mehrere Schlaganfälle gleichzeitig passiert sind?

Aber oft und oft ist es geschehen,

Und oft muss es noch so sein, sogar als Schauer

Und es regnet auch in vielen Regionen

Schieße viele Blitze gleichzeitig ab.

Nochmals: Warum rast Jupiter nie?

Ein Blitz strömt ins Land und ergießt sich nicht ins Ausland

Klatschen auf Klatschen, wenn der Himmel alle wolkenlos ist?

Oder sagen wir mal, so schnell wie immer die Wolken

Bin darunter und dann in dasselbe gelangt

Steigen Sie persönlich ab, damit er von dort fortfahren kann

Wie entscheiden Sie sich für den Schafthub?

Und schließlich, warum, mit verheerendem Blitz

Er schüttelt die heiligen Schreine der Götter

Und seine eigenen Throne voller Pracht und Zerstörung

Die wohlgefertigten Götzen der Gottheiten,

Und beraubt seine eigenen Bilder des Ruhms

Durch die Wunde der Gewalt?

Aber um schnell zurückzukehren,

Aus denselben Fakten ist es leicht zu erkennen

Inwiefern diese Dinge (die ihrer Art nach...

Die Griechen haben „Bälge" genannt)

Aus der Höhe auf die Meere entladen.

Denn es kommt vor, dass es manchmal vom Himmel herabsteigt

Auf den Meeren eine Säule, wie geschoben,

Um das herum brodeln die Wellen gewaltig

Erregt durch schnaufende Böen; und was auch immer

Viele Schiffe sind dann in diesem Tumult gefangen

Kommen Sie in extreme Gefahr und rasen Sie dahin.

Dies geschieht, wenn manchmal Windstärke entsteht

Kann die Wolke, die es versucht, nicht platzen lassen, aber es verringert das Gewicht

Diese Wolke, bis sie wie eine Säule vom Himmel ist

Als die Meere allmählich nach unten drängten,

Als ob etwas von oben geschubst würde

Durch Faust- und Unterarmstoß und verlängert

Weit zu den Wellen. Und wenn die Kraft des Windes

Hat diese Wolke durchquert, aus der Wolke strömt sie

Unten auf den Meeren und zwischen den Wellen beginnt

Ein wundersames Brodeln für den Wirbel

Steigt ab und zieht mit sich nach unten

Diese Wolke aus duktilem Körper. Und zwar bald wie immer

'Das wurde auf die Ebene der Hauptleitung geschoben

Diese schwere Wolke, der Wirbel plötzlich

Taucht dort mit ganzer Kraft ins Wasser

Und erweckt das ganze Meer mit monströsem Gebrüll,

Es zum Kochen zwingen. Es passiert auch

Genau dieser Wirbel des Windes beinhaltet

Selbst in Wolken, die aus der Luft kratzen

Die Samen der Wolke und Fälschungen, wie 'twere',

Der „Balg" wurde vom Himmel gestoßen. Und wenn diese Form

Ist auf das Land gefallen und zerplatzt,

Es strahlt unermessliche Macht aus

Von Wirbelsturm und Explosion. Doch seitdem ist es entstanden

Höchstens, aber selten, und an Land in den Hügeln

Muss ihm den Weg versperren, das sieht man da draußen öfter

Auf der breiten Aussicht auf die Hauptebene

Entlang der freien Horizonte.

Ins Sein

In diesem oberen Raum verdichten sich die Wolken

Vom hohen Himmel haben sich plötzlich versammelt,

Im Kreis flogen sie, unzählige Teilchen —

Die raueren der Welt, die es können, wenn auch miteinander verbunden

Mit spärlichen Verbindungen und doch fest befestigt,

Der eine auf dem anderen erwischt. Diese Teilchen

Lassen Sie zunächst kleine Wolken entstehen. und daraufhin

Diese fangen einander und schwärmen in einem Schwarm

Und wachsen durch ihre Verbindung und durch die Winde

Werden mitgetragen, bis sie sich sammeln

Die Sturmwut. Passiert auch, je näher

Die dem Himmel benachbarten Berggipfel,

Umso unaufhörlicher rauchen ihre fernen Felsen

Mit der dichten Dunkelheit der dunklen Wolke, weil

Wenn sich zum ersten Mal Nebel bilden, bevor die Augen sichtbar werden

Kann man sie dort sehen (so dürftig sie auch sein mögen),

Die Trägerwinde werden sie immer weiter nach oben treiben

Bis zu den höchsten Gipfeln des Berges;

Und dann passiert es endlich, wenn sie es sind

In größerer Menge versammelt, dass sie können

Durch diese Verdichtung wurde die Lüge enthüllt,

Und gleichzeitig sieht man, wie sie ansteigen

Von der Spitze des Berges hinauf

In den fernen Äther. Für Tatsachen und Gefühle,

Wenn wir hohe Berge erklimmen, wird es klar

So windig sind die oberen Regionen frei.

Außerdem hingen die Kleider am Ufer herum,

Wenn sie die anhaftende Feuchtigkeit aufnehmen, beweisen Sie

Diese Natur erhebt sich über das ganze Meer

Unnummerierte Teilchen. Wobei umso mehr

Es zeigt sich, dass es viele Teilchen gibt

Sogar von den Salzumwälzungen der Hauptleitung

Kann zusammen aufgehen, um die Masse zu vergrößern

Von massenhaften Wolken. Für Feuchtigkeit in diesen beiden

Sind nahezu verwandt. Außerdem aus allen Flüssen,

Sowie vom Land selbst, sehen wir

Aufsteigende Nebel und Dampf, die wie ein Hauch wirken

Werden aus ihnen herausgedrängt und in die Höhe getragen,

Um den Himmel mit ihrer Dunkelheit zu bedecken und zu machen,

Durch langsames Zusammenziehen entstehen die Himmelswolken.

Denn siehe da, die Hitze ist hoch

Von konstellierten Ätherlasten nach unten

Auf ihnen und durch eine Art Kondensation

Webt unter dem azurblauen Firmament

Der Gestank dunkler Wolken. Es kommt auch vor,

Das hierher in den Himmel aus dem Jenseits

Es kommen die Teilchen, die die Wolken bilden

Und fliegende Gewitterwolken. Denn ich habe gelehrt

Dass ihre Zahl unzählig ist

Und unendlich die Summe des Abgrunds,

Und ich habe gezeigt, mit welch erstaunlicher Geschwindigkeit

Diese Körper fliegen und wie sie vorbeigehen

Amain durch unkommunizierbaren Raum.

Daher ist es nicht besonders seltsam, wenn auch oft

In kurzer Zeit hüllen sich Sturm und Dunkelheit ein

Mit gewaltigen Gewitterwolken, die hoch oben hängen

Die Ozeane und die Länder, seit überall

Durch alle engen Röhren des dortigen Äthers,

Ja, sozusagen durch alle Atemlöcher

Von der großen Oberwelt, die alles umfasst,

Es gibt für die Urelemente

Ausgänge und Eingänge.

Jetzt kommen und wie

Die regnerische Feuchtigkeit verdichtet sich

In den hohen Wolken und wie auf den Ländern

Es wird dann in großen Regenschauern abgelassen,

Ich werde mich entfalten. Und zunächst triumphierend

Werde ich dich davon überzeugen, gemeinsam aufzustehen?

Mit Wolken selbst, voller Wassersamen

Aus allen Dingen, und dass sie beide wachsen —

Sowohl Wolken als auch Wasser, das in den Wolken ist —

Im gleichen Verhältnis, wenn unsere Körpergröße zunimmt

Auch im gleichen Verhältnis zu unserem Blut

B. Schweiß oder Feuchtigkeit in unseren Gliedern.

Außerdem ziehen die Wolken von Zeit zu Zeit auf

Viel Feuchtigkeit stieg aus dem breiten Meer auf, —

Während die Winde sie über das mächtige Meer tragen,

Wie hängende Vliese aus weißer Wolle. So,

Sogar aus allen Flüssen wird dort emporgehoben

Feuchtigkeit in den Wolken. Und wann darin

Die Samen des Wassers sind in vielerlei Hinsicht so zahlreich

Sind zusammengekommen, von allen Seiten erweitert,

Die dicht zusammengedrängten Wolken haben dann Mühe, sich zu entladen

Ihre Regenstürme haben einen zweifachen Grund: Siehe,

Die Kraft des Windes drängt sie zusammen, und zwar im Übermaß

Von Sturmwolken (zu einer größeren Menge zusammengeballt)

Vermittelt einen Drang und Druck von oben

Und lässt den Regen in Strömen strömen. Abgesehen davon, wenn auch

Die Wolken werden vom Wind aufgewirbelt oder zerstreut

Oben von der Hitze der Sonne getroffen, senden sie

Ihre regnerische Feuchtigkeit und ihre Tropfen destillieren,

So wie das Wachs durch feurige Wärme darüber

Verschwendet und verflüssigt sich reichlich.

Aber es kommt mit der Heftigkeit der größeren Regenfälle

Wenn heftig, werden die Wolken nach unten gedrückt

Sowohl durch ihre kumulierte Masse als auch durch

Der einsetzende Wind. Und es regnet nicht

Eine Weile aushalten und lange bleiben,

Wenn viele Wassersamen erwachen,

Und Wolken auf Wolken und Gestelle auf Gestelle stromabwärts

In aufgetürmten Schichten und werden mitgetragen

Von jedem Viertel und auf der ganzen Erde

Beim Rauchen wird ihre Feuchtigkeit ausgeatmet. In solch einer Zeit

Wenn Sonne mit Strahlen inmitten der Sturmtrübe

Hat gegen die Schauer schwarzer Regen geleuchtet,

Dann taucht aus den dunklen Wolken ein helles Licht auf

Der Glanz des Bogens.

Und was die Dinge betrifft

Welche von ihnen wachsen, wird hier nicht erwähnt

Oder sie sind geschlechtsspezifisch und alle Dinge

Was sich in den Wolken zum Sein verdichtet – alles,

Schnee und Wind, Hagel und frostiger Raureif,

Und eiskalte, mächtige Kraft – von Seen und Tümpeln

Der mächtige Härter und der mächtige Scheck

Was im Winter überall zügelt

Die Flüsse, wie sie fließen – es ist immer noch einfach,

Bald zu entdecken und zu sehen

Wie sie alle passieren, wobei geschlechtsspezifische,

Wenn du einmal genau verstanden hast, was genau ist

Funktionen sind seit jeher gewährleistet

Zu den zeugenden Atomen der Welt.

Nun kommt und was das Gesetz der Erdbeben ist

Hören Sie zu und achten Sie zunächst darauf, es zu wissen

Dass die Unterwelt, wie die Erde um uns herum,

Ist überall voller windiger Höhlen;

Und so mancher Teich und so mancher düstere Abgrund

Sie trägt in ihrem Busen, ja, und Klippen

Und gezackte Steilhänge; und so mancher Fluss versteckte sich

Unter ihrem Kinn rollt sie schnell dahin

Seine Wogen und stürzenden Felsbrocken. Für eine klare Tatsache

Erfordert, dass in jedem Teil Erde vorhanden sein muss

Gleich in der Verfassung. Deshalb Erde,

Wenn diese Dinge darunter befestigt und eingestellt sind,

Zittert oben, erschüttert von großen Stürzen,

Wenn die Zeit die riesigen Höhlen untergraben hat,

Das Unterirdische. Ja, ganze Berge fallen,

Und sofort von der Stelle dieses großen Glases

Weit und breit im Ausland erbeben die Erschütterungen.

Und das aus gutem Grund: Denn Häuser stehen auf der Straße

Es fängt an zu zittern, wenn es von einem Karren erschüttert wird

Kein großes Gewicht; und auch die Möbel

Innerhalb des Hauses angrenzend, wenn ein Pflasterstein vorhanden ist

Erschüttert eine der Eisenfelgen der Räder.

Es passiert auch, wenn eine ungeheure Masse vorhanden ist

Von den Berghängen wird der vom Alter getragene Boden gewalzt

In riesige Teiche aus dunklem Wasser,

Dass das schwankende Land selbst hin und her bewegt wird

Durch die Wellen des Wassers; als Becken

Manchmal kommt man erst zur Ruhe, wenn die Flüssigkeit aufgebraucht ist

Im Inneren hört es auf, herumgeschüttelt zu werden

In zufälligen Wellen.

Und ausserdem,

Wenn unterirdische Winde sich dort sammelten

In den hohlen Tiefen, von einer Stelle aus vorwärts drängen,

Und dränge mit dem großen Drang mächtiger Mächte

Gegen die hohen Grotten, dann die Erde

Massen in dieses Viertel, wohin sie drängen

Der stürmische Wind. Dann alle gebauten Häuser

Über der Erde – und je mehr, desto höher – aufgezogen

In den Himmel – bedrohlich neigend, schwankend

In die gleiche Richtung; und die Balken,

Nach vorne gerissen, überhängend, startklar.

Doch fürchten sich die Menschen vor dem Glauben, dass dort etwas auf sie wartet

Die Natur der mächtigen Welt einer Zeit

Von Untergang und Katastrophe, auch wenn sie es sehen

So viel Land zum Ausbeulen und Brechen!

Und damit der Wind nicht wieder weht, keine Kraft

Konnte die Dinge zügeln oder von einer sicheren Karriere abhalten

Auf zur Katastrophe. Aber jetzt wegen dieser Winde

Im Wechsel kräftig hin- und herblasen,

Und sozusagen wieder einen Angriff starten,

Und dann wurde der Rückzug aus diesem Grund zurückgewiesen

Die Erde bedroht häufiger, als sie wahr macht

Kollabiert schlimm. Denn zur Seite neigt sie sich,

Dann schwankt sie zurück; und nach dem Wackeln

Vorwärts, gewinnt dann ihre sicheren Sitze zurück.

Deshalb wackeln ganze Häuser, die Dächer

Mehr als die mittleren Geschichten, mittlere mehr

Als das niedrigste und das niedrigste von allen.

Es entsteht auch dieses große Erdbeben,

Wenn Wind und eine ungeheure Luftkraft,

Von außen oder von innen gesammelt

Die alten tellurischen Tiefen haben sich selbst gestürzt

Gehe in diese unterirdischen Höhlen,

Und da herrscht zunächst stürmisches Aufruhr

Unter den riesigen Grotten, die herumgetragen werden

In wahnsinnigen Rotationen bis zu ihrer peitschenden Kraft

Erregte Ausbrüche im Ausland, und dann und dort,

Durch die Spaltung der tiefen Erde entsteht ein mächtiger Abgrund —

Was einst im syrischen Sidon geschah,

Und einmal im peloponnesischen Ägium,

Zwei Städte, in denen so wilde Luft ausbricht

Und die Erschütterung der Erde, die hart folgte,

Von früher überwältigt. Und viele ummauerte Städte,

Außerdem ist er von solch einem Allmächtigen gefallen

Krämpfe an Land und im Meer

Viele Städte wurden verschlungen und versunken

Mit all seiner Bevölkerung. Aber wenn tatsächlich

Sie brechen nicht hervor, und doch ist der Ansturm groß

Von der wilden Luft und der wütenden Kraft des Windes

Dann löste es sich auf, wie ein Fieberkrampf,

Durch die unzähligen Poren der Erde,

Um sie in Aufruhr zu versetzen – sogar als Schauer,

Wenn es in unser Mark eingedrungen ist,

Versetzt uns trotz uns selbst in Krampfanfälle,

A-zittern und a-zittern. Deshalb Männer

Mit doppeltem Schrecken, Aufregung in Alarmbereitschaft

Durch Städte hin und her: Sie fürchten die Dächer

Über dem Kopf; und unter ihren Füßen fürchten sie sich

Die Höhlen, damit die Natur der Erde nicht beeinträchtigt wird

Plötzlich reißt sie sie auf, und sie klafft,

Sie selbst auseinander, mit gewaltigem Schlund,

Und ganz bestürzt versuchen Sie, es vollzustopfen

Mit ihren eigenen Ruinen. Dann lasst die Männer weitermachen

Nach Belieben vortäuschen, dass Himmel und Erde existieren würden

Unantastbar, für immer anvertraut

Zu einem ewigen Wohl: und doch manchmal

Die wahre Macht der Gefahr hier

treibt sie mit diesem Ansporn der Angst auf die eine oder andere Seite —

Dies unter anderem — dass die Erde zurückgezogen wurde

Plötzlich unter ihren Füßen weg, lass dich beeilen,

Hinunter in den Abgrund und zur Summe der Dinge

Folge ihm, völlig verboten,

Bis es nur Trümmer und Trümmer einer Welt sein werden.

AUSSERGEWÖHNLICHES UND PARADOXES TELLURIC PHÄNOMENE

Vor allem wundern sich die Menschen, dass die Natur nichts leistet

Seitdem wird der Großteil des Ozeans immer größer

So groß ist der Sturz des Wassers,

Und jeder Fluss aus jedem Reich

Kommt dazu; und fügen Sie die zufälligen Regenfälle hinzu

Und fliegende Stürme, die jedes Meer bespritzen

Und jedes Land ist betaut; Fügen Sie ihre eigenen Federn hinzu:

Doch all dies bis zur Summe des Ozeans

Wird nur wie die Steigerung eines Tropfens sein.

Deshalb ist es weniger ein Wunder als das Meer,

Der mächtige Ozean wächst nicht. Außerdem,

Die Sonne entzieht mit ihrer Hitze einen gewaltigen Teil:

Ja, wir sehen diese Sonne mit brennenden Strahlen

Um unsere Kleidungsstücke zu trocknen, die ganz von Nässe tropfen;

Und so manches Meer und weit unten ausgebreitet,

Schauen wir. Daher allerdings gering

Der Teil der Sonne, der an jedem Ort nass wird

Ausmerzungen aus der Hauptebene wird er trotzdem ertragen

Von den Wellen in so großer Weite

Reichlich. Dann, weiter, auch Winde,

Wenn man das ebene Wasser fegt, kann man davon absehen

Ein gewaltiger Teil der Nässe, wie wir sehen

Oft trockneten die Autobahnen in einer einzigen Nacht aus

Durch Winde und weichen Schlamm, der im Morgengrauen verkrustet ist.

Wieder einmal habe ich dich gelehrt, dass die Wolken abziehen

Auch viel Feuchtigkeit, aufgenommen aus den Tiefen

Von der mächtigen Hauptspeise und verstreut sie darüber

Über alle Zonen hinweg, wenn es auf dem Land regnet

Und Winde transportieren die luftigen Dampfwolken.

Da die Erde schließlich durch ihren Körper hindurch durchlässig ist,

Und Nachbarn auf den Meeren, die ihre Küsten umgürten,

Die Nässe des Wassers muss in das Land eindringen

Es kommt aus dem salzigen Ozean, wie auch aus dem Land

In die Meere. Denn Sole wird abfiltriert,

Und dann sickert das flüssige Zeug wieder zurück

Und alles ergießt sich wieder an den Flussmündungen,

Von dort kehrt es in Süßwasserströmungen zurück

Über die Länder, über die Kanäle, die

Wurden einst gespalten und einst getragen

Die flüssigen Überschwemmungen.

Und jetzt die Ursache

Wobei adurch die Kehle von Aetnas Berg

Solche gewaltigen Tornadobrände atmen manchmal aus,

Ich werde mich entfalten: denn ohne mittlere Macht

Der flammende Sturm erhob sich voller Verwüstung

Und herrschte auf sizilianischen Gebieten:

Die nach oben gerichteten Gesichter auf sich ziehen

Welche Zeit sie von benachbarten Clans aus der Ferne sahen

Die Himmelsgewölbe sind voller Rauch und funkelnd,

Und erfüllten ihre Brust mit schrecklicher Angst

Mit was für einem neuen Ding beschäftigte sich die Natur?

In diesen Angelegenheiten gebührt dir viel

Sowohl in die Weite als auch in die Tiefe und weit ins Ausland blicken

Um in jede Richtung zu blicken, damit du es kannst

Denken Sie daran, wie grenzenlos die Summe der Dinge ist,

Und beachten Sie, wie unendlich klein ein Teil ist

Von der ganzen Summe ist dieser eine Himmel von uns —

O kein so großer Teil wie ein einzelner Mann

Von der ganzen Erde. Und ganz klar, wenn du es siehst

Diese kosmische Tatsache, wenn man sie direkt in den Vordergrund stellt,

Und du verstehst es ganz klar, du wirst gehen

Ich wundere mich über viele Dinge. Für wen von uns

Ich frage mich, ob jemand in seine Gelenke gerät

Ein Fieber, das sich mit feuriger Hitze im Kopf sammelt,

Oder irgendeine andere schmerzhafte Krankheit

Entlang seiner Mitglieder? Für anon den Fuß

Wächst blau und bauchig; oft der scharfe Stich

Fesselt die Zähne, greift die Augen an;

Das heilige Feuer bricht aus und kriecht weiter

Über dem Körper brennt jeder Teil

Es packt es und arbeitet auf seine abscheuliche Weise

Entlang des Rahmens. Kein Wunder, denn siehe da,

Von unzähligen Dingen seien Samen genug,

Und das bringen uns unsere Erde und unser Himmel

Genug des Unheils, aus dem die Kraft wachsen kann

Von unzähligen Krankheiten. So also,

Wir müssen an den ganzen Himmel und die Erde denken

Werden immer aus dem Unendlichen versorgt

Alle Dinge, O alles in den Läden genug, wobei

Die erschütterte Erde kann sich plötzlich bewegen,

Und heftige Taifune können über Meer und Land hinweggehen

Geh weiter, und Aetnas Feuer strömen über,

Und der Himmel wurde zu einem Flammenstoß. Auch dafür

Passiert manchmal und die himmlischen Gewölbe

Glühen in Feuer und regnerische Stürme steigen auf

In einer größeren Gemeinde, wenn, percase,

Auf diese Weise sind die Samen des Wassers entstanden

Aus dem Unendlichen. „Ja, aber es geht gewaltig

Der feurige Aufruhr dieser Feuersbrunst!"

Das sagst du; Nun ja, so mancher Fluss scheint riesig zu sein

Für ihn war das einstmals nie eine größere Säge;

So erscheint der Baum oder der Mensch riesig; und alles

Welcher Sterbliche sieht den Größten jeder Klasse,

Dass er sich „riesig" vorstellt; allerdings noch

All dies, mit Himmel, Land und Meer obendrein,

Sind im Großen und Ganzen alle wie nichts

Von der Gesamtsumme.

Aber jetzt werde ich mich entfalten

Endlich, wie dort plötzlich die Flamme erzürnte

Ausschläge aus riesigen Öfen ins Ausland

Ätnaisch. Erstens ist die Natur des Berges

Alles unter der Höhle, herumgestützt, herum

Mit Höhlen aus Basaltpfeilern. Und siehe da,

In all seinen Grotten seien Wind und Luft –

Denn Wind entsteht, wenn Luft aufgewirbelt wird

Durch heftige Aufregung. Wenn diese Luft

Ist durch und durch erhitzt und tobt umher,

Hat die Erde und alle Felsen, die sie berührt, erschaffen

Entsetzlich heiß, und er ist von ihnen abgehauen

Wildes Feuer der schnellsten Flamme, es erhebt sich

Und rast so direkt nach oben durch seine Kehle

In den hohen Himmel und so weiter in die Ferne

Seine brennenden Explosionen zerstreuen sich in die Ferne

Es ist Asche und rollt einen pechschwarzen Rauch

Und erhebt dabei Felsbrocken von wundersamem Gewicht –

Lass keinen Zweifel in dir, dass es die Luft ist

Turbulente Macht. Außerdem, zum großen Teil,

Das Meer dort an den Wurzeln desselben Berges

Zerbricht seine alten Wellen und saugt seine Brandung zurück.

Und unten ziehen Grotten aus dem Meer vorbei

Sogar bis zum Grund der Bergkehle.

Hierdurch musst du zugeben, dass es losgeht...

Und die Bedingungen zwingen [das Wasser und die Luft]

Tief vom offenen Meer her eindringen,

Und ins Ausland zu blasen und zu erziehen

Dadurch die Flamme, und aus der Tiefe emporgeworfen

Die Felsbrocken und die Sandwolken aufzurichten.

Denn oben sind „Schüsseln", als Menschen dort

Wir sind es gewohnt, das zu nennen, was wir in Rom nennen

Die Kehlen und Münder.

Außerdem gibt es noch etwas

Davon reicht eine einzige Ursache nicht aus

Zu sagen – sondern mehrere, davon einer

Wird das Wahre sein: Siehe, wenn du es erspähen solltest

In der Ferne liegt der leblose Leichnam eines Kerls,

„Wir treffen uns, um alle Todesursachen zu benennen,

Diese Todesursache könnte folgendermaßen benannt werden:

Denn beweise, dass du nicht durch Stahl umgekommen bist,

Durch Kälte, nicht einmal durch Gift oder Krankheit,

Doch so etwas ist ihm widerfahren

Wir wissen – und deshalb müssen wir dasselbe sagen

In diversen Fällen.

Dem Sommer entgegen, Nil

Der Champagner wächst und fließt über,

Einzigartig in der gesamten Landschaft, Flusssohle

Von den Ägyptern. In der Zwischensaison

Oft und oft bewässert er Ägypten,

Entweder weil im Sommer gegen seine Münder

Es kommen die Nordwinde, die zu dieser Jahreszeit wehen

Die Menschen nennen die etesianischen Explosionen und blasen so

Stromaufwärts, zurückhaltend und seine Wellen zurückdrängend,

Füllen Sie ihn voll und zwingen Sie ihn zum Stoppen.

Denn ohne Zweifel sind es diese Explosionen, die angetrieben wurden

Aus eisigen Konstellationen des Pols

Werden direkt den Fluss hinauf getragen. Kommt dieser Fluss

Von den schwülen Orten im Süden,

Erhebt sich weit oben in der Mitte des Tages,

Unter schwarzen Generationen starker Männer

Mit sonnengebräunter Haut. Es ist außerdem möglich,

Dass eine große Masse aufgeschütteten Sandes verstopfen kann

Seine Münder gegen seine Wellen, wenn das Meer,

Wild im Wind, wirbelt der Sand landeinwärts;

Wodurch die Mündung des Flusses weniger frei war,

Ebenso weniger stürmisch stürzten die Fluten herab.

Es kann auch sein, dass es in dieser Jahreszeit regnet

Sind an der Quelle reichlicher,

Wegen der Etesian-Böen dieser Nordwinde

Dann drängen Sie alle Wolken in das Landesinnere.

Und, beruhigend, wenn sie dort so versammelt sind,

Dort drüben in die Mitte des Tages gedrängt,

Dann drängten sich die hohen Berghänge,

Sie sind massiert und kräftig gepresst. Wieder,

Vielleicht wachsen seine Wasser, oh weit weg,

Unter den hohen Bergen der Äthiopier,

Wenn die allsehende Sonne mit auftauenden Strahlen scheint

Lässt den weißen Schnee in die Täler fließen.

Komm jetzt; und zu dir werde ich mich entfalten,

Was die vogellosen Flecken und vogellosen Tümpel betrifft,

Mit was für einer Natur sie ausgestattet sind.

Erstens, was den Namen „vogellos" betrifft – das leitet sich ab

Aus gutem Grund, denn sie sind schädlich

An alle Vögel. Für oberhalb dieser Stellen

Im Horizontalflug sind die Vögel gekommen,

Sie vergessen, mit Flügeln zu rudern, und rollen ihre Segel auf.

Und indem sie ihre zarten Hälse herabhängen ließen,

Wenn möglich, kopfüber in die Erde fallen

Die Art der Flecken, oder ins Wasser,

Wenn sich darunter ein vogelloser See ausbreitet.

Solche Orte gibt es in Cumae, wo die Berge rauchen,

Mit dem scharfen Schwefel aufgeladen und erhöht

Mit dampfenden Quellen. Und so einen Ort gibt es

Auch dort innerhalb der Mauern Athens

Auf dem Gipfel der Akropolis, daneben

Fane von Tritonian Pallas großzügig,

Wo niemals krächzende Krähen ihren Kurs beflügeln können,

Nicht einmal, wenn die Altäre mit guten Gaben in Rauch aufgehen, —

Aber immer wieder fliehen sie — doch nicht vor dem Zorn

Von Pallas, betrübt über diesen besonderen alten,

Wie Dichter der Griechen die Geschichte gesungen haben;

Aber die Natur des Ortes ist beeindruckend.

Auch in Syrien — wie die Menschen sagen — ein Fleckchen

Zu sehen ist, wo auch vierfüßige Arten zu sehen sind,

Sobald sie ihre Schritte nach innen gesetzt haben,

Zusammenbruch, überwältigt von seiner wesentlichen Kraft,

Als ob dort den Untergöttern abgeschlachtet worden wäre.

Siehe, alle diese Wunder wirken nach dem Naturgesetz,

Und aus welchen Gründen sie zustande kommen

Der Ursprung ist offensichtlich; also, glücklicherweise,

Niemand soll glauben, dass es in diesen Regionen etwas gibt

Das Tor von Orcus, wie wir dann nicht vermuten,

Glücklicherweise ziehen die Untergötter von dort herab

Seelen zu den dunklen Küsten von Acheron — als Hirsche,

Von den Flügelfüßern wird angenommen, dass sie ans Licht ziehen,

Indem sie aus ihren düsteren Verstecken in die Nase schnüffeln

Die zappelnden Generationen wilder Schlangen.

Wie weit ist das von der wahren Vernunft entfernt,

Erkenne dich gerade; Im Moment versuche ich es zu sagen

Etwas über die Tatsache.

Und zunächst einmal

Das sage ich, wie ich schon oft gesagt habe:

Auf der Erde gibt es Atome von Dingen aller Art;

Und wisse, diese alle steigen so aus der Erde auf —

Viele Leben spendende, die gut zum Essen sind,

Und viele, die Krankheiten hervorrufen können

Und beschleunige den Tod, oh viele Ursamen

Von vielen Dingen auf viele Arten — seit der Erde

Enthält sie vermischt und gibt sie diskret ab.

Und wir haben bereits zuvor bestimmte Dinge gezeigt

Seien Sie für bestimmte Kreaturen geeigneter

Für Lebenszwecke, kraft einer Natur,

Eine Textur und ursprüngliche Formen im Gegensatz dazu

Für alle Arten. Dann liegt es auch an dir, es zu sehen

Wie viele Dinge sind bedrückend und übel

Für den Menschen und für das bösartigste Gefühl:

Viele schlängeln sich kläglich durch die Ohren;

Viele atmen auch durch die Nasenlöcher ein,

Bösartig und hart, wenn der Sterbliche Luft holt;

Von nicht wenigen muss man die Berührung vermeiden;

Von nicht wenigen muss man dem Anblick entgehen;

Und manche sind ganz abscheulich im Geschmack;

Und viele entspannen außerdem die trägen Glieder

Entlang des Rahmens und untergraben die Seele

In seinen Wohnstätten im Inneren. Zu bestimmten Bäumen

Es ist ein so trauriger Schatten gegeben worden

Dass sie oft Kopfschmerzen haben,

Wenn einer nur unten wäre, ausgestreckt auf der Grasnarbe.

Das gibt es wiederum auf den hohen Hügeln von Helicon

Ein Baum, der dazu neigt, einen Menschen sofort zu töten

Durch den stinkenden Geruch seiner Blüte.

Und wenn der stechende Gestank der Nachtlampe,

Nur einen Moment später erloschen, Angriffe

Die Nasenlöcher, dann und da schläft es ein

Ein Mann, der an der Fallkrankheit leidet

Und Schaum vor dem Mund. Auch eine Frau,

Bei der schweren Rolle schläft er im Stuhl zurück,

Und aus ihren zarten Fingern gleitet es

Ihr auffälliges Werk, wenn nicht sogar sie

Hath den Geruch zur Menstruation bekommen.

Noch einmal, wenn du mit heißen Bädern zögerst,

Wenn du übersättigt bist, wie bereitwillig

Vom Stuhlgang mitten im dampfenden Wasser

Du stürzt in einen Anfall! Wie bereitwillig

Der schwere Rauch der Holzkohle weht ihnen entgegen

Ins Gehirn, es sei denn vorher wir

Von Wasser habe ich getrunken. Aber wenn ein brennendes Fieber,

Der übermächtige Mann hat seine Glieder ergriffen,

Dann ist der Geruch von Wein wie ein Hammerschlag.

Und du siehst es nicht auf der Erde

Schwefel wird geschlechtsspezifisch und Bitumen verdickt

Mit ekelhaftem Gestank? – Was für ein schrecklicher Gestank auch?

Scaptensula atmet von unten aus,

Wenn Männer den Adern von Silber und Gold nachjagen,

Mit der Spitzhacke erkunden Sie die verborgenen Bereiche

Tief in der Erde? – Oder was ist mit dem tödlichen Fluch?

Die Goldminen atmen aus? O was für ein Blick,

Und was für eine grässliche Farbe verleihen sie den Menschen!

Und du siehst oder hörst nicht, wie sie sind

In kurzer Zeit sterben, und wie scheitern

Das Leben birgt in jenen Menschen große Macht

Die düstere Notwendigkeit grenzt dort ein

Bei einer solchen Aufgabe? Also diese tellurische Erde

Out-Streams mit all diesen schrecklichen Ausdünstungen

Und haucht sie in die offene Welt hinaus

Und in die sichtbaren Regionen unter dem Himmel.

Daher müssen auch diese vogellosen Orte nach oben gerichtet werden

Eine Essenz, die geflügelten Dingen den Tod bringt,

Was von der Erde in die Brise aufsteigt

Einen Teil des Himmelsraums vergiften und wann

Dorthin wird der Geflügelte auf Wimpeln getragen,

Dort, vom unsichtbaren Gift ergriffen, ist er gefangen,

Und aus der Horizontalen seines Fluges

Tropfen an die Stelle, wo das Effluvium entstanden ist.

Und wenn das dort zusammenbrach, dann die gleiche Kraft

Dieses Effluvium entzieht sich allen seinen Gliedern

Die Relikte seines Lebens. Diese Macht schlägt zuerst zu

Die Kreaturen mit einem wilden Schwindelgefühl,

Und dann, wenn sie einmal niedergeschlagen sind

Also in die eigentlichen Quellen des Giftes

Auch das Leben erbrechen sie notgedrungen, denn

Die Fluchvorräte um sie herum sind so dicht, dass sie qualmen.

Auch hier kommt es manchmal vor, dass diese Macht,

Dieses Ausatmen der vogellosen Orte,

Vertreibt die Luft zwischen Boden und Vögeln,

Es hinterlässt nahezu eine Lücke. Und dorthin wann

Im Horizontalflug sind die Vögel gekommen,

Sofort hinkt ihr Auftrieb der Wimpel,

Alles nutzlos und jede Anstrengung beider Flügel

Fällt vergebens aus. Hier, wenn es keine Macht mehr gibt

Um sich selbst zu tragen und auf seinen Flügeln zu lehnen,

Siehe, die Natur zwingt sie durch ihr Gewicht zum Ausrutschen

Hinab zur Erde und dort ausgestreckt liegen

Entlang der nahezu leeren Leere verbringen sie ihr Leben

Ihre Seelen durch alle Öffnungen ihres Körpers.

Außerdem ist das Wasser der Brunnen dann kälter

Im Sommer, weil die Erde durch Hitze erwärmt wird

Wird verdünnt und auf dem Luftweg ins Ausland verschickt

Welche Samen es auch immer haben mag

Von seinen eigenen feurigen Ausdünstungen.

Je mehr dann der Tellurboden entwässert wird

Je kälter die Hitze, desto kälter wird das verborgene Wasser

Innerhalb der Erde. Weiter, wenn die ganze Erde

Wird durch die Kälte komprimiert und zieht sich somit zusammen

Und sozusagen konkret, es passiert, siehe da,

Das drückt man dann durch das Zusammenziehen aus

In die Brunnen welche Hitze es trägt.

An Hammons Fane soll es einen Brunnen geben,

Tagsüber kalt und nachts heiß.

Über diesen Brunnen wundern sich die Menschen zu sehr,

Und denken Sie, dass es plötzlich vor Hitze brodelt

Bei intensiver Sonne, im Untergrund, wann

Die Nacht mit ihrer schrecklichen Dunkelheit hat das Land eingehüllt —

Was ist bei weitem nicht die wahre Argumentation:

Ich glaube, wenn die Sonne über mir steht und sie mit Strahlen berührt

Ein offenes Gewässer, hatte keinen Strom

Um es auf seiner Oberseite heiß zu machen,

Obwohl sein Glanz solch brennenden Glanz besitzt,

Wie kann er dann, wenn er unter der groben Erde ist,

Wasser zum Kochen bringen und mit feuriger Hitze überschwemmen?

Und vor allem, da er kaum potent ist

Durch die Absicherung von Hauswänden einspritzen

Sein Ausatmen ist heiß, mit glühenden Strahlen.

Was ist dann das Prinzip? Warum, das in der Tat:

Die Erde um diese Quelle herum ist poröser

Als anderswo der tellurische Boden, und sei

Viele der Feuersamen sind hart am Wasser;

Aus diesem Grund, wenn die Nacht mit Tau beladen ist

Hat die Erde überwältigt, direkt in der Tiefe der Erde

Es wird kalt, zieht sich zusammen; und quetscht sich so aus

In den Frühling hinein, welche Samen sie aus Feuer birgt

(Wie man es mit der Faust drückt), die heiß werden

Die Berührung und der Dampf der Flüssigkeit. Als nächstes, wenn die Sonne,

Auferstanden, mit seinen Strahlen hat er den Boden gespalten

Und verdünnte die Erde mit zunehmender Hitze,

Wieder in ihre alten Wohnstätten zurückkehren

Die Samen des Feuers und die ganze Hitze des Wassers

In die Erde zieht er sich zurück; und das ist der Grund

Der Brunnen wird bei Tageslicht so kalt.

Außerdem wird auf die Nässe des Wassers geschlagen

Durch Sonnenstrahlen und mit der Morgendämmerung wird es

Seltener in der Textur unter seinem pulsierenden Feuer;

Und deshalb, was für Feuersamen es enthält

Es gibt wieder, auch wenn es oft wiedergibt

Der Frost, den es in sich trägt

Und taut sein Eis auf und löst die Knoten.

Darüber hinaus gibt es einen Kaltbrunnen in Form von Sachleistungen

Das macht ein bisschen Schlepp (oben gehalten)

Machen Sie sofort Feuer und schießen Sie eine Flamme; so zu,

Eine Fackel aus Pechkiefernholz wird entzündet und rundherum aufflackern

Entlang seiner Wellen, wohin auch immer es dich treibt

Über Wasser vor der Brise. Kein Wunder, das hier:

Weil es viele Samen der Hitze gibt

Im Wasser; und von der Erde selbst

Aus den Tiefen müssen Feuerpartikel hervorkommen

Durch den ganzen Brunnen strömte es empor,

Und Geschwindigkeit beim Ausatmen in die Luft

Hin und her und ins Ausland (jedoch nicht in ausreichender Zahl).

Um den Brunnen heiß zu machen). Und außerdem,

Eine Kraft hält sie fest, zerstreut im Wasser,

Sofort ins Ausland stürmen und vereinen

Oben in Flammen. Auch als Brunnen weit

Es gibt Aradus mitten im Meer,

Was süßes Wasser hervorsprudelt und zerstreut

Um sich herum wallt das Salz; und siehe,

In vielen anderen Regionen ist die breite Main

Gewährt den durstigen Seeleuten rechtzeitig Hilfe,

Süßes Wasser sprudelt inmitten von Salzwellen hervor.

Genau so können diese Samen des Feuers hervorbrechen

Durch diese andere Quelle und heraussprudeln

Im Ausland gegen das Schlepptau; und wann

Dort sammeln sie sich oder halten an der Fackel fest,

Sofort flammen sie sofort auf, weil

Auch das Schleppseil und die Fackeln an sich

Habe viele Samen latenten Feuers. In der Tat,

Und du siehst es nicht, wenn du in der Nähe der Nachtlampen bist

Du bringst einen erloschenen Docht aus Flachs

Einen Moment später fängt es Feuer

„Das hat die Flamme berührt und in gleicher Weise eine Fackel?“

Und viele andere Gegenstände blitzen in Flammen auf

Wenn man aus der Ferne allein von der Hitze berührt wird,

Bevor es in wahres Feuer getaucht ist.

Wir müssen also davon ausgehen, dass dies geschieht

Auch in diesem Frühling.

Nun zu anderen Dingen!

Und ich werde anfangen, nach welchem Dekret zu handeln

Es ist von Natur aus so, dass Eisen vorhanden sein kann

Von diesem Stein angezogen, den die Griechen den Magneten nennen

Nach dem Namen des Landes (seiner Herkunft).

Im Land des magnesischen Volkes sein).

Über diesen Stein wundern sich die Menschen; Und das ist sicher oft der Fall

Macht eine Kette von Ringen, je nachdem, siehe,

Von selbst! Nein, du wirst es manchmal sehen

Fünf oder noch mehr, der Reihe nach baumelnd

Und wiegend in den zarten Winden, während man eins ist

Hängt von anderen ab, klammert sich an die Unterseite,

Und wenn man die eigene Kraft und Bindung des Steins spürt —

So übermächtig strömt seine Kraft nach unten.

Bei solchen Dingen muss auf vieles geachtet werden

Bevor du einen Bericht über die Sache selbst geben kannst,

Und der Zufahrtskreisel muss sein;

Darum verlange ich umso mehr von dir

Ein aufmerksamer Geist und aufmerksame Ohren.

Erstens von allen Dingen

Wir sehen, was immer fließen muss,

Muss entladen und verstreut werden, über, über,

Körper, die ins Auge fallen und das Sehvermögen erwecken.

Aus bestimmten Dingen strömen immer wieder Gerüche,

Wie Kälte von Flüssen, Hitze von Sonne und Gischt

Von Wellen des Ozeans, Fresser aus Wänden

Entlang der Küsten. Niemals aufhören zu sickern

Die vielfältigen Echos durch die Luft.

Dann kommt es auch manchmal in den Mund

Der nasse Salzgeschmack, wenn man am Meer ist

Wir streifen umher; und so, wann immer wir zuschauen

Der Wermut wird gemischt, seine bitteren Stiche.

In diesem Maße ist aus allen Dingen jedes Ding

Stromweise getragen und umhergeschickt

Zu jeder Region rund; und Naturstipendien

Weder Ruhe noch Ruhe des Vorwärtsflusses,

Da es unaufhörlich ist, haben wir das Gefühl,

Und die ganze Zeit wird man gezwungen, es zu erkennen

Und rieche alle Dinge, die in deiner Nähe sind, und höre, wie sie klingen.

Jetzt möchte ich noch einmal versuchen, mich daran zu erinnern

Was für einen porösen Körper alle Dinge haben — eine Tatsache

Hat sich auch in meinem ersten Gesang manifestiert.

Denn es ist wirklich wichtig, dies zu wissen

Für viele Dinge und doch für genau diese Sache

Worüber ich gleich sprechen werde,

Es ist vor allem notwendig, dies sicherzustellen

Das Nichts ist da, außer Körper vermischt mit Leere.

Ein erstes Beispiel: in Grotten, Felsen über dem Kopf

Schwitzen Sie die Feuchtigkeit und destillieren Sie die klebrigen Tropfen.

Ebenso sickert der Schweiß aus unserem ganzen Körper;

Da wächst der Bart, und entlang unserer Mitglieder alle

Und entlang unseres Rahmens die Haare. Durch alle unsere Adern

Verbreitet die Nahrung und sorgt für Wachstum

Und Nahrung bis in die äußersten Teile,

Sogar bis zu den kleinsten Fingernägeln. Ebenfalls,

Durch massive Bronze die kalte und feurige Hitze

Wir haben das Gefühl zu vergehen; ebenso spüren wir, wie sie vergehen

Durch Gold, durch Silber, wenn wir uns in die Hand nehmen

Die prall gefüllten Kelche. Und wieder flitzt es

Stimmen durch die steinernen Mauern der Häuser;

Geruch dringt durch, Kälte und Feuerhitze

Das ist üblich, um selbst starkes Eisen zu durchdringen.

Wieder, wo sich das Korsett des Himmels umgürtet

Und gleichzeitig ein gewisser Einfluss von Fluch,

Wenn es aus dem Jenseits in [unsere Welt] gestohlen wurde.

Und Stürme, die sich von der Erde und dem Himmel zusammenbrauten,

Zurück in den Himmel und die Erde ziehen sich versunken zurück —

Aus gutem Grund, denn es gibt nichts, was nicht gestaltet ist

Mit porösem Körper.

Außerdem nicht alle

Die Partikel, die von weggeworfenen Dingen stammen

Sind mit den gleichen Qualitäten für die Sinne ausgestattet,

Auch nicht, dass sich alle Dinge gleichermaßen anpassen.

Ein erstes Beispiel: Die Sonne backt und dürrt

Die Erde; aber Eis taut er auf, und zwar mit seinen Strahlen

Erzwingt den hohen Schnee, aufgerichtet weiß

Auf den hohen Hügeln, um dahinzusiechen;

Dann wird Wachs, wenn es seiner Hitze ausgesetzt wird,

Schmilzt zu einer Flüssigkeit. Und das Feuer ebenso,

Wird das Kupfer schmelzen und das Gold schmelzen,

Aber Häute und Fleisch schrumpft und schrumpft.

Das Wasser härtet das Eisen direkt am Feuer aus,

Aber Häute und Fleisch (durch Hitze hart gemacht) werden weich.

Der Oleasterbaum ist ebenso eine Freude

Die bärtigen Ziegen, wahrlich als ob

„Sie waren mit Nektar durchtränkt und vergossen Ambrosia;

Als das gibt es nichts, was zu Blättern sprießt

Bittereres Essen für den Menschen. Ein Schwein weicht zurück

Für Majoranöl und jede Salbe fürchten

Diese vergiften die struppigen Schweine heftig,

Doch von Zeit zu Zeit scheinen sie uns,

Als 'twere, um neues Leben zu geben. Aber im Gegenteil,

Auch wenn für uns der Sumpf der übelste Dreck wäre,

Für Schweine scheint dieser Sumpf so entzückend zu sein

Dass sie sich vom Bauch bis zum Rücken wälzen

Sind niemals süßlich.

Ein Punkt bleibt außerdem bestehen:

Was es am besten zu erzählen scheint, bevor ich gehe

Zum Erzählen der vorliegenden Tatsache selbst.

Da sollen die verschiedensten Dinge zugeordnet werden

Die vielen Poren, diese Poren müssen vielfältig sein

In der Natur unterscheidet sich einer vom anderen, und jeder hat

Seine eigene Form, seine eigene Richtung ist festgelegt.

Und so sind es tatsächlich auch atmende Geschöpfe

Die verschiedenen Sinne, die jeder wahrnimmt

Für sich selbst, immer auf seine eigene Weise,

Ein eigenartiges Objekt. Denn wir markieren

Wie Geräusche an einen Ort dringen,

In andere Geschmacksrichtungen aller Säfte,

Und Geruchsgeschmack in ein Drittel. Darüber hinaus,

Eine Art durch Felsen sehen wir durchsickern, und siehe da,

Eine Sorte geht durch Holz, eine andere noch

Durch Gold und andere, um hin und her zu gehen

Durch Silber und durch Glas. Denn wir sehen

Durch einige Poren fließen Form und Aussehen von Dingen,

Durch andere Hitze gehen, und einige Dinge noch

Um schneller als andere durch dieselben Poren zu gelangen.

Tatsächlich ist die Natur dieser gleichen Wege,

In vielen Modi unterschiedlich (wie oben erwähnt)

Wegen der unterschiedlichen Natur und der Kette und des Schusses

Von kosmischen Dingen, zwingt es dazu, so zu sein.

Deshalb, da all diese Dinge nun geschehen sind

Hat sich bei uns gut etabliert und eingelebt

Als vorbereitete Räumlichkeiten für das, was bleibt

Es wird nicht schwer sein, einen klaren Bericht zu erstatten

Durch diese wird die ganze Ursache offenbar

Dabei lockt der Magnet mit der Kraft des Eisens.

Zuerst müssen die Samen aus dem Erzstein gestreut werden

Unzählig, eine Flut, die zerschmettert

Durch Schläge wird die dazwischen liegende Luft auseinandergerissen

Der Stein und das Eisen. Und wann wird geleert

Dieser Raum und ein großer Platz zwischen den beiden

Wird eine Leere geschaffen, sofort die Urkeime

Aus Eisen, kopfüber ausrutschend, zusammenfallend

In das Vakuum und den Ring selbst

Darum folgt es und geht

So mit seinem ganzen Körper. Und da ist nichts

Das seiner eigenen Urelemente

Gründlicher gestrickte oder enger verbundene Zusammenhänge

Als Natur und kalte Rauheit von starkem Eisen.

Deshalb ist es weniger ein Wunder, was ich gesagt habe,

Dass aus solchen Elementen kein Körper entstehen kann

Von draußen sammeln sich die Eisen in größeren Scharen

Und werde in das Vakuum getragen,

Ohne den Ring selbst folgen Sie bitte.

Und das tut es und setzt sich fort, bis

'Thath erreichte den Stein selbst und klammerte sich daran fest

Durch Links unsichtbar. Darüber hinaus auch

Der Antrag wird durch eine Hilfssache unterstützt

(Wodurch der Prozess einfacher wird),—

Nämlich dadurch: sobald seltener wächst

Diese Luft vor dem Ring und der Raum dazwischen

Wird weiter geleert und sofort zur Leere gemacht

Es passiert die ganze Luft, die dahinter liegt

Fördert es weiter, indem es von hinten drückt.

Für immer tut die umgebende Luft

Die Dinger bleiben ungerührt, aber hier drängt es voran

Das Eisen, weil auf der einen Seite der Raum

Liegt leer und nimmt so das Eisen auf.

Diese Luft, an die ich dich erinnere,

Windet sich durch die reichlich vorhandenen Poren des Eisens

So subtil in die winzigen Teile davon,

Er schiebt und schiebt, wie der Wind das Schiff und die Segel treibt.

Das Gleiche geschieht in alle Richtungen:

Von welcher Seite auch immer, wird ein Raum zur Leere gemacht,

Ob von quer oder von oben, sofort

Die Nachbarteilchen werden mitgerissen

Ins Vakuum; denn der Wahrheit,

Sie werden durch Schläge von anderswo in Gang gesetzt,

Sie können es auch nicht aus eigenem Antrieb tun

Steigen Sie nach oben in die Luft. Noch einmal, alles

Muss in ihrem Rahmen etwas Luft halten, denn

Ihr Gerüst ist porös und luftdurchlässig

Umfasst und begrenzt alle Dinge.

Daher ist diese Luft im Eisen so tief gespeichert

Wird immer mehr in ärgerlicher Bewegung hin und her geworfen,

Und deshalb sticht der Ring ohne Zweifel hervor

Und schüttelt es innerlich auf...

Tatsächlich wird dieser Ring dorthin getragen

Dorthin, wo es einst kopfüber gestürzt ist – dorthin, siehe,

Bis zur Leere, von der aus es seinen Anfang nahm.

Es kommt auch manchmal vor, dass es sich um Eisen handelt

Schreckt sich von diesem Stein fern, gewohnt

Abwechselnd fliehen und folgen. Ja, ich habe es gesehen

Diese samothrakischen Eisenringe springen empor,

Und Eisenspäne in den Messingschalen

Es brodelte vor Wut, als es unterging

Der Magnetstein. So stark scheint Eisen

Sich danach sehnen, diesem Felsen zu entfliehen. Solche Zwietracht großartig

Wird durch das dazwischenliegende Messing geschlechtsspezifisch,

Denn wahrlich, als zuerst die Flut aus Messing kam

Hat es ergriffen und in Besitz genommen

Danach sind die Durchgänge des Bügeleisens offen

Die Flut des Steins und darin des Eisens kommt

Findet alle Räume voll, noch hat er Löcher

Zum Durchschwimmen wie zuvor. Es ist also eingeschränkt

Mit eigenem Strom gegen das Eisengewebe

Zu rennen und zu schlagen; wodurch es spuckt

Aus sich selbst heraus – und durch das Messing erregt –

Die Dinger, die sonst ohne Messing auskommen

Es saugt sich in sich selbst auf. In diesen Angelegenheiten

Wundere dich nicht, dass von diesem Stein die Flut ausgeht

Es gilt nicht, auch andere Dinge zu bewegen

Mit seinen eigenen Schlägen: denn einige stehen durch ihr Gewicht fest,

Als Gold; und einige können nicht für immer bewegt werden,

Weil sie in ihrem Gerüst so porös sind

Dass dort die Flut ohne Unterbrechung durchströmt,

Von welcher Holzsorte man sieht, dass es sie gibt.

Wenn also Eisen (das zwischen den beiden liegt)

Hat einige Atome des Messings aufgenommen,

Dann die Ströme dieses magnesischen Gesteins

Bewegen Sie Eisen durch ihre Schläge.

Doch diese Dinge

Sind anderen nicht so fremd, dass ich

Von dieser Art bin ich kaum bereit, sie zu benennen

Beispiele sind noch ausschließlich Dinge

Aneinander anpassen. Du siehst zuerst,

Wie Kalk allein Steine zementiert: wie Holz

Nur durch Leim wird Holz mit Holz verbunden —

So fest, dass die Bretter öfter rutschen

Entlang der Faserschwäche aufbrechen

Bevor diese Taurin-Bindungen jemals nachlassen werden.

Die aus der Rebe hervorgegangenen Säfte mit den Wasserquellen

Sind mutig zu mischen, obwohl nicht die schwere Tonlage

Mit dem hellen Olivenöl. Und lila Farbstoff

Von Schalentieren, die sich so mit der Wolle vereinen

Körper allein, dass er nicht genommen werden kann

Für immer weg — nein, obwohl du Mühe gegeben hast

Um dasselbe mit der Neptunflut wiederherzustellen,

Nein, obwohl alle Ozeane bereit waren, es auszuwaschen

Mit all seinen Wellen. Nochmals: Gold zu Gold

Bindet nicht eine Substanz, und nur eine?

Und ist nicht Messing durch Zinn mit Messing verbunden?

Und andere Beispiele, wie viele könnte man finden!

Was dann? Es besteht für dich auch kein Bedürfnis

Von so langen Wegen und Umwegen, noch Stiefel

Für mich ist viel Aufwand dafür aufgewendet worden. Mehr Passform

Es ist in wenigen Worten kurz zu umarmen

Viele Dinge: Dinge, deren Texturen zusammenpassen

So passen sie sich gegenseitig an, dass Hohlräume entstehen

Festkörpern entsprechen diese Hohlräume

Von diesem Ding zu den festen Teilen davon,

Und die davon zu festen Teilen davon —

Solche Verbindungen sind die besten. Wieder einige Dinge

Kann mit anderen gekoppelt und gehalten werden,

Verbunden durch Haken und Ösen, wie „Twere"; und das

Scheint eher bei Eisen und diesem Stein der Fall zu sein.

Nun, von Krankheiten, was das Gesetz ist und woher

Der Einfluss von Bane Upgathering kann

Über die Rasse der Menschen und der Viehherden

Entfache eine tödliche Verwüstung,

Ich werde mich entfalten. Und erstens habe ich oben gelehrt

Dass es für uns Samen von vielen Dingen gibt

Lebensspendend, und das muss es im Gegenteil auch geben

Fliege viele herum und bringe Krankheit und Tod.

Wenn diese glücklicherweise zufällig eingesammelt wurden

Und um die Atmosphäre der Erde zu stören,

Die Luft wird verderblich. Und siehe da, alles

Dieser Einfluss des Fluchs, dieser Pest,

Oder vom Jenseits durch unsere Atmosphäre,

Wie Wolken und Nebel steigt es herab oder sammelt sich

Von der Erde selbst und erhebt sich, wenn sie einweicht

Und von Regen, der für die Jahreszeit ungewöhnlich ist, und Sonnen heimgesucht,

Unsere Erde hat dann Gestank und Fäulnis bekommen.

Du siehst auch nicht, wer da ankommt

In einer Region fernab von Vaterland und Heimat

Sind durch die Fremdartigkeit des Klimas und des Wassers

Staupe? — da die Bedingungen sehr unterschiedlich sind.

Denn wie sonst könnten wir das Klima vermuten?

Unter den Briten unterscheiden sie sich von den Ägyptern

(Wo die Achse der Welt schief gerät),

Oder worin sich das pontische Klima sonst noch unterscheidet

Von Gades und von den Gefilden im Süden,

Weiter zu schwarzen Generationen starker Männer

Mit sonnengebräunter Haut? So wie wir es sehen

Vier verschiedene Klimazonen unter den vier Hauptwinden

Und unter den vier Hauptregionen des Himmels,

Auch die Farbe und das Gesicht der Männer werden gesehen

Erhebliche Meinungsverschiedenheiten und behobene Krankheiten

Um die Generationen zu erfassen, Art für Art:

Es gibt die Elefantenkrankheit, die herunterfällt

Mitten in Ägypten, dicht an den Nilbächen,

Erzeugt ist — und niemals anderswo.

In Attika werden die Füße oft angegriffen,

Und in achäischen Ländern die Augen. Und so

Die Taucher erkennen verschiedene Körperteile und Gliedmaßen

Sind schädlich; Es ist eine variable Luft

Das verursacht das. Wenn also eine Atmosphäre,

Zufällig fremd für uns, beginnt sich zu heben,

Und schädliche Luft beginnt entlangzukriechen,

Sie kriechen und winden sich wie Nebel und Wolken,

Langsam und alles auf seinem Weg

Sie verwirren und zwingen, seinen Zustand zu ändern.

Das kommt auch vor, wenn sie endlich da sind

Sie verunreinigen unsere Atmosphäre

Und machen Sie es wie sie selbst und fremd.

Daher plötzlich diese seltsame Verwüstung,

Diese Pest fällt auf das Wasser,

Oder lässt sich auf den Getreidefeldern nieder

Oder anderes Fleisch von Menschen und Futter von Herden.

Oder es bleibt eine subtile Kraft, Spannung

In der Atmosphäre selbst; und wann daraus

Wir atmen gemischte Luft ein,

In unserem Körper gleichermaßen sein Fluch

Auch wir müssen uns reinsaugen. Auf eine Art und Weise wie:

Oft kommt die Pest über die Kühe,

Und auch Krankheit über den trägen Schafen.

Es spielt auch keine Rolle, ob wir reisen

In Regionen, die uns selbst und dem Wandel feindlich gegenüberstehen

Der atmosphärische Mantel, oder ob Natur

Sie selbst importiert eine verdorbene Atmosphäre

Für uns oder etwas Fremdes für unseren eigenen Gebrauch

Was uns so schnell wie möglich angreifen kann.

DIE PEST ATHEN

Das war so eine Krankheit, das war so

Sterbliches Miasma in den Ländern Cecropians

Während er die Ebenen in die Knochen toter Männer verwandelte,

Die Autobahnen sind unbevölkert, die Bürger sind ausgetrocknet

Die athenische Stadt. Für das Kommen aus der Ferne,

Aufsteigen in den Ländern Ägyptens, Durchqueren

Weiten der Luft und schwebende Schaumfelder,

Endlich stürzte es auf alle Pandions Leute herab;

Was durch Truppen zu Krankheit und Tod führt

Wurden sie überbewertet? Zuerst würden sie es ertragen

Ein vor Hitze brennender Schädel und zwei Augäpfel

Rot mit einer Fülle von leerem Glanz. Ihre Kehlen,

Innen schwarz, verschwitztes, schleimiges Blut;

Und der ummauerte Weg der Stimme des Menschen

War durch Geschwüre verstopft; und die Zunge selbst,

Der Dolmetscher des Geistes würde Blut durchsickern lassen,

Geschwächt durch Qualen, verspätet, rau bei Berührung.

Als dann der Einfluss des Fluchs erstickt war,

Hinunter durch die Kehle, die Brust und strömte

E'en in das mürrische Herz dieser kranken Leute,

Dann wahrlich alle Zäune des menschlichen Lebens

Begann zu kippen. Aus dem Mund der Atem

Würde einen üblen Gestank verbreiten, als würde er zum Himmel stinken

Verwesende Leichen werden unbegraben weggeworfen.

Und siehe da, danach die ganze Kraft des Körpers

Und jede Geisteskraft würde jetzt dahinschwinden

In der Tür der Zerstörung.

Und ängstliche Angst und Jubelschrei (gemischt

Mit vielem Stöhnen) immer begleitet

Die unerträglichen Qualen. Nacht und Tag,

Wiederkehrende Erbrechenskrämpfe würden quälen

Ständig brechen ihre Thews und Mitglieder zusammen

Mit purer Erschöpfung sind die Männer bereits erschöpft.

Und doch konntest du niemanden am Körper markieren

Die Haut mit zu viel Hitze, um zu glühen,

Sondern der Körper zur Berührung mit den Händen

Würde ein warmes Gefühl vermitteln und dadurch

Überall rot zeigen, sozusagen mit Geschwüren,

Mit Marken versehen, wie die „heiligen Feuer", die sich überall ausbreiten

Entlang der Mitglieder. Die inneren Teile des Menschen,

In Wahrheit würde es bis auf die Knochen brennen;

Eine Flamme würde lodern, wie eine Flamme in Öfen

Im Magen. Es konnte auch nichts zutreffen

Für ihre Mitglieder leicht genug und dünn

Für eine Verschiebung der Hilfe – aber Kühle und eine Brise

Immer und ewig. Manche würden diese Gliedmaßen stürzen

In Flammen mit Fluch in die eisigen Bäche,

Den Körper nackt in die Wellen schleudern;

Viele würden sie kopfüber tief in die Tiefe werfen

Die Wassergruben strömten mit eifrigem Maul

Schon agape. Der unstillbare Durst

Das würde ihre ausgedörrten Körper überwältigen, siehe da

Eine gute Dusche scheint nur spärliche Tropfen zu sein.

Es gab keine Ruhe vor der Qual. Ihre Rahmen

Forspent lag auf dem Bauch. Mit stummen Lippen der Angst

Würde Medizin leise murmeln, während sie es sah

So oft verdrehen Männer ihre Augäpfel,

Weit offen starren, vom Schlaf unbeeindruckt,

Die Vorboten des alten Todes. Und in diesen Monaten

Wurde noch viele weitere Zeichen des Todes gegeben:

Der Intellekt des Geistes durch Kummer und Furcht

Verwirrt, die traurige Stirn, das Gesicht

Wild und wahnsinnig, die gequälten Ohren

Von Klingeln geplagt, der Atem geht schnell und kurz

Oder großer und zeitweiliger, durchnässter Schweiß

Ein Glitzern am Hals, der Speichel in feinen Ausbrüchen

Befleckt mit der Farbe von Krokus und so Salz,

Der Husten ist kaum wahrnehmbar und keucht durch die rasselnde Kehle.

Ja, und die Sehnen in den Fingerhänden

Stellen Sie sicher, dass Sie sich zusammenziehen, und stellen Sie sicher, dass der Gelenkrahmen sicher ist

Zu zittern und die Kälte steigt von den Füßen auf

Zoll für Zoll: und der höchsten Stunde entgegen

Endlich die zugekniffenen Nasenlöcher, die Nasenspitze

Ein sehr spitzer Punkt, die Augen eingefallen, die Schläfen hohl,

Kalte und harte Haut, die zitternde Grimasse,

Das gespannte und geschwollene Fleisch über den Brauen!—

O, nicht lange danach würden ihre Körper auf dem Bauch liegen

Im starren Tod. Und ungefähr um den achten

Strahlendes Sonnenlicht, oder höchstens

Beim neunten Aufflammen seines Flambeau, sie

Würde das Leben aufgeben. Wenn überhaupt, dann

War dem Untergang dieser Zerstörung bisher entgangen

Dort erwartete ihn in den folgenden Tagen

Eine Verschwendung und ein Tod durch abscheuliche Geschwüre

Und schwarzer Ausfluss aus dem Bauch, sonst

Durch die verstopften Nasenlöcher würde es mitsickern

Viel verdorbenes Blut, oft mit schmerzendem Kopf:

Hierher würde die ganze Kraft und das ganze Fleisch eines Mannes strömen.

Und wer hatte diesen bösartigen Strom überlebt?

Von dem abscheulichen Blut, doch in die Wunden von ihm

Und in seine Gelenke und sogar in seine Genitalien

Würde die alte Krankheit überwinden. Und es gab einige,

Angst vor den Toren der Zerstörung

So viel, weitergelebt, durch das Messer beraubt

Vom männlichen Mitglied; nicht wenige, wenn auch beschnitten

Von Händen und Füßen, würde noch im Leben bestehen bleiben,

Und es gab einige, die ihre Augäpfel verloren haben: O

So große Angst vor dem Tod hatte sie befallen!

Und einige gerieten außerdem in Vergessenheit

Ausgerechnet sie ergriffen, das wussten sie selbst

Nicht mehr. Und obwohl Leiche auf Leiche aufgetürmt lag

Unbegraben auf der Erde, die Rasse der Vögel und Tiere

Würde oder würde zurückspringen und rennen, um zu entkommen

Der bösartige Gestank, oder, wenn sie dort geschmeckt hätten,

Würde im nahenden Tod schmachten. Aber jetzt

Bei so vielen Sonnen kaum

Es erschien ein Vogel, und er verließ den Wald nicht

Die mürrischen Generationen wilder Tiere –

Sie litten unter Krankheiten und starben und starben.

An erster Stelle die treuen Hunde auf allen Straßen

Ausgestreckt würden sie verzweifelt den Atem anhalten

Denn so würde sich der Einfluss des Fluchs verdrehen

Leben von ihren Mitgliedern. Es wurde auch kein sicherer gefunden

Und universelles Heilprinzip:

Für was hatte man die Macht gegeben, zu nehmen

Die lebenswichtigen Luftwinde in seinem Mund,

Und um nach oben zu den Himmelsgewölben zu blicken,

Das Gleiche galt für andere für ihren Tod und ihr Verhängnis.

In diesen Angelegenheiten, oh Schrecklichster von allen,

O bedauernswerter Meist war das, war das:

Wer hat sich einmal in dieser Krankheit gesehen?

Verstrickt, ja, wie zum Tode verdammt,

Würde in schwacher Hoffnung liegen, mit mürrischem Herzen,

Würde im Vorfeld seiner Beerdigung

Gib den Geist auf, oh dann und dort. Denn siehe da,

Zu keinem Zeitpunkt trennten sie sich voneinander

Um die gierige Pest anzustecken, –

Als wären es nur wollige Herden und gehörnte Herden;

Und dies im Wesentlichen würde die Toten auf die Toten häufen:

Denn wer hat es versäumt, sich um seine eigenen Kranken zu kümmern,

O diese (zu sehr auf das Leben bedacht, vor dem Tod fürchtend)

Würde dann, bald darauf, die Vernachlässigung schlachten

Besuchen Sie mit der Rache des bösen Todes und der Niedrigkeit –

Sie selbst sind verlassen und hilflos.

Aber wer zur Hand geblieben war, würde dort zugrunde gehen

Durch diese Ansteckung und die Mühe, die dann

Ein Gefühl der Ehre und die flehende Stimme

Von müden Beobachtern, gemischt mit wehklagender Stimme

Von sterbenden Menschen, die sie gezwungen haben, sich zu unterziehen.

Diese Art von Tod würde jede edlere Seele erleiden.

Die Beerdigungen, ohne Begleitung, verlassen,

Wie Rivalen behaupteten, durchgeeilt zu werden.

Und Männer, die darum kämpfen, beseelt zu werden

Stapeln Sie die Menge ihrer eigenen Toten auf:

Und erschöpft von Kummer und Weinen wanderte er nach Hause;

Und dann würden die meisten vor Trauer zu Bett gehen.

Es konnte auch niemand gefunden werden, der noch krank war

Weder der Tod noch das Leid hatten es in diesen schrecklichen Zeiten nicht gegeben

Angegriffen.

Mittlerweile sind die Hirten und Viehhirten alle,

Ja, sogar die robusten Führungen gebogener Pflüge,

Fing an, krank zu werden, und ihre Körper würden liegen

Zusammengekauert in den hintersten Ecken ihrer Hütten,

Durch Elend und Krankheit zum Tode gebracht.

O oft und oft hättest du es dann sehen können

Auf leblose Kinder neigen leblose Eltern,

Oder Nachkommen auf der Leiche ihrer Väter und Mütter

Das Leben geben. Und in die Stadt strömte

O nicht zuletzt zum Teil vom Land

Diese Trübsal, die die Bauernschaft

Kranke, Kranke, dorthin gebracht, von allen Seiten drängend,

Von der Pest heimgesuchter Mob. An allen Orten würden sie sich drängen,

Auch alle Gebäude; wobei umso mehr der Tod wäre

Auf einem Haufen stapeln sich die Leute, die so in der Stadt zusammengepfercht sind.

Ah, so mancher Körper hatte sich vor Durst hin und her bewegt

Entlang der Autobahnen lag alles verstreut herum

Außer Silenus-köpfigen Wasserbrunnen —

Der Lebensatem erstickte vor diesem allzu großen Verlangen

Von angenehmen Gewässern. Ah, überall entlang

Die offenen Plätze der Bevölkerung,

Und entlang der Straßen, oh du könntest sehen

Von so manchem halb toten Körper die herabhängenden Gliedmaßen,

Rau vor Schmutz, in Lumpen gewickelt,

Verschwinde an sehr schlimmen Dingen, mit Nichts

Aber schon fast Haut auf den Knochen

Begraben – in Geschwüren abscheulichen und obszönen Drecks.

Auch alle heiligen Tempel der Gottheiten

Wäre der Tod mit den Kadavern eingepfercht;

Und stand jedes Fane der Himmlischen

Überall mit nackten Leichen beladen –

Orte, die von den Wächtern der Schreine überfüllt waren

Mit vielen Gästen. Vorerst keine Männer mehr

Hat das alte Göttliche mächtig geschätzt,

Die Anbetung der Götter: das bevorstehende Leid

Übermeistert. Damals auch nicht in der Stadt

Geblieben sind jene Bestattungsriten, mit denen

Dieses fromme Volk war schon immer eine Gewohnheit gewesen

Begraben sein. Denn es war alles wild

In wilden Alarmen und jedem einzelnen

Mit mürrischer Trauer würde er seine eigenen Toten begraben,

Da die aktuelle Schicht zulässig ist. Und plötzlicher Stress

Und Armut ist für viele eine schreckliche Tat

Angetrieben; und mit einem monströsen Geschrei sie

Würde, auf den Rahmen außerirdischer Scheiterhaufen,

Platzieren Sie ihre eigenen Verwandten und stoßen Sie die Fackel darunter

Oft kam es zu Schlägereien mit viel Blutvergießen

Anstatt tote Körper im Leben zu lieben.

www.ingramcontent.com/pod-product-compliance
Lightning Source LLC
LaVergne TN
LVHW042346190726
843493LV00005B/932